Colección Filosofía y Derecho

# LA HISTORICIDAD DEL DERECHO

# Colección Filosofía y Derecho

Martín Laclau

# La historicidad del derecho

2ª edición revisada

ASTREA
BUENOS AIRES - BOGOTÁ - PORTO ALEGRE
2019

Laclau, Martín

*La historicidad del derecho* / Martín Laclau
2ª ed. - Ciudad Autónoma de Buenos Aires: Astrea, 2019.
200 p.; 23 × 16 cm.

ISBN 978-987-706-297-7

1. Historia del Derecho. 2. Filosofía del Derecho. I. Título.

CDD 340.09

Astrea está indexada como Editorial de Calidad Científica
con Claro Prestigio Internacional (Fondecyt).

1ª edición, 1994.
2ª edición, 2019.

*Esta obra ha sido evaluada conforme a los estándares internacionales de calidad científica de referato externo, con sistema doble ciego.*



Lavalle 1208 - (C1048AAF) Ciudad de Buenos Aires
(54-11) 4382-1880 - 0800-345-ASTREA (278732)
www.astrea.com.ar - editorial@astrea.com.ar

La edición de esta obra se realizó en EDITORIAL ASTREA, y fue impresa en su taller, Berón de Astrada 2433, Ciudad de Buenos Aires, en la primera quincena de junio de 2019.

Queda hecho el depósito que previene la ley 11.723

IMPRESO EN LA ARGENTINA

*Dedico este libro*
*a la memoria de mi padre,*
*Ernesto Laclau (1896-1985)*
*quien guió mis primeros pasos,*
*de quien recibí los primeros estímulos*
*y cuyo recuerdo es viva fuente*
*de inspiración cotidiana.*

## ADVERTENCIA AL LECTOR

Los trabajos incluidos en el presente volumen versan sobre aspectos de la historia del pensamiento jurídico y constituyen, en su mayoría, investigaciones que desarrollan distintos puntos de la problemática tratada anteriormente en mi libro "La razón en el derecho", aparecido en 1985. Trátase de un conjunto de estudios escritos en oportunidades diversas y cuya publicación aislada en revistas filosóficas y actas de congresos conspira contra una visión unitaria de ellos. Diversos colegas me han señalado la conveniencia de agrupar mis numerosos escritos de suerte que el lector pueda considerarlos en forma unitaria. Consciente de lo provechoso que ello resultará para una mayor comprensión e interrelación entre los textos, entrego al lector este volumen que, como los próximos que he de publicar, constituyen adelantos de un estudio más pormenorizado acerca de las formas del pensar jurídico.

*Buenos Aires, 1994.*

MARTÍN LACLAU

# ÍNDICE GENERAL

# I. LA HISTORICIDAD DEL DERECHO*

A partir de su creación, la Sección Teoría General de la Asociación Argentina de Derecho Comparado ha venido organizando ciclos anuales de conferencias que aspiran a presentar, en forma actualizada y partiendo de diversos enfoques, temas de relevancia para el pensamiento jurídico de nuestros días. Dentro de ellos, no podía faltar una serie de disertaciones que intentasen introducir claridad acerca de las relaciones existentes entre la ciencia jurídica y la conciencia histórica. Ninguna duda cabe de que, cuando en el futuro se contemple el pensamiento filosófico de nuestro siglo, no podrá dejar de advertirse que una de sus notas más características es la problemática de la historia. A ello han contribuido no solo las profundas transformaciones sociales y políticas de que hemos sido testigos, sino también el poderoso avance científico y técnico que, en muchos casos, ha llevado a cambiar la faz de nuestro planeta. De esta suerte, la sensibilidad histórica resulta una nota ineludible de nuestro mundo contemporáneo y quien pretenda elaborar una filosofía jurídica ajena a sus reclamos corre el riesgo de producir un pensamiento arcaizante, que no responda a la íntima vocación de la época.

Para introducirnos en el tema que hoy nos convoca, nada parece más apropiado que comenzar por un esbozo analítico de la vida humana y de las notas peculiares que ella presenta.

Una de las características más notorias de la filosofía moderna consistió en enfrentar al sujeto y al mundo como si se tratase de dos entidades separadas, independientes entre sí, susceptibles de ser unidas tan solo merced al conocimiento. Algunos pensadores, adoptando una tendencia

* Conferencia pronunciada el 5 de octubre de 1988 en el Colegio de Abogados de la Ciudad de Buenos Aires, inaugurando el ciclo sobre *El derecho y la conciencia histórica*, organizado por la Sección Teoría General de la Asociación Argentina de Derecho Comparado. Publicada originariamente en "Anuario de Filosofía Jurídica y Social", nº 8, Abeledo-Perrot, Buenos Aires, 1988, p. 9-37.

idealista, sostuvieron que lo que denominamos *mundo* no es más que el conjunto organizado de nuestras representaciones, en tanto otros intentaron demostrar que el mundo posee una existencia independiente de los pensamientos que yo pueda tener acerca de él. En realidad, si analizamos nuestra propia vida, la falsedad de esta supuesta separación surge con evidencia irrefutable. Mi yo y el mundo en el que vivo se exhiben como términos inescindibles de una realidad vital que los engloba a ambos.

Mi vida consiste, en última instancia, en un continuo trascender, en un perpetuo volcarse hacia el mundo que, de esta suerte, se muestra siempre como término intencional de mi comportamiento, cualquiera sea la naturaleza que este revista. Así, si percibo, percibo algo; si amo, amo algo; si odio, odio algo; si pienso, pienso en algo. Mi vida es perpetuo quehacer, continuo diálogo con mi circunstancia. Ahora bien, los objetos que constituyen el mundo no se presentan, originalmente, como entidades independientes de mí, frente a las cuales pueda cobrar distancia y conocerlas. Muy por el contrario, entre mi yo y esos objetos existe una relación de íntima familiaridad, dado que ellos se me presentan ya sea como obstáculos que dificultan mi acción, ya sea como entidades de las cuales puedo valerme para el logro de las finalidades que me he propuesto. Adviértase que el estimar o no como útil a algo implica una valoración de ese algo, lo cual nos lleva a sostener que las entidades que constituyen el mundo no se presentan originariamente como objetividades a ser conocidas, sino como elementos que pueden ser o no ser utilizados para el cumplimiento de los fines de mi acción. Fue, precisamente, la consideración de la relación existente entre hombre y mundo como una relación primariamente cognoscitiva, la que dio fundamento a las teorías filosóficas que intentaron establecer una neta separación entre estos dos elementos de la realidad vital.

Ahora bien, según dijimos, la consideración de la utilidad que pueda prestarme algo implica una valoración de ese algo, con lo cual entramos, de lleno, en el plano valorativo. Los valores se hacen presentes en el ámbito de mi vida; pero ello no significa que sean una creación mía: el valorar es, como todo acto de mi conciencia, un acto intencional, que apunta a algo, y este algo debe ser distinguido rigurosamente de la conciencia valorante. Claro está que los valores no pueden ser considerados objetos, sino cualidades que se asientan en determinados objetos. Una cosa es percibir los valores y otra es percibir los objetos en los cuales dichos valores se asientan. Se trata de dos actos intencionales de diversa naturaleza: en el primer caso, no intuyo una realidad objetiva, sino una cualidad; en el segundo, mi intuición presenta una intencionalidad dirigida a un objeto. Importa destacar que es el ingreso de una valoración a mi conciencia la que abre el camino para la percepción de la realidad objetiva respectiva. Así, el acto de valorar constituye una intuición emotiva previa, que me abre el camino merced al cual podré percibir el objeto valorado y constituir como algo conocido a este objeto en el cual se asienta el valor.

Por medio de las percepciones, cobro distancia frente a las cosas, las que se me presentan como objetos cognoscibles. Pero he aquí que cada percepción me entrega una visión parcial del objeto percibido. Será mediante percepciones sucesivas que podré ir integrando la objetividad y, de esa suerte, enriqueciendo mi conocimiento acerca del objeto. Así, por ejemplo, cada uno de nosotros posee una visión distinta de esta mesa, puesto que la vemos desde ángulos diversos; pero esa visión podrá ir completándose en la medida en que nos desplacemos alrededor de ella. Validos de la memoria y de la imaginación podemos integrar la percepción actual con las percepciones pasadas y futuras; pero, en todo caso, dichas intuiciones siempre dependerán de una percepción originaria, dado que no podemos recordar o imaginar anticipadamente más que aquello que alguna vez hayamos percibido.

Sobre este nivel perceptivo se encuentra el nivel significativo. Al utilizar el lenguaje, las palabras que lo constituyen hacen posible que ingresen a nuestra conciencia objetos que no estamos percibiendo en ese momento. Así, cuando ustedes se retiren de esta sala, podrán referirse a esta mesa empleando palabras, y la mesa se hará presente en sus conciencias aun cuando no la estén percibiendo. Al percibir algo, nuestra intencionalidad se dirige, en forma directa, a un objeto; en cambio, en el caso del lenguaje, podemos aludir a algo que hemos intuido previamente. De idéntica forma, cuando formulamos un juicio, estamos mencionando algo que hemos percibido con anterioridad; y si en un encadenamiento de juicios hallamos que unos se refieren a otros, el punto terminal de dicho encadenamiento se encontrará en un objeto que se ha hecho presente en nuestra conciencia merced a una percepción. En última instancia, toda enunciación acerca de algo se basa en una previa intuición de ese algo.

Una vez aclarado cómo el mundo conceptual se apoya, en última instancia, en un nivel intuitivo, y en qué medida este se halla condicionado por la aptitud valorante propia de la vida humana, cumple referirnos al papel desempeñado por los valores en la dinámica de nuestra existencia. Nuestra vida no es algo ya hecho, sino que, por el contrario, cada individuo va haciendo la suya. El hombre no es una sustancia cerrada en sí misma; antes bien, trátase de un ser abierto hacia el mundo. Vivir es trascenderse, volcarse fuera de sí mismo; es un intento continuo de aprehender al mundo con nuestro pensamiento, de transformarlo merced a nuestra acción. Pero esta intencionalidad propia de todos nuestros actos no se origina en un espacio y en un tiempo neutros, sino que parte de una singular y concreta situación, diversa en cada caso. Todo individuo se encuentra, en los distintos instantes que constituyen su existencia, ubicado en situaciones determinadas, y es a partir de estas que se dan las diversas posibilidades ofrecidas a su comportamiento. Entre ellas, el hombre va escogiendo aquellas que estima más valiosas. La elección supone un acto de preferencia y este se funda siempre en una previa valoración. El hombre es un ser libre y valorante: su libertad se asienta en su aptitud valorativa y en el mundo de valores que va creando en el curso de su existencia. Claro está que su libertad no es absoluta: no puede hacer o pensar cualquier cosa, sino, tan solo, aquellas que su específica ubicación espacio-temporal torne posible. Cabría hablar de una *libertad situacional.*

La valoración constituye, de esta suerte, un elemento originario de nuestra relación con el mundo: es por medio de ella que podemos captar la realidad y es también ella la que fijá las pautas conforme a las cuales actuamos. Esto explica por qué entre el hombre y el mundo no se da una relación directa: entre ambos se interpone el universo cultural que el mismo hombre va creando merced a esa valoración que, según vimos, es inherente a su vida. Los estímulos provenientes de la realidad obtienen una respuesta mecánica e instintiva por parte del animal, dado el perfecto acuerdo que existe entre su organismo y su medio vital. En cambio, en el caso del hombre, la respuesta se halla mediatizada por el mundo de la cultura que el mismo hombre crea. Las formas culturales imprimen su sello a nuestra visión de la realidad y, asimismo, fijan las pautas conforme a las cuales actuamos. Ello da lugar a las diversas concepciones del mundo. El hombre no es siempre el mismo; en cambio, el animal no varía. La cultura introduce la mutación y, por consiguiente, la historia. "El hombre no da una respuesta predeterminada a las incitaciones provenientes del mundo, sino que, guiado por sus estimaciones, va creando y transformando libremente el universo cultural –abarcador, no solo de su comportamiento, sino también de los productos de su acción– y, consiguientemente, da un nuevo cariz a su mundo, el cual es percibido a través de pautas culturales que hacen patente su dimensión histórica"[1].

[1] Martín Laclau, *Consideraciones acerca de los valores y el derecho natural*, "Anuario de Filosofía Jurídica y Social", 6, Buenos Aires, 1986, p. 364. Este trabajo también puede consultarse en las actas del II Congreso Brasileño de Filosofía Jurídica y Social, publicadas bajo el título *Liberdade, participaçao, comunidade*, São Paulo, Instituto Brasileiro de Filosofía, 1986, p. 168-175; y en traducción portuguesa en "Nomos. Revista Portuguesa de Filosofía do Direito e do Estado", 2, Lisboa, 1986, p. 28-37.

Lo dicho explica en qué medida las categorías mentales de las cuales nos valemos para aprehender la realidad no constituyen formas fijas e inalterables, sino que, por el contrario, son productos culturales que, en cuanto tales, hállanse sujetos a la mutabilidad propia del devenir histórico. En otra oportunidad me he referido a la perdurable influencia ejercida por el pensamiento griego sobre las formas mentales empleadas por nuestra cultura occidental para la aprehensión de la realidad. Dicha armazón conceptual, basada en una noción abstracta de la razón, dirigida al conocimiento de la naturaleza, nos entregaba una realidad sustancial, cerrada en sí misma, no sujeta a variación alguna y, por tanto, no adecuada, para insinuarse en la entraña de la vida humana, que presenta caracteres opuestos a los señalados, dado que el hombre no es una sustancia, sino un ser abierto al mundo, transido de temporalidad, sujeto a cambios que lo transforman en una realidad singular e irrepetible.

En la presente oportunidad, intentaré ilustrar cómo no pudo lograrse una teoría jurídica que reflejase la esencial historicidad propia del derecho, debido a que se la intentó elaborar con los conceptos racionales heredados del pensamiento helénico, que resultaban inapropiados para la aprehensión del hombre en su fluir temporal. Para ello me serviré de ejemplos extraídos de los juristas romanos clásicos, de los glosadores medievales, de la escuela humanista del Renacimiento y del pensamiento de los integrantes de la escuela histórica de principios de siglo XIX. En todos estos casos existía una intuición certera acerca del carácter histórico y mutable que presentaba la realidad jurídica; pero, cuando esa intuición intentaba ser traducida al plano conceptual, el empleo de una razón abstracta, ajena a la temporalidad inherente al hombre y a sus realizaciones culturales –entre las cuales se encuentra el derecho– determinaba que la teoría jurídica se fundase en principios absolutos, ajenos a toda posible variación.

* * *

El hombre antiguo concibió al derecho como algo previo a toda acción humana. De allí que se considerase que la actividad legislativa no era creadora de derecho, sino que, en última instancia, se limitaba a reflejar un orden ya existente. Para los griegos, el universo existía desde siempre; pero estaba lejos de ser visto como una realidad inmóvil. Muy por el contrario, los diversos objetos que lo constituyen se entienden como sujetos a cambio, a variación. Nuestros sentidos nos exhiben un mundo pletórico, en perpetuo movimiento; pero el hombre helénico buscaba, por detrás de estas apariencias sensibles, un principio único e inmutable, al cual pudiesen ser referidas todas las diversas y contingentes cosas que nos es dable aprehender merced a nuestros sentidos. Ello explica que este devenir de la realidad no fuese concebido como una variación caótica, sino que, por el contrario, se considerase al universo como algo armónico, dentro del cual los diversos entes se encuentran gobernados por una ley que preside los movimientos cósmicos. Ahora bien, las leyes humanas no son más que porciones de esta ley universal, lo que explica el profundo sentido ético que ellas revestían para el hombre antiguo. Recuérdese el caso de Sócrates, quien prefirió beber la cicuta antes que violar las leyes de la ciudad con la fuga que le era propuesta por sus amigos y discípulos.

Los textos romanos suelen hablarnos, como veremos, de principios jurídicos sujetos a la contingencia propia de la historia; pero ellos solo serán correctamente comprendidos en la medida en que los veamos sobre el telón de fondo de esta concepción general del derecho y del universo propia del mundo antiguo, que tanto se aparta de la nuestra y que nos resulta tan difícil de hacer revivir en nuestra conciencia. Así, para Cicerón, el principio del derecho no ha de buscarse ni en el edicto del pretor ni en ninguna otra fuente positiva, sino en la naturaleza racional. En tal sentido, no duda en expresar que la ley es *ratio summa insita in natura*[2] y que esta ley suprema e inmutable es anterior a toda ley escrita y a la constitución de cualquier Estado, y no surge ni de la mente de los individuos ni de la deliberación de los pueblos[3].

Advirtamos que Cicerón identifica la ley con la razón, con una razón que es inherente a la naturaleza. ¿Qué significa esto? ¿Qué entiende por razón un romano del siglo I antes de nuestra era? Evidentemente, la noción de *ratio* que maneja Cicerón es la traducción latina de un concepto proveniente de la filosofía helénica.

Los griegos buscaban, por debajo de la múltiple y variable realidad accesible a nuestros sentidos, algo fijo, inmutable, no sujeto a cambio alguno. Así, Parménides, al dirigir su esfuerzo a la aprehensión del ente, esto es, de las cosas en tanto que son, dejaba de lado el variable y rico mundo ofrecido por las sensaciones y se atenía a los datos proporcionados por el pensamiento, por el νους. Merced a este podíamos acceder al ente, que es único y no sujeto a variación. "Las cosas se presentan a nuestros sentidos como dotadas de múltiples cualidades: sus colores va-

[2] Cicero, *De legibus*, I, VI, 18. Utilizo la edición de la Loeb Classical Library, William Heinemann Ltda., London, 1966, p. 316.

[3] Cicero, *De legibus*, II, IV, 8, p. 380, de la edición anteriormente citada,.

rían, son duras o blandas, grandes o pequeñas, surgen en un momento determinado y luego desaparecen. Pero a los ojos del pensamiento todas estas divergencias se borran y el ser que ostentan se muestra como lo que es común a todas. La diversidad cualitativa entregada por las sensaciones desaparece y, ante el νους, lo que es plural y mutable se transforma en único e inmóvil. De esta suerte, cuando intentamos buscar el ser de una cosa, nuestro pensamiento habrá de dirigirse a la aprehensión de algo fijo, permanente: se considerará que esa cosa tiene una consistencia invariable, dada de una vez para siempre"[4]. Parejamente, Aristóteles nos dirá que dentro de la sustancia, de la ουςια es dable distinguir dos momentos: la materia, que es aquello de que algo está hecho, y la forma, que es lo que hace que algo sea lo que es. Ahora bien, la forma constituye la esencia de una cosa determinada y no existe separada de esta. Los géneros y especies son concebidos como formas presentes en los individuos, que hacen que estos sean lo que son, y que no pueden ser captadas por medio de nuestros sentidos, sino solo sobre la base de nuestro intelecto. De esta suerte, merced a nuestra razón, podemos aprehender las esencias inmutables de las cosas, que se hallan exentas de toda contingencia y variación accidental. Esta preferencia de los griegos por lo que no varía, por lo universal y permanente, es lo que nos permite comprender las bases conceptuales de la idea de un derecho de validez universal y ajeno a las contingencias propias de toda experiencia histórica. El uso de la razón nos coloca frente a una realidad sustancial, invariable, cerrada en sí misma, no sujeta a las determinaciones temporales. Es dentro de este contexto que ha de ser entendido el pensamiento de Cicerón y su asimilación entre *lex* y *ratio,* que confiere a aquella una naturaleza independiente de la mutabilidad histórica y, por consiguiente, de la creatividad humana.

Ahora bien, la mente romana era eminentemente práctica, desdeñaba el mundo de las abstracciones y, en tal sentido, no faltaban numerosas intuiciones que, fuera de esta conceptualización racionalista proveniente del pensamiento griego, vinculara el derecho con la variación histórica. Ello explica por qué los juristas de la época clásica se caracterizaron por su tendencia empírica. Permanecieron adheridos a las diversas relaciones sociales, prestando particular atención a las notas contingentes que otorgan su carácter a cada una de ellas, individualmente consideradas. No se partía de construcciones teóricas, sino del análisis minucio-

[4] Martín Laclau, *La razón en el derecho*, Abeledo-Perrot, Buenos Aires, 1984, p. 16-17.

so de cada caso concreto y de las posibles soluciones aplicables a él. En tal sentido, no podían intuir un derecho fijo, alejado de los variables datos de la experiencia. Muy por el contrario, el jurista romano entiende el derecho como algo esencialmente mutable: la historicidad es considerada como base ineludible de la realidad jurídica. Ello se hace patente en el conocido pasaje de Pomponio, donde se reconoce que el *jus civile* no tuvo su origen en textos escritos sino en la interpretación de los prudentes: *proprium jus civile, quod sine scripto in sola prudentium interpretatione consistit*[5]. Así, la evolución del derecho se llevó a cabo por obra de los pretores, quienes justificaban sus decisiones, no en reglas abstractas cuya validez fuera presupuesta, sino en un cuidadoso análisis de las necesidades de la sociedad.

El pensamiento jurídico discurre, de esta suerte, por vías que lo mantienen vinculado a una realidad concreta: se buscan soluciones sobre la base de un cuidadoso análisis de las situaciones individuales, atendiendo a las características singulares que cada una de ellas presenta. Solo cuando se intenta elaborar una teoría, el romano utiliza los conceptos griegos, que son los instrumentos intelectuales que tiene a mano, y nos ofrece una imagen del mundo jurídico basado en una razón abstracta e intemporal.

El carácter histórico de las instituciones jurídicas no deja de ser advertido por diversos autores. Así, en *De re publica,* Cicerón recuerda la antigua opinión de Catón, quien, destacando la superioridad de la constitución romana respecto de la de las diversas ciudades griegas, señalaba que, en tanto estas habían sido establecidas de una vez por un solo hombre –cita los casos de Minos en Creta, de Licurgo en Esparta, de Dracón, Solón, Clístenes y otros en Atenas–, los romanos habían ido dando forma a sus instituciones paulatinamente, a través de varias centurias. De esta suerte, la constitución romana no había sido creada por el ingenio de un solo individuo, sino por varios, a través de diversas generaciones, *nostra autem res publica non unis esset ingenio, sed multorum, nec una hominis vita, sed alicuot constituta sæculis et ætatibus.* Según Catón, nunca se dio un hombre dotado de tal genio que pudiese, de una sola vez, hacer todas las provisiones necesarias para el futuro, sin recurrir, no solo a la experiencia actual, sino también a la de sus antecesores[6].

[5] *Digesto,* I, 2, 12. (cfr. la edición preparada por P. Bonfante, C. Fadda, C. Ferrini, S. Riccobono y V. Scialoja, *Digesta Iustiniani Augusti*, Mediolani, Formis Societatis Editricis Librariæ, 1960, p. 33).

[6] Cicero, *De República*, II, I, 2. Utilizo la edición publicada por la Loeb Classical Library, William Heinemann, London, 1966, p. 110-111.

El *Digesto* recoge la opinión de dos juristas de los siglos I y II de nuestra era, quienes destacan la imposibilidad de abarcar la total realidad jurídica ateniéndose a los solos datos racionales, dado el carácter evolutivo que presenta aquella. Neracio expresa que *rationes eorum quae constituuntur inquiri non oportet, alioquin multa ex his quæ certa sunt subvertuntur*[7]; por su parte, Juliano no dejaba de reconocer que *non omnium quæ a maioribus constituta sunt, ratio reddi potest*[8]. Como puede advertirse, ambos fragmentos reconocen la existencia de elementos que operan en la realidad jurídica no obstante ser ajenos a la pura racionalidad.

Por su parte, Africano, en el siglo II, reconoce la necesaria vinculación entre derecho e historia. Las leyes varían y se acomodan a las mutaciones de las costumbres y de los tiempos, a los intereses del momento, a los defectos que intentan corregir. De allí que no puedan ser consideradas como inmutables; antes bien, cambian, al igual que el cielo y el mar, por estar sometidas a las variaciones tempestuosas de las cosas y de los acontecimientos, *quin facies coeli et maris, ita rerum atque fortunæ tempestatibus varientur*[9].

Aun en la legislación de Justiniano hallamos diversos pasajes donde, contraponiendo la perfección del derecho divino frente al derecho humano, se destaca el carácter mutable de este: *Humano vero iuris condicio semper in infinitum decurit et nihil est in ea, quod stare perpetuo possit*[10].

La intuición romana del derecho, como vemos, encuéntrase íntimamente ligada a la variable realidad ofrecida por la experiencia histórica. De allí que, para el jurista clásico, la medida de lo justo sea lo equitativo. El primer libro del *Digesto* recoge varias definiciones donde esto se torna patente. Así, para Ulpiano, la ciencia jurídica es la ciencia de lo justo y de lo injusto: *Iuris prudentia est divinarum atque humanarum rerum notitia justi atque injusti scientia*[11]; y, citando una opinión de Celso, define al derecho como *ars boni et æqui*[12]. Por su parte, Paulo no deja de caracterizar al derecho natural como aquel *quod semper aequum ac bonum est*[13]. Lo equitativo resulta, de esta suerte, una nota que no pue-

[7] *Digesto*, I, 3, 21.

[8] *Digesto*, 1,3, 20.

[9] Cfr. Aulio Gellio, *Noctes Atticae,* XX. I.

[10] *Const. Tanta*, 18. Cfr. Riccardo Orestano, *Introduzione allo studio storico del diritto romano*, Giappichelli, Torino, 1963, p. 120.

[11] *Digesto*, I, 1, 10, 2.

[12] *Digesto*, I, 1, 1.

[13] *Digesto*, I, 1, 11.

de ser eludida si deseamos introducirnos en la significación central que el derecho asumía para los romanos. Hasta tal punto ello es así, que Cicerón no dudaba en atribuir a la *æquitas* el carácter de nota esencial e inseparable del derecho, al afirmar que el *jus civile est æquitas constituta*[14].

Ahora bien, llegados a este punto, conviene distinguir entre la *æquitas* romana y la ἐπιείκεια griega, que se halla presente en Aristóteles[15]. En tanto esta última sirve para amortiguar el carácter genérico y abstracto que presentan los preceptos jurídicos que han de ser aplicados a situaciones concretas cuyas notas escapan a las rígidas determinaciones de aquellos, la *æquitas* no es algo exterior al derecho, sino que se presenta como su misma esencia: su carácter constitutivo se contrapone al carácter correctivo propio de la ἐπιείκεια. De allí que no quepa considerar a la *æquitas* como un concepto proveniente de la filosofía griega, sino como una noción de origen netamente romano y actuante en el desenvolvimiento de su derecho. La noción de ἐπιείκεια puede tener cabida, como justicia del caso particular, dentro de un ordenamiento jurídico constituido por normas abstractas y fijas, cuya rigidez necesite ser corregida para ser adaptada a las varias y mutables situaciones que la vida presenta; pero resulta innecesaria dentro de un sistema que, como el romano, se caracteriza por su base consuetudinaria y su carácter dinámico, abierto a las transformaciones de la sociedad y a la riqueza de los diversos comportamientos humanos posibles.

El origen romano de la noción de *æquitas* que estamos analizando se hará patente no bien indaguemos la génesis de la palabra con la cual se la designa[16]. Ella deriva de una raíz latina, *æqu–*, que significa igualdad, parejura. De allí proviene el sustantivo *æquor,* que designa el mar, la llanura, esto es, lo que presenta una superficie plana, sin accidentes. En tal sentido, Virgilio, refiriéndose a una persona que se adelanta al medio de la llanura, dice: *medium procedit in æquor*[17]; Lucrecio se re-

14 Cicero, *Tópica*, 2, 9.

15 En un célebre pasaje de la *Ética a Nicómaco*, Aristóteles, caracterizando a la ἐπιεικεια, expresa que "lo equitativo es justo, pero no en el sentido de la ley, sino como una rectificación de la justicia legal. La causa de ello es que toda ley es universal, y hay cosas que no se pueden tratar rectamente de un modo universal" (*Ética a Nicómaco*, 1137 b; utilizo la traducción de María Araujo y Julián Marías, publicada en la colección "Clásicos Políticos", Instituto de Estudios Políticos, Madrid, 1970, p. 86).

16 Sobre el punto, puede consultarse con provecho el trabajo de Ángel Lapieza Elli, *Aequitas*, publicado en "Anuario de Filosofía Jurídica y Social", 2, Buenos Aires, 1982, p. 111-118.

17 Virgilio, *Aeneida*, 10, 450.

fiere a la planicie del mar empleando los términos *æquora ponti*[18]. Este sentido de igualdad, de equilibrio no roto por ningún accidente, que se trasunta también en los adjetivos *æquum* y *æqualis,* no se refiere solo a la realidad natural, sino que también es aplicado a la mente humana. Así, Séneca, hablando de una persona que siempre mantuvo el equilibrio, la calma, frente a las desigualdades de la fortuna, dice: *æqualis fuit in tanta inæqualitate*[19]; en análogo sentido, Tácito expresa: *adversam fortunam æquus tolerat*[20]. Durante el período clásico, la noción de *æquum* asume, asimismo, carácter jurídico y pasa a confundirse con lo que es justo en el sentido de proporcionado, acorde a las variables modalidades que ostentan los diversos hechos concretos. Cicerón, refiriéndose a la injusticia de quitar a alguien una propiedad poseída durante cincuenta años, decía: *quinquaginta annorum possesiones moveri non nimis æquum putabat*[21], y en las *Filípicas* se pregunta si puede hablarse de justicia respecto a las cosas más inicuas: *in rebus iniquissimis quid potest esse æqui?*[22].

Durante la época clásica fue usual enlazar los términos *æquum* y *bonum*; pero es preciso aclarar que, con el último de ellos, no se pretendía designar un valor moral. Para los romanos, *bonum* era lo apto, lo conveniente, y, en tal sentido, cuando Cicerón atribuye a Bruto haber defendido el derecho natural, manifiesta que *æquum bonum tutatus est*[23], esto es, defendió lo conveniente para lograr lo justo (recuérdese que, según vimos, para Paulo derecho natural es aquel *quod semper æquum ac bonum est*). Lo dicho nos suministra los materiales para la correcta intelección de lo que Celso entendía cuando definía al derecho como *ars boni et æqui.* En dicho concepto no se halla involucrada ninguna noción moral, sino que solo se alude a la búsqueda de lo conveniente y justo para dar solución jurídica a una situación determinada. Cabe señalar, por otra parte, que, como se ha destacado frecuentemente, hasta el siglo III de nuestra era el adjetivo *justum* se empleaba, en el lenguaje jurídico, no para decir que algo es justo en el sentido que hoy damos a este término, sino para expresar que algo es conforme al *jus romanum,* esto es, que reúne los requisitos exigidos por el orden jurídico vigente.

18 Lucrecio, *De rerum natura*, 1, 8; 2, 772.

19 Séneca, Ep., 104, 28.

20 Tácito, *Anales,* 5, 8.

21 Cicero, *De officiis,* 2, 81.

22 Cicero, *In M. Antonium orationes Philippicæ, 2,* 75.

23 Cicero, *Brutus*, 198.

Lo dicho torna patente en qué medida el romano clásico concebía al derecho como algo mutable, plástico, adherido a las contingentes variaciones históricas. Lejos se hallaba de pensar en un orden jurídico desvinculado de la experiencia social. Pero he aquí que, cuando intentaba teorizar, utilizaba conceptos y formas de pensamiento que eran ajenas, valiéndose de categorías mentales provenientes de la filosofía helénica, que le ofrecían una realidad sustancial, inmutable, ajena a todo devenir temporal.

Los últimos siglos del Imperio asisten a una profunda transformación jurídica. Solo se reconocieron dos fuentes del derecho: las *leges* esto es, los edictos de los emperadores, y el *jus,* que es el conjunto de los escritos de los jurisconsultos. Cabe señalar que los principios sentados por las otras fuentes mencionadas durante el período clásico –tales como los plebiscitos, senadoconsultos, etcétera– habían ido pasando a los escritos de los juristas, lo cual explica esta simplificación en la enumeración de las fuentes. La última reducción la llevó a cabo Justiniano, al escoger una gran cantidad de opiniones de juristas, que fueron reunidas en el *Digesto* y a las cuales se les dio el carácter de *lex* y no de *jus,* desechando las restantes opiniones y prohibiendo que se compusiesen obras doctrinales en el futuro. De esta suerte, y salvo un reducido núcleo de derecho consuetudinario vigente en muy contadas materias, el derecho se redujo a las constituciones imperiales[24]. Fue, precisamente, a partir del siglo III, ante la declinación creciente de la jurisprudencia romana y el influjo cada vez mayor de las concepciones griegas, que la antigua noción de *æquitas* asumió el carácter correctivo que ostentaba la ἐπιείκεια aristotélica, frente a un orden jurídico que iba perdiendo su plasticidad. Así, comenzó a hablarse de un *jus aequum* como contrapuesto al *jus strictum.*

Hacia fines de la Antigüedad, predomina una concepción teocrática. Se considera al emperador como fuente suprema del derecho positivo; pero se destaca que este poder le ha sido conferido por Dios. Para Justiniano, solo el emperador puede dar leyes e interpretarlas: *in præsenti leges condere soli imperatore concessum est et leges interpretari solum dignum imperio esse oportet*[25]. Si bien la historicidad del derecho no dejaba de ser reconocida, según vimos, por diversos pasajes de la legislación justineanea, la concepción general, que reduce el derecho a la ley y considera

[24] Cfr. mi artículo *La constitución de la noción de "fuente de derecho" en el pensamiento occidental*, originariamente publicado en "Anuario de Filosofía Jurídica y Social", 4, Buenos Aires, 1984, p. 9-39; ahora incluido en el presente volumen, p. 79-105.

[25] *Código,* 1, 14, 12, 3. Cfr. R. Orestano, *Introduzione allo studio del diritto romano*, op. cit., p. 124.

que esta es dictada por el emperador inspirado por Dios, tiende a ubicar al derecho en un nivel superior a la mutación propia del acontecer humano.

* * *

Durante la Edad Media, los diversos pasajes de la legislación de Justiniano que aluden a la inspiración divina del emperador fueron tomados literalmente y, de esa suerte, la Glosa se refiere continuamente a su compilación calificándola de *sacratissimæ leges,* de *donum Dei,* de sitio donde el Espíritu Santo se alberga: *Spiritum Sanctum locutum fuisse credendum est.*Por su parte Dante, al encontrar a Justiniano en el Paraíso, le hace decir:

Tosto che con la Chiesa mossi i piedi,
a Dio per grazia piacque di spirarmi
l'alto lavoro, e tutto'n lui mi diedi[26].

Se consideraba que los legisladores humanos recibían su inspiración de Dios y, en tal sentido, en el siglo XIV, Alberico da Rosate expresaba, refiriéndose a ellos, que *a Deo licentiam acceperunt... et ideo dicuntur leges factæ a Deo.*

El origen divino de este derecho explica que fuese concebido como el compendio de toda sabiduría legal, que en la compilación de Justiniano se resumiese toda la *legalis sapientia.* Así, el glosador Odofredo no dudaba en afirmar: *Nos... primo legimus Digestum vetus, postea Codicem, in quo est practica totius civiles sapientiæ*[27].

Ahora bien, si se consideraba que el Espíritu Santo había hablado en las leyes romanas, lógico era que toda modificación o derogación de ellas fuese tenida por pecado. El ya citado Alberico da Rosate expresaba, en ese sentido, que las derogaciones eran obra del diablo. Ello explica por qué los glosadores, al interpretar los textos jurídicos y buscar su *ratio legis,* no se perdían en consideraciones históricas, no avanzaban en las incitaciones sociales que, en su momento, pudieran haber dado origen a esas normas, sino que su labor consistía en buscar soluciones apropiadas ateniéndose a los mismos datos normativos, esto es, estableciendo conexiones lógicas entre los distintos preceptos de la compilación justineanea.

[26] *Paradiso,* VI, 22-24. Cito según el texto publicado bajo el cuidado de Lodovico Magugliami, en la Biblioteca Universale Rizzoli, Milano, 1949.

[27] El texto de Odofredo, perteneciente a su comentario a la *constitución* Omnem, se encuentra citado en Orestano, op. cit., p. 126.

Claro está que, por medio de las distintas interpretaciones llevadas a cabo por los glosadores, las normas del derecho romano fueron adaptadas y aplicadas a las realidades emergentes de la sociedad medieval. En tal sentido, su función de juristas fue valorada como indispensable. Accursio establece una relación entre justicia, derecho y ciencia jurídica, y ubica en el plano más alto a la justicia, considerada como una virtud consistente en dar a cada uno lo que es suyo; en un rango inmediatamente inferior está el derecho, concebido como una actualización de la justicia; y, finalmente, se encuentra la ciencia jurídica, que enseña cómo esa actualización debe ser realizada. *Justitia est virtus, jus est eius virtutis executio, jurisprudentia est scientia illius juris. Item justitia est summum bonum, jus medium, et juriprudentia est infimum. Item justitia est tribuere jus suum unicuique, jus coadiuvat, jurisprudentia docet qualiter fiat illud*[28].

No ha dejado de ser advertida, por otra parte, la similitud de la labor cumplida por los glosadores y los juristas romanos, toda vez que ambos intentaban adaptar los principios jurídicos a las realidades concretas de la vida social. De allí que la *æquitas* no fuese concebida como un principio superior al derecho, sino como criterio interno de la misma ley.

Para los glosadores, la voluntad divina se expresa en una justicia que se halla presente en la naturaleza de las cosas y de las relaciones humanas. Ahora bien, Dios ha dotado al hombre de la facultad de discernir lo justo de lo injusto, y ello determina que las normas jurídicas constituyentes del derecho positivo deban considerarse como dependientes del derecho divino, dado que, en última instancia, derivan su validez de este, al realizar la justicia en el mundo humano. En tal sentido, Piacentino afirmaba que si bien el hombre es autor del derecho, Dios lo es de la justicia. *Author juris homo, justitiæ Deus.* Dentro de esta concepción, las nociones de justicia y equidad se encuentran estrechamente relacionadas: la *æquitas* es la justicia natural presente, intrínsecamente, en las relaciones humanas. La función del legislador consiste en actualizar esta justicia, darle forma, volcarla a la realidad exterior por medio de normas positivas, convirtiendo, de esta suerte, a la *æquitas* presente en la interioridad anímica en *æquitas constituta*, en equidad exteriorizada y operante en el mundo social, esto es, en justicia[29]. En tal sentido,

[28] *Glossa divinarum* ad D. 1, 1 *de just, et jure.* 10. Cfr. Orestano, op. cit., p. 134.

[29] El punto puede verse desarrollado en Adriano Cavanna, *Storia del diritto moderno in Europa*, I, Giuffrè, Milano, 1979, p. 120-125.

Irnerio, al comentar el pasaje del *Digesto* donde Ulpiano, citando a Celso, define al derecho como *ars boni et æqui,* manifiesta: *bonum et æquum vocat hic justiciam, differit autem æquitas a justicia; æquitas enim in ipsis rebus percipitur, quæ, cum descendit ex voluntate, forma accepta fit justicia*[30]. Es decir, la justicia es una actualización de la equidad; la *æquitas*, merced a las normas positivas, se transforma en *æquitas constituta*, en justicia. O, como expresa una de las glosas más antiguas que se conservan de la escuela de Bolonia, *justiciæ fons est æquitas.*

Ahora bien, esta noción de *æquitas* que nos hallamos analizando no puede ser correctamente entendida si no la vinculamos con la noción más amplia de racionalidad que para el hombre medieval constituía una nota característica, no solo de Dios, sino también de la realidad creada por él. Así, la *æquitas* funcionaba, al mismo tiempo, como criterio para determinar lo que es justo y lo que es verdadero. La solución equitativa era considerada como la más justa; pero también como la más razonable, como aquella cuyos argumentos podían ser compartidos por ser convincentes. El hombre medieval, a diferencia de lo que ocurre en nuestros días, establecía una conexión inescindible entre justicia y verdad, lo cual explica cómo, dentro de la concepción del mundo imperante en la época, el derecho resultase desvinculado de la mutable y contingente realidad histórica.

* * *

Con los albores del Renacimiento, los estudios filológicos ingresan en una etapa de decidido desarrollo. El descubrimiento y publicación de antiguos manuscritos, muchos de ellos concernientes al derecho romano, no podían dejar de ampliar el panorama ofrecido al jurista. La crítica filológica de las fuentes llevaba, inevitablemente, a establecer nexos con la historia, a tal punto que, durante este período, se resaltó la necesidad de estudiar al derecho *cum philologia et historia.* En ese sentido, resultaron influyentes las obras de Lorenzo Valla sobre el lenguaje empleado por los antiguos juristas y las de Angelo Poliziano, quien analizó desde el punto de vista filológico el texto del *Corpus Iuris,* intentando realizar una edición crítica de él, donde se comparara el texto empleado por los glosadores con el manuscrito florentino de las Pandectas (la famosa *littera florentina*), proveniente del tiempo de Justiniano o de la época inmediatamente posterior. Por consiguiente, dicha *littera*

[30] *Glossa justitia, Dig.* I, 1, I. Cfr. Francesco Calasso, *Medioevo del Diritto*, Giuffrè, Milano, 1954, p. 477.

ofrecía una mayor autenticidad y permitía detectar las interpolaciones existentes en los manuscritos utilizados hasta ese entonces.

El movimiento humanista en el campo jurídico cobra particular impulso a comienzos del siglo XVI, por obra, sobre todo, de Andrea Alciato, cuya estadía en la Universidad de Bourges fue decisiva para la difusión de la corriente histórica en el resto de Europa. Así se abre la edad de Guillermo Budé, de Ulrico Zasio, de Jacobo Cuyas. En 1515, Aymar du Rivail publica su *Historia iuris civilis et pontifici,* donde se ensaya la primera reconstrucción de la Ley de las XII Tablas y cuyo título es suficientemente explícito acerca de la nueva orientación impresa a los estudios jurídicos.

Este interés por la historia no se circunscribe a la Antigüedad, sino que los autores humanistas también indagan, afanosamente, el pasado del derecho de los pueblos que sucedieron a la civilización romana. En tal sentido, Alciato estudia, en *De formula Romani Imperi,* la historia del poder imperial desde fines de la antigüedad hasta su tiempo; Aymar du Rivail escribe una historia de los alóbroges; Pierre d'Angleberme estudia las costumbres del Berry y de Orleans; Juan de Sichard no solo reconstruye el Código de Teodosio, sino que también estudia las antiguas leyes de los francos.

Este recurrir a la historia persiguió, al comienzo, un claro fin utilitario. Se pensaba que la indagación histórica ofrecía una vía adecuada para la mejor comprensión de las fuentes. Ya Petrarca criticaba a aquellos legistas que, olvidando la ayuda inestimable que el conocimiento de las artes y de los autores prestan al uso práctico de las mismas leyes que han de ser aplicadas, se atenían al solo texto legal[31]. Parejamente, Alciato no dejaba de afirmar que el estudio filológico e histórico cumplía una innegable función práctica, *cum enim in jure multa sint quæ sine cognitione studiorum humanitatis percipi nequeant*[32]. Claro está que este nuevo interés trae aparejado un cambio de perspectiva en el modo de considerar los datos jurídicos. Los textos pierden su valor absoluto y se destaca la necesidad de vincular su estudio a una serie de conocimientos que antes escapaban a la esfera propia del hombre de derecho.

[31] La maggior parte dei nostri legisti poco o nulla curando il conoscersi delle origini del diritto e dei primi padri della giurisprudenza, ne ad altro fine mirando che a trar guadagno dal suo mestiere, stassi contenta al apparare quello che dei contratti, dei giudizi, dei testamenti nella legge sta scritto, e non pensa che il conoscersi delle arti, e i primordi e gli autori è di aiuto grandissimo all'uso pratico delle medesime (Petrarca, *Epist. famil.*, libro XX, ep. IV). Cfr. Calasso, *Medioevo del diritto*, op. cit., p. 598-599.

[32] Cfr. Orestano, op. cit., p. 151.

Las disposiciones legales pierden su carácter intangible, dejando de ser consideradas como portadoras de un valor absoluto y eterno. De esta suerte, el *Corpus Iuris* ya no es visto como una obra divina, y en la codificación de Justiniano comienzan a advertirse soluciones que son consideradas manifiestamente injustas. Esta situación lleva a Lorenzo Valla, en su *Epistola in Bartoli de insigniis et armis libellum,* de 1433, a dirigir una invectiva contra el emperador bizantino: *Dii itaque tibi male faciant Justiniane injustissimi.* Esto hubiera sido imposible para el jurista medieval, que veía en Justiniano una verdadera encarnación de todo aquello que puede ser considerado como justo. Por su parte François Bauduin, en su obra *Iustinianus sive de jure novo,* no duda en calificar de *fatua superstitio* al culto que se ha tributado a la obra jurídica del emperador. Dentro de esta nueva concepción, Maquiavelo, al comenzar sus *Discorsi sopra la prima deca di Tito Livio,* también nos dará una versión de los antiguos textos jurídicos despojada del aura divina que anteriormente ostentaran: *le leggi civili non sono altro che sentenze date dagli antiqui jureconsulti, le quali, ridutte in ordine, a'presenti nostri jureconsulti judicare insegnano*[33].

Una incipiente conciencia histórica va abriéndose paso con lentitud y comienza a advertirse que los textos jurídicos deben ser esclarecidos por la historia de las sociedades donde han sido producidos. Ello es expresado claramente en una misiva que Michel de l'Hospital dirigiera a François Duaren: *Ce n'est pas assez de faire prévaloir le teste sur la glosse et de s'attacher a la seule pensée des jurisconsultes romains, il faut encore l'éclairer et compléter la science des lois par l'histoire des peuples qu'elles ont régis*[34].

[33] Cfr. Niccolò Machiavelli, *Il Principe. Discorsi sopra la Prima Deca di Tito Livio,* Instituto Geográfico de Agostini, Novara, 1966, p. 150.

[34] Cfr. Orestano, op. cit., p. 178. En forma concordante, cabe recordar la célebre carta de *Gargantúa* a su hijo *Pantagruel,* que se encuentra estudiando en París, donde se señala el adelanto experimentado por las humanidades de su tiempo: "Maintenant toutes disciplines sont restituées, les langues instaurées: grecque, sans laquelle c'est honte que une personne se die sçavant, hébraïcque, caldaïcque, latine; les impressions tant élégantes et correctes en usance, qui ont esté inventées de mon eage par inspiration divine, comme à contrefil l'artillerie par suggestion diabolicque. Tout le monde est plein de gens savans, de précepteurs très doctes, de librairies très amples, et m'est advis que, ny au temps de Platon, ny de Cicerón, ny de Papinian, n'estoit telle commodité d'estude qu'on y veoit maintenant, et ne se fauldra plus doresnavant trouver en place ny en compaignie, qui ne sera bien expoly en l'officine de Minerve. Je voy les brigands, les bourreaulx, les aventuriers, les palefreniers de maintenant, plus doctes que les docteurs et prêcheurs de mon temps". A continuación, refiriéndose al derecho, expresa: "Du droit civil, je veulx que tu saiche par cuœur les beaulx textes et me les confère avecque philosophie" (cfr. Rabelais,

Claro está que esta tendencia hacia la interpretación histórica del derecho fue limitada por los modos de conceptualización de la realidad social propios de la época. Los humanistas se hallaban imbuidos de la noción de razón legada por la Antigüedad y, en tal sentido, no lograron aprehender en forma acabada la peculiar y mutable vida humana en su devenir histórico. Los instrumentos conceptuales que empleaban eran los propios de una razón abstracta, que proporcionaba una visión sustancialista del hombre y la naturaleza. Ello explica por qué se entendió que toda ciencia, y, por ende, también la jurídica, solo podía tratar de lo universal, esto es, de lo estable, de lo siempre presente, desechando los elementos contingentes y variables que pueda exhibir el mundo empírico. Así, Jean Bodin estimaba que el conocimiento científico solo puede versar acerca de lo universal, *sunt enim artes ac scientiæ non singulorum sed universorum*[35]. Esta peculiar idea de la razón y del conocimiento científico en ella basado, determinó que el jurista no se detuviera en los datos singulares de la experiencia histórica ni en cada ordenamiento jurídico concreto, sino que, por el contrario, se remontase a la búsqueda de un derecho universal, cuyos principios pudiesen ser establecidos sobre la base del estudio de los elementos comunes presentes tanto en los derechos de la Antigüedad como en los de vigencia posterior. Adviértase que a este derecho universal no se llega sustentado sobre datos meramente racionales, sino que sus principios son aprehendidos merced al estudio de los derechos antiguos y modernos. La historia se constituye, de esta suerte, en vía de acceso al conocimiento científico del derecho; pero, lejos de intentar la comprensión de los procesos singulares que estudia, busca en ellos lo permanente, lo que nunca cambia, ofreciendo una ver-

---

*Oeuvres completes*, Bibliothéque de la Pléiade, Paris, 1955, p. 204-205). En otro pasaje, critica a los juristas que pretenden separar el derecho de la filosofía, ateniéndose solamente a las expresiones textuales: "De quoy diable donc (dist il) servent tant de fatrasseries de papiers et copies que me bailliez? N'est ce le mieux ouyr par leur vive voix leur debat que lire ces babouyneries icy, qui ne sont que tromperies, cautelles diabolicques de Cepola et subversions de droit? Car je suis sceur que vous et tous ceulx par les mains desquels á passé le procés, y avez machiné ce que avez peu *pro et contra*, et au cas que leur controverse estoit patente et facile à juger, vous l'avez obscurcie par sottes et desraisonnables raisons et ineptes opinions de Accurse, Balde [...] et ces aultres vieulx mastins, qui jamais n'entendirent la moindre loy des Pandectes, et n'estoyent que gros veaulx de disme, ignorans de tout ce qu'est nécessaire à l'intelligence des lois" (cfr. Rabelais, op. cit., p. 215-216).

[35] Cfr. Jean Bodin, *Methodus ad facilem historiorum cognitionem*, publicado en 1566 y ahora incluido en el *Corpus général des Philosophes français*, t. V, Presses Universitaires de France, Paris, 1951, p. 107.

sión sustancialista de la realidad acorde con las leyes de la razón. Nos encontramos en los umbrales de la gran etapa racionalista de la filosofía europea: por medio del estudio de los ordenamientos jurídicos particulares se intenta acceder a los principios de un derecho natural de vigencia universal, donde se reflejan los dictados de una razón a la que se considera asentada en la naturaleza de las cosas, siendo independiente, por consiguiente, de la realidad divina. Y será en este mundo de principios racionales, en el cual no hallan cabida los datos de la experiencia social, donde se busquen los fundamentos de la nueva ciencia jurídica.

En 1625, Hugo Grocio publica su *De jure belli ac pacis,* obra con la cual se inicia el período racionalista de la ciencia moderna. En las célebres páginas de sus Prolegómenos se encuentran en germen muchas ideas cuyo desarrollo posterior dará basamento al derecho de las dos centurias siguientes. Allí se distingue entre el *jus voluntarium,* proveniente de una voluntad creadora que puede ser tanto humana como divina, cuya característica esencial la constituye su extrema variabilidad, dado que cambia conforme a los designios de la voluntad que le ha dado origen, y el *jus naturale,* caracterizado como aquel que se encuentra constituido por los principios que la recta razón demuestra que son conforme a la naturaleza sociable del hombre, la cual al ser inmutable, torna este derecho ajeno a toda posible variación. Los diversos preceptos jurídicos son susceptibles de ser deducidos racionalmente de la naturaleza humana, que es racional e inmutable; por ello, resultan válidos en todo tiempo y lugar. Para Grocio, el derecho se funda en la razón y deben descartarse todos los datos suministrados por la experiencia histórica. Solo puede realizarse ciencia jurídica partiendo de los principios del derecho natural, únicos aptos para ser considerados por la razón humana, al no hallarse sujetos a variación alguna. Al respecto, resulta singularmente ilustrativa la comparación que Grocio hacía entre su método jurídico y el utilizado por los matemáticos: así como estos consideran las figuras haciendo abstracción de los cuerpos percibidos por nuestros sentidos, él separa su pensamiento, al estudiar el derecho, de los diversos hechos individuales y contingentes[36]. La ciencia es ciencia de lo general y, en el caso del derecho, su ámbito está constituido por el conjunto de preceptos que, al

[36] *Injuriam mihi faciet si quis me ad ullas nostri sæculi controversias aut natas aut quae nasciturœ prœvideri possunt, respexisse arbitratur. Vere enim profiteor, sicut mathematici figuras a corporibus remotas considerant, ita me in jure tractando ab omni singulari facto abduxisse animum.* Hugonis Grotii, *De jure belli ac pacis,* Prolegomena, folio 9. Utilizo la edición publicada en Amsterdam en 1641.

ser deducidos de la naturaleza racional del hombre, exhiben una validez permanente, no sujeta a las contingencias espacio-temporales. De esta suerte, para los filósofos racionalistas de los siglos XVII y XVIII, el derecho fue una expresión de la razón humana traducida por obra del legislador, quien, aplicando métodos lógicos y deductivos, sin ataduras con la experiencia, debía elaborar la materia jurídica con idéntica elegancia y precisión a las empleadas por un matemático en la demostración de un teorema.

* * *

A comienzos del siglo XIX, el advenimiento de la Escuela Histórica del Derecho llevó al abandono de esta postura racionalista y a su reemplazo por una nueva concepción, según la cual los estudios jurídicos no podían desvincularse de los datos de la experiencia social. Ahora bien, Savigny y los otros integrantes de la nueva escuela no utilizaron las investigaciones históricas para acceder a un derecho común a todas las naciones, sino que, por el contrario, enfatizaron el carácter propio, singular, de cada ordenamiento jurídico. Al escribir, en 1815, la introducción a los *Zeitschrift für geschichtliche Rechtswissenschaft,* Savigny contrapuso su teoría historicista a la de todos aquellos juristas de tendencia racionalista que opinaban que cada época puede producir libremente su propia forma de vida, sin encontrarse limitada por ataduras provenientes del pasado. Entre las diversas generaciones no puede hablarse de cortes absolutos, sino de un desenvolvimiento que las vincula dentro de una continuidad. Cada época se encuentra condicionada por las que le anteceden y, a su vez, es elemento condicionante de las que han de sucederla. De allí que, para Savigny, el derecho actual sea el resultado de todo el pasado de una nación y, por consiguiente, solo pueda explicarse históricamente[37].

Al ser un producto del espíritu del pueblo, el derecho, al igual que el lenguaje, la constitución política y todas las manifestaciones culturales y sociales, reviste un carácter determinado, peculiar a ese pueblo: de allí que no quepa hablar de un orden jurídico común, aplicable a todas las naciones. El derecho, al igual que el lenguaje, no reconoce instante alguno de reposo: experimenta progresos en la medida en que el pueblo

[37] Sobre Savigny me he ocupado, anteriormente, con mayor extensión, en mi libro *La razón* en *el derecho*, op. cit., p. 44-56; y en mi artículo *La constitución de la noción de "fuente de derecho" en el pensamiento occidental.*

avanza, alcanza su máximo desarrollo cuando el pueblo logra su plenitud y, finalmente, decae y se extingue cuando ese pueblo pierde el carácter que lo individualizaba. Ahora bien, Savigny no deja de advertir que, en las etapas primitivas de su evolución, el derecho es intuido por todos los integrantes del grupo social. Se trata de un conocimiento compartido por todos; pero, en la medida en que esa sociedad va evolucionando, las distintas ramas del conocimiento comienzan a diferenciarse: el derecho va cobrando, paulatinamente, un matiz cada vez más científico, para concluir siendo patrimonio de una clase especial de personas, los juristas, quienes son los únicos que, finalmente, pueden comprender las sutilezas que ahora presenta y el lenguaje técnico con que se reviste. Claro está que, aun en esta etapa, el jurista debe actuar en su esfera como representante del pueblo, para lo cual debe hallarse compenetrado con su espíritu, esto es, con su historia.

Los juristas de la Escuela Histórica conciben al derecho, por vez primera, como una realidad radicada en la experiencia. Influidos por el pensamiento kantiano, trasplantaron al campo de la ontología jurídica la distinción entre materia y forma elaborada por el maestro de Koeningsberg al analizar el desenvolvimiento de la razón teórica. Así como en el conocimiento es dable distinguir entre una materia, esto es, un conjunto caótico de sensaciones entregadas por la experiencia, y las formas *a priori* de la sensibilidad y del entendimiento, provenientes del sujeto cognoscente y merced a las cuales este organiza las múltiples sensaciones, constituyendo el objeto conocido, Savigny nos dirá que en el derecho hay un elemento empírico y un elemento racional. Así, en su *Vom Beruf unserer Zeit für Gesetzgebung und Rechtswissenschaft,* nos hablará de un *politische Element* del derecho, con el cual señalará la dependencia en que este se encuentra respecto a la vida social del pueblo y un *technische Element,* que es una instancia científica y racional, separada de la experiencia, y que cumple una función organizativa respecto a aquella[38].

[38] *Das Dasein des Rechts ist von nun an künstlicher und verwickelter, indem es ein doppeltes Leben hat, einmal als Teil des ganzen Volkslebens,* was *es zu sein nicht aufhört, dann als besondere Wissenschaft in den Händen der Juristen... Der Kürze wegen nennen wir künftig den Zusammenhang des Rechts mit dem allgemeinen Volksleben das politische Element, das abgesonderte wissenschaftliche Leben des Rechts aber das technische Element desselben... In verschiedenen Zeiten also wird bei demselben Volke das Recht natürliches Recht (in einem anderen Sinn als unser Naturrecht) oder gelehrtes Recht sein, je nachdem das eine oder das andere Prinzip überwiegt, wobei eine scharfe Grenzbestimmung von selbst als unmöglich erscheint.* Savigny, *Grundgedanken der Historischen Rechtsschule*, Vittorio Klostermann, Frankfurt am Main, 1965, p. 5-6.

Savigny observa, al respecto, que ambos elementos siempre se encuentran presentes en el derecho, si bien la preponderancia de uno u otro dependerá de la etapa histórica de desenvolvimiento social: en las épocas más primitivas, es dable percibir un predominio del elemento social, político, siendo el elemento técnico muy tenue; en cambio, en la medida en que esa sociedad vaya evolucionando, será el elemento técnico, racional, el que irá tomando una importancia cada vez mayor[39]. Como cabe advertir, el derecho es concebido como algo empírico, sujeto a las contingencias espacio-temporales, toda vez que la razón jurídica solo cumple una función organizativa, reguladora, de los variables datos ofrecidos por la experiencia.

En 1840, Savigny nos da, con el primer tomo del *System des heutigen römischen Rechts,* una visión del derecho en la cual los elementos racionales van cobrando una relevancia mayor. La fuente originaria del derecho se encuentra en el espíritu del pueblo, que es fundamentalmente intuitivo. Ahora bien, ¿qué podemos intuir? Evidentemente, no las reglas jurídicas, dado su carácter abstracto y racional, sino, únicamente, los comportamientos humanos concretos, que podemos percibir a través de nuestros sentidos. Entre los diversos individuos se entablan relaciones jurídicas que pueden ser agrupadas en lo que Savigny designa *institutos jurídicos*[40]. Dentro de cada instituto hallamos una pluralidad de relaciones humanas y cada una de estas, individualmente considerada, se halla dominada por el instituto del cual forma parte, del mismo modo que una sentencia está dominada por la regla jurídica que aplica. Claro está que estos institutos jurídicos, que presentan una naturaleza orgánica, no se dan aislados; antes bien, existe entre ellos una relación orgánica que da origen a un sistema. Según Savigny, el derecho vive en la conciencia del pueblo merced a la contemplación de estos institutos y solo por medio de un posterior proceso racional cabe desprender de ellos las diversas reglas jurídicas en su forma lógica. El instituto posee una

[39] Para un mayor desarrollo, puede verse mi trabajo "El lenguaje en la concepción del derecho de Savigny", publicado en *Conferencias do III Congresso Brasileiro de Filosofia Jurídica e Social*, Joao Pessoa, 1988, p. 130-135; ahora incluido en el presente volumen (p. 107-118).

[40] *Die Gestalt aber, in welcher das Recht in dem gemeinsamen Bewußtseyn des Volks lebt, ist nicht die der abstracten Regel, sondern die lebendige Anschauung der Rechtsinstitute in ihrem organischen Zusammenhang, so daß, wo das Bedürfniß entsteht, sich der Regel in ihrer logischen Form bewußt zu werden, diese erst durch einen künstlichen Prozeß aus jener Totalanschauung gebildet werden muß.* Savigny, *System des heutigen Römischen Rechts*, Veit und Comp., Berlin, 1840, p. 16.

existencia orgánica, previa a la aparición de las reglas jurídicas: no se halla constituido por un conjunto de reglas sino que, por el contrario, estas se desprenden de un instituto preexistente utilizando el pensamiento racional.

Ahora bien, el hecho de que el sistema hunda sus raíces en la experiencia no significa que la razón no juegue un papel destacado. Savigny sostiene que en toda relación jurídica cabe distinguir dos elementos: una materia empírica contingente y una forma racional reguladora de esa relación. Esta forma científica es impuesta por los juristas a la materia empírica y, si bien en un comienzo parece depender exclusivamente de los datos de la experiencia, Savigny no deja de observar que, posteriormente, la forma adquiere la virtualidad suficiente como para producir una nueva vida orgánica que repercuta sobre los elementos materiales de la regulación. De allí a afirmar que el derecho evoluciona racionalmente, fuera del contacto con la experiencia, hay un solo paso. Este no será dado por Savigny sino por uno de sus más destacados discípulos, Georg Friedrich Puchta.

En Savigny, el material empírico producido por la realidad social e histórica era organizado dentro de un sistema orgánico, merced al cual cobraban su sentido las diversas reglas jurídicas que presentaban los ordenamientos de cada nación. Los preceptos abstractos exhiben su sentido en la medida en que se los vincule con el instituto del cual resultan un desprendimiento racional. De allí que tanto el legislador como el juez deban *intuir* el instituto al cual pertenecen la ley o la sentencia que, respectivamente, dicten. En Savigny es dado advertir el intento de mantener un equilibrio entre los elementos empíricos y racionales presentes en la experiencia jurídica. Este equilibrio, en cambio, falta en la obra de Puchta, quien concibe al sistema como algo abstracto, constituido por el conjunto de proposiciones jurídicas que se enlazan entre sí formando una pirámide, dentro de la cual las proposiciones van derivando una de otra y condicionándose mutuamente. De esta suerte, donde Savigny hablaba de institutos jurídicos y de conexiones orgánicas, Puchta se referirá a proposiciones jurídicas de carácter racional y a las conexiones lógicas existentes entre ellas. El sistema se origina en el espíritu del pueblo; pero, posteriormente, la labor del jurista consistirá en ir conociendo las diversas proposiciones en su conexión sistemática, de tal suerte que, a través de la deducción científica, vayan explicitándose proposiciones que se hallaban escondidas en las profundidades del espíritu del derecho nacional. La evolución jurídica se cumple, como puede advertirse, en un plano racional atento a las exigencias lógicas del sistema, dejando de lado toda consideración empírica[41]. La Escuela Histórica concluyó, finalmente, aprisionada por las categorías racionales que manejaba, las cuales impidieron que pudiese lograrse su propósito inicial de concebir al derecho en su contexto histórico y mutable.

* * *

Hemos visto diversos momentos de la historia del pensamiento jurídico occidental. En cada uno de ellos se reflejan distintas concepciones del mundo, distintos modos de encarar la realidad; pero todos presentan un rasgo común: la imposibilidad de conceptualizar, en forma adecuada, el carácter histórico del derecho. El jurista, que se enfrenta con una realidad constituida por relaciones sociales siempre cambiantes, no puede dejar de intuir el carácter mutable, concreto, rebelde a toda solución permanente, que presenta el derecho. Pero he aquí que al teorizar, al intentar trasvasar al nivel conceptual estas intuiciones, lo que era visto como variable y concreto se transforma en permanente y general. La historicidad se oculta en la penumbra y elude ser aprehendida por un pensamiento conceptual de naturaleza abstracta, que nos ofrece una visión sustancialista del hombre y del mundo.

Somos herederos del pensamiento griego. Aún hoy nos movemos con las categorías mentales creadas en la Antigüedad para conocer los objetos físicos, que son independientes e inmutables, esto es, que son sustancias. Pero el hombre no es un objeto natural, no es una sustancia, sino que, por el contrario, es un ser abierto al mundo, sobre el cual proyecta su pensamiento y su acción. La vida humana es perpetuo quehacer, no conoce instante alguno de reposo. En el hombre nada es fijo, nada permanece estable. Trátase de una realidad transida de temporalidad, en la cual la historia se presenta como raíz ontológica de su existencia.

Nuestro tiempo presenta inéditas posibilidades para alcanzar una correcta conceptualización del derecho, puesto que es en estas últimas décadas que se han ido haciendo patentes las limitaciones que ofrece, en el campo de las ciencias del hombre y de la sociedad, la razón abstracta elaborada por los griegos. A su vez, la aceleración del tiempo histórico,

[41] Cfr. Puchta, *Cursus der Institutionen*. Druck und Verlag von Breitkopf und Härtel, Leipzig, 1856, p. 37. Sobre este autor me he ocupado, con mayor detenimiento, en "La libertad como fundamento del derecho en Puchta", trabajo publicado en las *Actas de las Primeras Jornadas Nacionales de Ética*, Facultad de Filosofía y Letras UBA, Buenos Aires, 1984, p. 169-175; ahora incluido en el presente volumen (p. 119-129).

perceptible en todas las esferas de la actividad humana, exhibe en toda su pureza el carácter transitorio de la vida y de sus realizaciones. De allí la necesidad de incorporar la historicidad a la elaboración de nuestros conceptos jurídicos. Han de intentarse nuevas formas significativas que rescaten lo concreto, lo singular, lo irrepetible, y que permitan que el jurista pueda ser fiel a esa intuición de la realidad que nunca pudo alcanzar su traducción conceptual adecuada. En dicho empeño, la reflexión filosófica acerca de la historia ha de jugar un papel protagónico.

## II. LA RELACIÓN ENTRE MORAL Y DERECHO EN SU PERSPECTIVA HISTÓRICA*

Hablar de la relación entre derecho y moral implica partir de una diferenciación entre ambos órdenes normativos, diferenciación que es relativamente reciente en la historia intelectual de Occidente. En efecto, como veremos a continuación, tal distingo solo fue posible dentro de la filosofía racionalista de los siglos XVII y XVIII, merced a condiciones políticas muy precisas y sobre la base de un proceso de secularización que venía cobrando vida desde fines de la Edad Media. Sabido es que hasta comienzos del siglo XIX el fundamento de validez del orden jurídico positivo se buscó en un derecho natural que se presentaba como integrante del orden moral. Así, la justicia era considerada como virtud moral, no distinguiéndose al derecho de lo que es bueno y justo.

En la presente disertación intentaré mostrar las diversas concepciones del mundo que hicieron posible esta identificación de las esferas de la ética y del derecho, y cómo este planteo fue abandonado paulatinamente, en un proceso que se esboza en la obra de Grocio y que, seguido por Leibniz, alcanza su cima en el pensamiento de Thomasius y, sobre todo, de Kant.

La organización social de los grupos humanos más primitivos reposa en la costumbre; pero esta costumbre se encuentra lejos de representar un valor específicamente jurídico, pues en ella los contenidos religiosos y morales resultan ineludibles. El mundo del hombre primitivo es ajeno a las categorías lógicas que gobiernan nuestro pensamiento; de allí que nos resulte tan difícil reconstruir las modalidades de su mente. En este

* Conferencia pronunciada el 3 de octubre de 1990 en el Colegio de Abogados de la Ciudad de Buenos Aires, inaugurando el ciclo sobre *Derecho y Moral*, organizado por la Sección Teoría General de la Asociación Argentina de Derecho Comparado. Publicada originariamente en "Anuario de Filosofía Jurídica y Social", nº 10, Abeledo-Perrot, Buenos Aires, 1990, p. 9-36.

estadio primero de su desarrollo, el hombre se siente ajeno al mundo que lo rodea, cuya extrema variabilidad no deja de suscitar su temor. A su conciencia llega un conjunto de imágenes visuales inconexas, cambiantes, que explican, en cierto modo, el temor que lo embarga ante la realidad externa y el sentimiento de inseguridad que esta despierta. Poco a poco, esas imágenes visuales se van organizando, en la medida en que las nuevas intuiciones sensibles van despertando el recuerdo de intuiciones anteriores. La similitud de las impresiones actuales con las impresiones pretéritas genera un sentimiento de confianza y, de esta suerte, surge el deseo de elaborar un mundo abstracto, desprendido de los cambiantes valores vitales, donde impere lo absoluto, lo inmutable, y cuya necesidad permita liberarse de ese universo natural de impresiones caóticas.

Nada más ilustrativo, para intentar insinuarnos en los secretos del alma primitiva, que la contemplación de las primeras manifestaciones artísticas que han llegado hasta nosotros. Esas incisiones practicadas en pequeños huesos y en guijarros, esas líneas geométricas donde el aliento de la vida parece haberse detenido, no son más que un intento de superar las cambiantes impresiones visuales, de eludir esa realidad caótica e insegura, de trascender lo efímero de los objetos percibidos para fijar en líneas geométricas e inánimes una realidad simbólica, permanente, necesaria, que elude el contenido inmediato ofrecido por nuestros sentidos. Y cuando, más adelante, el afán pictórico imitativo lleve a la representación naturalista de animales, estos serán visualizados en planos donde la perspectiva se encuentra ausente, donde la profundidad no es percibida y la corporeidad no es considerada por un artista que, en su afán de superar la realidad sensible, evita representar el espacio. En el Museo de Antigüedades Nacionales de Saint-Germain-en-Laye, que es una de las más importantes colecciones de objetos prehistóricos existentes, se conserva una pequeña estatuilla de marfil, hallada en Brassempouy, cuya antigüedad ha sido fijada en 22.000 años antes de Jesucristo, y que es considerada como la más remota representación de cara humana que ha llegado hasta nosotros. Pues bien, los rasgos de la fisonomía no han sido representados por el remoto artista, que solo ha fijado, en unos pocos trazos, una imagen donde ojos y boca se encuentran ausentes, habiéndose detenido su intención representativa en el óvalo de la cara, una esquemática nariz y la concavidad de unos ojos no dibujados. Todo aquello que hubiese contribuido a realzar la imagen individual del modelo, a subrayar sus caracteres distintivos, se halla ausente: las líneas geométricas y abstractas han borrado el mundo de la representación sensible. El artista ha fijado en su obra la intuición de algo permanente, donde lo mutable y relativo queda superado.

Lo que ocurre en el arte también se da en las otras manifestaciones del espíritu. En todas ellas, el primitivo tiende a liberarse de la mutable realidad sensible, merced a la construcción de un universo donde lo caótico sea desplazado por lo necesario, donde lo variable se borre ante un horizonte de formas puras y eternas. Así, en el caso de la religión, se cree en poderes ocultos, que moran más allá de las cosas asequibles a la percepción sensible y que rigen el curso del acaecer natural. Ello explica el profundo sentido religioso que embarga a todos los comportamientos y realizaciones del primitivo, al igual que las diversas prácticas con las cuales pretende sustraerse a esa realidad caótica que le inspira terror. La noción de causalidad es ajena a su pensamiento; por ello, ante un fenómeno determinado, no indaga la causa que lo ha producido, sino que ese fenómeno es percibido como parte integrante de un mundo mágico, sujeto al principio de retribución. De esta suerte, los diversos acontecimientos, según se trate de hechos benéficos o deplorables, son interpretados como premios o castigos por un comportamiento determinado[1].

Al igual que con las imágenes visuales, cuya reiteración engendra un sentimiento de permanencia, en las comunidades primitivas la reiteración de ciertos comportamientos da lugar a la aparición espontánea de reglas de conducta. Estos comportamientos, en la medida en que se van repitiendo, finalizan exhibiéndose como algo debido. Así surge el derecho consuetudinario. Trátase de conductas que han sido aceptadas como debidas por los miembros de la colectividad, y cuya inobservancia trae aparejada una sanción impuesta al infractor por el grupo social. Aun cuando no existe todavía una específica organización estatal, esta costumbre, en la cual el elemento religioso resulta esencial, hace posible la convivencia, reglando la conducta recíproca de los individuos que integran la colectividad, los cuales se consideran vinculados por un tótem único del que descienden. De esta suerte, los miembros del clan se sienten obligados por esa costumbre que se muestra asociada a fuerzas impersonales que gobiernan el grupo, y cuya necesaria observancia introduce cierto orden en un universo caótico e imprevisible.

El mundo del oriental participa del sentido trascendente propio del universo primitivo; pero aquí los poderes mágicos han sido personificados en una pluralidad de dioses. Tras la realidad asequible a nuestras

[1] Me he ocupado con mayor extensión de las estructuras mentales del hombre primitivo y de su incidencia en su visión del mundo y del derecho en mi trabajo *Ley natural y ley jurídica*, publicado en "Anuario de Filosofía Jurídica y Social", nº 6, Buenos Aires, 1986, p. 9-33.

percepciones se oculta una realidad superior, donde las contradicciones de la vida se desvanecen. Este modo de insertarse en la realidad determina los caracteres propios de todas sus realizaciones espirituales. Así, el arte no pretende reflejar las mutables imágenes sensibles, sino que, por el contrario, se insinúa en un universo abstracto, dominado por la religiosidad y el sentido de salvación. Trátase de una cultura mucho más refinada, pero donde también imperan las formas geométricas, los símbolos, el deseo de apartarse de todo lo que sea efímero. Este afán geometrizante se hace presente en los templos egipcios y babilónicos y en las figuraciones de los reyes, en los cuales los contornos de la personalidad individual no intentan ser captados por el artista. Piénsese, por ejemplo, en los relieves asirios, en las estatuas de Gudea, cuyos gestos inmóviles no intentan retratar al monarca de Lagash, sino que se nos presentan como un símbolo abstracto, como la representación de una realidad divina superadora del mero contorno humano.

Tal modo de concebir la realidad no puede dejar de reflejarse en el campo jurídico. Consideremos brevemente la idea del derecho que subyace en las leyes mesopotámicas que han llegado hasta nosotros. Todas ellas no dejan de subrayar, en variada medida, su ligamen con el mundo trascendente. Las más antiguas leyes se exhiben como un conjunto de prescripciones derivadas directamente de los dioses. Así, en los fragmentos de las leyes de Urukagina, monarca de Lagash que reinó hacia mediados del tercer milenio antes de Jesucristo, se habla de "órdenes que Ningirsu, su rey, ha pronunciado". De más está decir que Ningirsu es un dios del primitivo panteón mesopotámico, con lo cual la divinidad aparece dando, en forma directa, los preceptos jurídicos que han de regir a los hombres[2].

Ahora bien, con el Código de Ur-Nammu, fundador de la III dinastía de Ur, que data, aproximadamente, del año 2080 antes de Jesucristo, la situación ofrece otro matiz, dado que el monarca se nos presenta como legislador, si bien destacando que su poder procede de la divinidad. En el comienzo del código se establece que la autoridad del monarca tiene origen divino: "Cuando se hubo creado el mundo y el destino de Sumer y de la ciudad de Ur hubo quedado decidido, An y Enlil, los dos principales dioses sumerios, nombraron rey de Ur al dios de la luna Nanna. Este a su vez escogió a Ur-Nammu como su representante terrestre para gobernar Sumer y Ur"[3]. Pero si bien la fuente última de la autoridad se

[2] Cfr. Josef Klima, *Sociedad y cultura en la Antigua Mesopotamia*, Akal Editor, Madrid, p. 180.

[3] Cfr. Jorge Cassani, "Los albores del derecho. Los orígenes del derecho mesopotámico", en Ángel E. Lapieza Elli, Jorge Cassani, Héctor R. Orlandi, y Amadeo Soler

encuentra en una divinidad, las leyes que dicta el monarca derivan de su propia voluntad, y el código que estamos considerando así lo establece expresamente: "Ur-Nammu venció al soberano de Lagash y le dio muerte. Luego, seguro del apoyo de Nanna, rey de la ciudad, restableció las fronteras primitivas de Ur. Entonces llegó el momento de consagrarse a los asuntos internos del país e instaurar las reformas sociales o morales pertinentes. En consecuencia, Ur-Nammu eliminó a los falsarios y los prevaricadores". Ha sido, pues, el monarca quien instaura esas reformas y, además, quien escoge el momento oportuno para realizarlas.

La misma concepción se hace presente en el Código de Hammurabi, cuyas primeras frases no dejan de destacar el origen divino del poder del monarca: "Cuando Anu (El), rey de los Anunakis, y Enlil (Bel), señor de los cielos y de la tierra, que fija los destinos del universo, dieron a Marduk, hijo mayor de Enki (Ea), la soberanía sobre todos los hombres y exaltado su nombre entre los Igigi, cuando hubieron evocado el nombre excelso de Babilonia y la hubieron exaltado entre los países, cuando establecieron en esta ciudad una realeza eterna con fundamentos sólidos como el cielo, entonces Anu y Enlil me llamaron por mi nombre, Hammurabi, insigne príncipe, temeroso de los dioses, para que promoviera el bien de los hombres"[4]. Como vemos, son los dioses quienes exaltan a Hammurabi a la realeza. Pero una vez que esta es concedida, es el propio monarca quien dicta las leyes y, en tal sentido, otro párrafo del texto antepuesto al Código expresa: "Yo, el favorito de Ninni, cuando Marduk me envió para conducir a los pueblos, enseñar el derecho al país, puse el derecho y la justicia en boca del pueblo, y procuré la felicidad de los habitantes". Adviértase que es Hammurabi quien pone el derecho y la justicia en boca del pueblo, esto es, quien establece las normas jurídicas que han de regirlo. Como se ha señalado, la palabra "ley" era sinónimo, para estos antiguos pueblos, de justicia y equidad, y ello explica por qué los vocablos *Nig-Gi-Na* empleados por los textos sumerios, o *Kittum* y

---

Aleu, *Temas de historia de la civilización y de las instituciones*, Cooperadora de Derecho y Ciencias Sociales, Buenos Aires, 1972, p. 39; J. Klima, op. cit., p. 181-182.

[4] Cfr. Cassani, op. cit., p. 39-40. Sobre la obra legislativa de Hammurabi, puede verse, para una visión de conjunto, L. Delaporte, *Mesopotamia. Las civilizaciones babilónica y asiria*, Editorial Cervantes, Barcelona, 1925, p. 111-124; Klima, op. cit., p. 185-188. Entre las diversas ediciones del código, es valiosa la traducción al francés, con notas explicativas, realizada por André Finet, *Le Code de Hammurabi*, Les Editions du Cerf, Paris, 1973. La traducción castellana que utilizo en mis transcripciones es la realizada por Horacio N. Castro Dassen y Carlos A. González Sánchez, sobre la base de anteriores versiones francesas e inglesas: *Código de Hammurabi*, Ediciones Librería del Jurista, Buenos Aires, 1982.

*Misarum* utilizados por los acadios, hacen referencia a un derecho que es, al mismo tiempo, justo y equitativo.

La relación entre religión, poder político y derecho, con todas las implicancias morales que ella suponía, otorga una especial fisonomía al derecho de los pueblos orientales. Claro está que hacia el siglo VII antes de Jesucristo, numerosos contratos asirios que se conservan ya no amenazan con el castigo de los dioses en caso de incumplimiento, cosa que era habitual en épocas anteriores, estableciéndose sanciones terrenas muy específicas, como aquella que obligaba al infractor a recoger con la punta de la lengua veintiuna semillas de mostaza esparcidas por el suelo. También aparecen en este período nombres de persona significativos de un paulatino debilitamiento del sentimiento religioso, tales como *La-dagil-ili* (el que no mira a dios), *La-adir-ilo* (el que no teme a dios), *La-tad-darilu* (no temas a dios)[5]. Pero, con todo, si bien cabe señalar una declinación de la fe, esta no alcanza a plasmarse en una concepción del mundo emancipada del trascendentalismo que caracteriza a la mentalidad oriental.

Recién en Grecia esta separación entre realidad natural y mundo trascendente es superada. El heleno ha reducido el cambio sensible a orden racional. La naturaleza circundante pierde su carácter temible y pasa a ser percibida como algo armónico, dentro de una nueva concepción del mundo que proclama al hombre como medida de todas las cosas. Un sentimiento de mesura, de equilibrio, se instala en la mente humana y, ante él, retroceden la inseguridad y el caos que determinaban la necesidad de apoyarse en una realidad trascendente y absoluta. Lo que es mutable se encauza, se organiza dentro de un conjunto armónico y equilibrado: el caos deviene cosmos. El oriental, al igual que el hombre primitivo, buscaba seguridad en un universo abstracto y ubicado allende la vida; el heleno, por su parte, encuentra esta seguridad en la vida misma. La realidad externa ya no es considerada como algo ajeno, ante lo cual el hombre haya de sentirse extraño, sino como una prolongación de la propia realidad humana. El griego se considera inserto en un universo cuyos movimientos van produciéndose dentro de un orden reglado por una ley racional, por un λογος del cual su propia vida, tanto individual como social, participa.

Esta nueva visión del mundo no deja de reflejarse en el plano estético. A diferencia del oriental, que –según vimos– guiaba su voluntad artística sobre la base de un estilo abstracto y geometrizante, rehuyendo en

[5] Cfr. Klima, op. cit., p. 176.

principio los datos aportados por la experiencia sensible, el heleno goza en la contemplación de esa cambiante realidad vital, cuya transformación se va dando dentro de pautas racionales que rescatan la armonía del conjunto. Nada más ilustrativo al respecto que seguir la evolución de la escultura griega partiendo de las figuras humanas tales como se exhiben en las primitivas realizaciones, dentro de un estilo donde predominan las rígidas líneas que inmovilizan el cuerpo representado y llegando, finalmente, a los mármoles y esculturas del Partenón, donde Fidias celebra el sentido griego de la armonía, el perfecto acuerdo entre hombre y naturaleza. El terror ante el caos ha desaparecido y, en su lugar, despiértase un sentimiento de familiaridad frente al mundo circundante, el cual se traduce en una visión artística donde la rigidez geométrica de las formas ha sido desplazada por una vitalidad que se traduce en el aprecio por la vida orgánica, cuya armónica regularidad no deja de ser percibida.

Compárese la estructura de un templo egipcio con la de un templo griego. El edificio oriental presenta una silueta donde predomina la desnudez geométrica y cuyas paredes se exhiben como planos despojados, exentos de elementos decorativos que quiebren la pureza de sus formas. En cambio, en el templo griego, el recinto cerrado, la *celia,* se halla recubierto por un alineamiento de columnas que rodea el edificio. Merced a ellas, la construcción pierde su carácter hierático y se anima con un ritmo armónico que responde a una clara finalidad estética. De esta suerte, las columnas trasuntan el ideal helénico de belleza: las líneas de sus circunferencias contribuyen a dotar de vida orgánica a la estructura edilicia, que ya no expresa un mundo trascendente, sino la armonía de un universo al cual el hombre no se siente ajeno. Este sentimiento de equilibrio que suscitan las columnas, esta melodía pura, fue percibida por Paul Valery en aquellos memorables versos donde se refiere a la armónica unidad de la columnata antigua:

> Douces colomnes, ô
> L'orchestre de fuseaux!
> Chacun inmole son
> Silence à l'unisson.

Para los griegos, el mundo es algo dotado de virtualidad, esto es, de capacidad transformadora. Si bien les era ajena la noción de creación a partir de la nada, ello no significó que no percibieran el carácter mutable de toda realidad. En tal sentido, consideraban que nada permanece estable; pero, al mismo tiempo, pensaban que esta transformación se hallaba reglada por una ley racional que aseguraba la armonía del conjunto, gobernando el desenvolvimiento de los distintos fenómenos físicos. Es la noción de cosmos, que –según dijimos– resulta fundamental para comprender la mentalidad helénica. Ahora bien, las leyes que gobiernan cada ciudad eran consideradas partes integrantes de esta ley universal que rige el curso de la naturaleza. De allí el profundo respeto que sentían por las leyes que gobernaban la ciudad: su sentido excedía el mero campo jurídico, internándose en la esfera de la moral. No cabe duda de que, para los griegos, las leyes exhibían un claro sentido educativo, en la medida en que señalaban a los ciudadanos el camino de la virtud. Derecho y moral se presentaban, de esta suerte, como esferas inseparables, lo cual explica el profundo respeto de que eran rodeadas las normas que conferían orden y equilibrio a la vida comunitaria. No es posible, en la presente oportunidad, analizar en detalle las diversas concepciones que acerca de la ley y de la justicia se dieron en Grecia, ni detallar, en cada caso, su sustento moral. Baste recordar, a título de ejemplo, la importancia que a la ley asignaba Heráclito, quien manifestaba que si bien las murallas cumplen una importante función al defender a la ciudad contra los enemigos exteriores, la ley asegura el orden interior, por lo cual el pueblo debe combatir no solo para defender las primeras, sino también para que las leyes sean respetadas. Y, algunos años más tarde, Píndaro considerará a la ley como reina de todas las cosas, con lo cual será reafirmada la noción de un orden universal que rige cuanto existe y dentro del cual se encuentra incluida la ley de la ciudad. De esta manera, en su obra, la noción de νομος βασιλευς recibe su más acabada expresión poética[6].

Si ahora nos trasladamos al mundo medieval, hallaremos una nueva concepción del universo centrada en la idea de Dios. Toda la realidad, incluyendo al hombre mismo, es comprendida partiendo de la divinidad. En Dios se encuentra el origen de cuanto existe, a él hemos de referirnos siempre que intentemos adentrarnos en la esencia de las cosas. El griego no podía concebir la noción de la nada, por cuanto, para él, la realidad en su conjunto no reconocía un origen determinado en el tiempo, sino que el universo existía desde siempre, gobernado por una ley que armonizaba las variaciones y desplazamientos de las diversas cosas que lo constituyen. En cambio, para el cristiano, todo cuanto existe, existe por Dios, habiendo sido creado de la nada por un acto de la volun-

[6] Para un desarrollo de la concepción griega de la ley confrontada con las nociones de causalidad e imputación, me permito remitir al lector a mi trabajo *Ley natural y ley jurídica*, op. cit., p. 18-22.

tad divina. Ello explica que la vida espiritual de la Edad Media girara en torno de la religión, tanto en sus aspectos políticos, científicos y filosóficos, como en el plano de la música, de la literatura, de las artes plásticas. Los monasterios y las escuelas anexas a las catedrales se tornaron, de esta suerte, en el centro de la vida espiritual del Medioevo.

La vocación estética del hombre medieval alcanza su punto culminante en el llamado estilo gótico, que traduce en términos sensibles esta visión de la realidad. Los lejanos orígenes del gótico han sido buscados en el estilo ornamental de los primitivos germanos, caracterizado por la abstracción y el esquematismo de su líneas; rasgo común, según dijimos, a todos los pueblos primitivos. Sin embargo, en este caso, la línea geométrica, a pesar de su carácter abstracto, aparece dotada de un sentido dinámico, vital, claramente perceptible en sus entrelazamientos, espirales, movimientos en zig zag, contornos que se buscan y repelen, y que denotan, en conjunto, una pasión cuyo impulso vital no logra contenerse. Ello ya es perceptible en la ornamentación de los objetos de los períodos de Hallstadt y La Téne, al igual que en los objetos procedentes de los primeros siglos medievales, donde las huellas de la concepción germánica se imponen sobre la visión naturalista de la realidad propia del hombre clásico. Nos hallamos ante una nueva concepción trascendentalista, que se vale de elementos sensibles en su búsqueda de un mundo divino, en el cual esa misma realidad es superada. Un claro ejemplo de este estilo puede hallarse en las decoraciones geométricas que ilustran los Evangelios de Lindisfarne, ejecutadas hacia el año 700 de nuestra era, y cuyo ejemplar se conserva en el Museo Británico. Cabe destacar que, aun en los casos en que se hacen visibles motivos vegetales o animales, estos solo tienen una importancia secundaria dentro del conjunto de la obra, constituyendo tan solo aspectos accesorios de esa concepción geométrica y dinámica, a la cual adaptan sus líneas, sin pretender introducir obstáculos en el movimiento del conjunto. Ello explica que la naturaleza se adapte a sus líneas geométricas, dando lugar a esos monstruos tan habituales en las obras de la Baja Edad Media, como el que se encuentra esculpido en la lápida de la tumba de un guerrero vikingo, conservada en el Museo de la Ciudad de Londres, cuyos miembros se pierden en un laberinto de formas abstractas escasamente determinables. Pero, indudablemente, donde el arte medieval alcanza su cima es en la catedral gótica. Todos los elementos decorativos –estatuas, vitrales– hállanse subordinados a la arquitectura del edificio, cuyas líneas ascendentes se espiritualizan en un movimiento que nos transporta a las alturas. Cuando penetramos en un edificio romano, su bóveda limita un espacio con el cual nos sentimos consustanciados, un espacio que nos es familiar: ninguna inquietud conmueve nuestro estado anímico, salvo la emoción que despiertan sus antiguas y venerables paredes. En cambio, al introducirnos en una catedral gótica, el espacio se ha espiritualizado: las paredes y bóvedas pareciera que pierden su materialidad y participamos, en cierta medida, de la emoción trascendente vertida en esa voluntad artística que dio origen al edificio.

Esta visión dualista de la realidad, en la cual se traduce el trascendentalismo propio del hombre medieval, no podía dejar de reflejarse en su filosofía y en sus concepciones jurídicas. El fuerte contenido religioso influyó, indudablemente, para que no se estableciese una diferenciación teórica respecto de los fundamentos del derecho y de la moral. Así, en el tomismo, por ejemplo, el derecho aparece subordinado a la moral. En sus *Comentarios a la Ética a Nicómaco* (lect. 1, nº 1-2), Santo Tomás expresa lo siguiente: "El orden se relaciona con la razón de *cuatro* maneras. Existe cierto orden *que la razón no hace sino solo considera,* como ocurre con el orden de las cosas naturales. Otro es el orden que *la razón considerando hace en su propio acto,* como cuando ordena sus conceptos entre sí, y los signos de los conceptos, que son las voces significativas. En *tercer lugar* está el orden *que la razón considerando hace en las operaciones de la voluntad.* En *cuarto lugar* está el orden *que la razón considerando hace en las cosas exteriores,* como en un arca o en una casa. Y, dado que la consideración de la razón se perfecciona por hábitos, *según estos diversos órdenes, que la razón debidamente considera, se distinguen las diversas ciencias.* Efectivamente, pertenece a la filosofía *natural* considerar el orden de las cosas *que la razón-humana considera, pero no hace,* siempre que bajo filosofía natural comprendamos también la *metafísica.* En cambio, el orden *que la razón considerando hace en su propio acto,* pertenece a la filosofía *Racional,* a la cual corresponde considerar el orden de las partes de la oración entre sí, y el orden de los principios hacia las conclusiones. Mas el orden de las *acciones voluntarias pertenece a la consideración* de la filosofía *Moral.* Finalmente, el orden *que la razón considerando hace en las cosas exteriores construidas* por la razón humana, pertenece *a las artes mecánicas".* Como es dable advertir, desde esta perspectiva el derecho ha de ubicarse dentro del orden moral, toda vez que el orden jurídico se presenta como un orden que la razón del legislador introduce en las operaciones de la voluntad. Ello implica que el saber jurídico es parte integrante del saber moral o, en otras palabras, que el derecho es parte de la moral[7].

[7] En sentido concordante, Giuseppe Graneris no duda en afirmar que, para Santo Tomás, "el centro o la base del fenómeno jurídico es una cosa; en otras palabras es algo

Los últimos siglos de la Edad Media nos exhiben el resquebrajamiento de la concepción del mundo que hizo posible la culminación de la Escolástica y el elevado esplendor de la catedral gótica. Lentamente, el hombre va abandonando esa perspectiva teocéntrica, desde la cual contemplaba la realidad en su conjunto, y su atención va siendo solicitada por la percepción de su propio ser y de una naturaleza que no cesa de suscitar sentimientos de admiración. El Renacimiento se nos presenta, de esta suerte, como la edad del humanismo y del estudio de la naturaleza. El sentimiento de la propia individualidad, que ya se encontraba presente en la lírica de Dante y Petrarca, se despliega ampliamente en la poesía: prueba acabada de ello puede hallarse en la obra de innumerables escritores que, como Ronsard y Garcilaso, contribuyen a crear un nuevo clima emocional. Es el tiempo de los grandes humanistas: Erasmo, Moro, Vives; es la edad en que Miguel de Montaigne no dudará en expresar, al comienzo de sus ensayos, que su propia individualidad constituye la materia de su libro. Las artes plásticas sufren también una profunda transformación, en la medida en que el artista intentará representar la realidad inmediata, rescatando los rasgos peculiares de sus modelos. En tal sentido, se abandonan las líneas esquemáticas procedentes de la tradición bizantina y, en lugar de arquetipos, se retrata al hombre individual y concreto, que en la mayoría de los casos posee, como telón de fondo, un paisaje donde se hace presente el amor por la naturaleza propio de la época.

En los comentarios al *Génesis* de Pico della Mirandola, Dios le manifiesta a Adán: "Yo te he colocado en el centro del mundo para que puedas ver mejor lo que en el mismo ocurre. Tú no eres divino ni terrestre, mortal o inmortal, hasta el punto que como tu propio Creador, puedes formarte como desees. Tienes el poder de caer al nivel de los brutos o de renacer en un orden más elevado o divino, según tu propio juicio". Así, el hombre ha sido ubicado en el centro del mundo, y esta nueva visión de la realidad no deja de reflejarse en todos los campos de

---

objetivo y no subjetivo, como sería la facultad y como podría ser también la ley, reducida al arbitrio del legislador. Aprendemos, además, que el orden jurídico está esencialmente anclado en el orden moral, porque la cosa en torno a la que gravita no es una cosa cualquiera, sino es la cosa justa, o sea, aquella misma cosa que es regulada por la virtud de la justicia. Objetividad y eticidad del mundo jurídico son, pues, las dos primeras lecciones que aprendemos de Santo Tomás" (cfr. G. Graneris, *La filosofía del derecho a través de su historia y de sus problemas*, Editorial Jurídica de Chile, Santiago de Chile, 1979, p. 82-83). Una interesante interpretación clásica, muy debatida por cierto, puede hallarse en el libro de Francesco Olgiati, *El concepto de juridicidad en* Santo *Tomás de Aquino,* Ediciones Universidad de Navarra, Pamplona, 1977.

su actividad, incluso en la arquitectura, donde los edificios de Alberti, Brunelleschi o Palladio traducen una concepción del espacio hecha a la medida humana.

Si en el siglo XIII Santo Tomás había concebido a Dios como un ser enteramente racional y, en cuanto tal, accesible a las vías de la razón, puesto que se daba una perfecta adecuación entre aquel y esta, ahora, luego de la postura asumida por el nominalismo de los siglos XIV y XV, impera una idea voluntarista de la realidad divina que, al subrayar la omnipotencia de Dios y no reconocer límites a su poder, que puede eludir incluso las leyes de la razón, hace que esta ya no pueda ser considerada como un vehículo apropiado para aprehender la divinidad. De allí que el sentimiento religioso se vuelque hacia la mística. Cabe recordar, en este aspecto, la obra de Tomás de Kempis y de los místicos españoles que, como Santa Teresa de Ávila y San Juan de la Cruz, abrieron canales nuevos a una religiosidad que no podía expresarse por medio de vías racionales.

¿Qué ocurre, entonces, con la razón? ¿Hacia qué campos se orienta la reflexión lógica y conceptual? En primer lugar, el hombre se ofrece como un objeto susceptible de ser estudiado por ella, dado que no pierde actualidad la tradición que, remontándose a los pensadores de la Antigüedad Clásica, lo considera como un ser racional. Así, a comienzos del siglo XVII, la asimilación entre el yo y el pensar puro ofrecerá su punto de partida a la filosofía de Descartes, la cual bien puede ser considerada como el origen del racionalismo idealista europeo que imperará durante esa centuria y la siguiente. El otro gran tema de estudio estará dado por la investigación de la naturaleza. La nueva física intentará desentrañar las leyes que rigen el movimiento de los cuerpos, las que serán formuladas matemáticamente. En tal sentido, Galileo no duda en afirmar que la naturaleza se nos presenta como un gran libro abierto y que este libro hállase escrito con caracteres matemáticos. Esta visión racional del hombre y de su mundo circundante hallará su acabada expresión en el estudio de la perspectiva que evidencia la obra pictórica de Piero della Francesca y en esas batallas de Paolo Ucello, donde los combatientes aparecen sumergidos dentro de una atmósfera armónica de la cual no logra evadirse ningún movimiento que quiebre la unidad del conjunto.

El derecho no puede permanecer ajeno al nuevo clima espiritual que se vive en esta época. Así, hacia 1625, Hugo Grocio nos propone, en *De jure belli ac pacis,* una nueva fundamentación filosófica de la realidad jurídica, en la cual, sobre la base del racionalismo dominante y del interés que suscita la investigación de la naturaleza y del hombre, sienta las bases de la Escuela Clásica del derecho natural. Los principios del derecho natural son deducidos de la naturaleza humana, con lo cual resulta evidente que para Grocio, el determinar la esencia de esta naturaleza será uno de los problemas capitales a los cuales haya de enfrentarse el jurista. Ahora bien, esta esencia, constituida por caracteres privativos del hombre, Grocio la encuentra en el deseo de sociedad, al igual que en la facultad de saber y obrar conforme a preceptos generales. Así, entre las notas peculiares del hombre, hemos de mencionar este *appetitus societatis,* este deseo de comunidad con sus semejantes. El hombre aspira a vivir dentro de una sociedad tranquila y ordenada según la condición de su entendimiento[8]. Y es, precisamente, este entendimiento, el que lleva al hombre a actuar de idéntica manera ante situaciones semejantes. Detrás de este planteo, hállase la concepción del hombre como una sustancia inmutable, dotada de una razón que lo ubica más allá de las contingencias propias de la historia. En suma, para Grocio, la naturaleza humana asume los caracteres de racionalidad y sociabilidad.

La distinción entre derecho y moral no se encuentra explícitamente formulada en *De jure belli ac pacis.* Diversas ambigüedades del lenguaje empleado contribuyen a mantener una indiferenciación de la cual Grocio no logra emanciparse totalmente. No obstante ello, en diversos pasajes se detallan notas que anuncian características que el pensamiento posterior habría de precisar como distintivas de cada uno de esos órdenes normativos. Sin pretender agotar el tema, que por sí solo daría materia para una prolija investigación, es dable referirnos a la coercitividad, que es atribuida al derecho y no a la moral. En tal sentido, se señala que "si alguno debe alguna cosa, no por justicia propia, sino por otra virtud, por ejemplo, la liberalidad, la gracia, la misericordia, el amor, ello, así como judicialmente no puede exigirse, tampoco puede demandarse por las armas. Pues para ambas cosas no basta que aquello que se pide se haya de hacer por razón moral, sino que además es necesario que haya en nosotros algún derecho a ello, el cual derecho a veces las leyes divinas y las humanas lo dan también acerca de las deudas de las otras virtudes, lo cual, cuando sucede, hay entonces nueva razón de deuda, que ya pertenece a la justicia"[9].

Por supuesto que el fragmento transcripto no agota el tema y existen diversos pasajes en los cuales se subraya la interioridad propia del com-

[8] Cfr. Hugo Grocio, *Del derecho de la guerra y de la paz,* t. I, Reus, Madrid, 1925, p. 10-11.

[9] Grocio, op. cit., t. III, p. 202-203.

portamiento moral, donde se sostiene que los actos internos no producen efectos jurídicos. Así, se nos dice que "los efectos del derecho que penden del ánimo no pueden, sin embargo, conseguirse por el solo acto del ánimo, a no ser que este acto sea indicado por algunas señales; porque atribuir eficiencia de derecho a los nudos actos del ánimo, no sería congruo a la naturaleza humana, la cual no puede conocer los actos del ánimo sino por señales; por la cual causa los meros actos internos no están sometidos a las leyes humanas"[10]. Además, los actos internos no pueden ser sancionados: "los actos meramente internos, aunque en algún caso, como por confesión subsiguiente, vengan a conocimiento de los demás, no pueden ser castigados por los hombres, porque, como dijimos en otro lugar, no es conveniente a la naturaleza humana que nazca de los hechos puramente internos derecho u obligación entre los hombres"[11].

Ahora bien, los fragmentos que acabo de citar no son fruto de una exposición orgánica del tema, sino que han sido entresacados de pasajes diversos de la obra y sirven de punto de apoyo y complemento para desarrollar cuestiones debatidas de derecho internacional. Claro está que si tratamos de sistematizar lo expuesto –cosa que Grocio no hizo–, podríamos afirmar que el derecho se refiere a la exterioridad de la acción, y queda exenta de regulación jurídica la interioridad del individuo. Dijimos que para Grocio el derecho natural derivaba sus principios de la naturaleza racional y social del hombre; pero los actos puramente internos no pueden incluirse en esta esfera, toda vez que permanecen ajenos a la sociedad humana, no bien advirtamos que la interioridad del individuo solo puede ser conocida a través de señales, esto es, en cuanto se exterioriza. Evidentemente, no puede hablarse en Grocio de una diferenciación explícita entre derecho y moral. A ello se oponen diversos pasajes en los cuales la justicia es presentada como una noción moral, como una virtud, y todas aquellas argumentaciones jurídicas, tan comunes en el desarrollo del pensamiento de nuestro autor, donde se emplean nociones y ejemplos de claro contenido ético y teológico. En *De jure belli ac pacis* hemos de ver, en suma, un primer planteo de temas y soluciones que serán abordados en forma consistente y orgánica por la filosofía jurídica posterior.

Si pasamos ahora a la obra de Leibniz, hallaremos en ella ciertos atisbos que contribuyen a diferenciar el derecho de la moral, si bien la relación que se establece entre ambas esferas continúa siendo muy es-

[10] Grocio, op. cit., t. II, p. 9-10.

[11] Grocio, op. cit., t. III, p. 98.

trecha. Aquí se pretende derivar el derecho natural de la moral, que es exhibida, de esta suerte, como un ámbito originario del cual pueden deducirse los preceptos jurídicos. Claro está que esta derivación, señalada en diversos textos, implica ya una incipiente separación entre la moral y el universo jurídico que de ella deriva y en ella asienta su fundamento.

Uno de los escritos de Leibniz donde el tema es presentado en forma más nítida es su opúsculo *Méditation sur la notion comune de la justice*. Allí se parte de la afirmación de que todo cuanto Dios quiere es bueno y justo. Esto no es cuestionado por nadie; pero, a renglón seguido, Leibniz se pregunta si lo bueno y justo es tal porque Dios lo quiere o, por el contrario, Dios lo quiere por ser bueno y justo. Esta disyuntiva provoca respuestas contrarias y la solución a que se arribe tendrá consecuencias diversas. En un caso, bondad y justicia se presentarán como nociones arbitrarias, dependientes de la cambiante voluntad divina, en tanto que en el otro, serán verdades necesarias y eternas, al igual que los números y proporciones[12]. Leibniz se inclina, decididamente, por la tesis que confiere objetividad a la bondad y a la justicia, independizándolas, por consiguiente, de un cambiante arbitrio que, en última instancia, suprimiría la justicia divina, toda vez que la noción de justicia, si dependiera de la voluntad que dirige la acción, no añadiría nada a esta.

Diversos pasajes bíblicos contribuyen a confirmar esta tesis. Leibniz no deja de recordar que, en múltiples oportunidades, Dios está dispuesto a dar explicaciones cuando se le formula una queja, con lo cual la bondad de un acto determinado adquiere carácter objetivo e independiente de la voluntad de quien lo ejecuta. Así, un ejemplo acabado que contribuye a reforzar la argumentación se halla en el *Génesis*. Cuando Dios concluye la creación del mundo, la contempla en su conjunto y la aprueba. Según Leibniz, este sentimiento de satisfacción encuéntrase fundado en la razón: la bondad de los actos y obras de Dios depende de la naturaleza de los mismos y no de su voluntad[13]. De lo contrario, Dios no se hubiese tomado la molestia de analizar lo que había querido y hecho para ver si estaba bien y, de esta suerte, justificarse ante sí mismo.

Como podemos advertir, la bondad y la justicia no pueden fundamentarse ni en la voluntad ni en la fuerza. De allí que resulte criticable la doctrina de Trasímaco, quien señalaba que lo justo es lo que conviene o complace al más fuerte. Lo erróneo de tal aseveración se

[12] Cfr. G. W. Leibniz, *Escritos políticos*, Centro de Estudios Constitucionales, Madrid, 1979, p. 273.

[13] Cfr. Leibniz, op. cit., p. 274-275.

hace palpable, según Leibniz, en el hecho de que, en caso de ser verdadera, no podría sostenerse que la sentencia de un juez sea injusta ni condenarse a un perverso que fuera poderoso. Como dice nuestro filósofo, "una cosa es ser justo y otra pasar por tal y ocupar el lugar de la justicia"[14]. Tampoco deja de criticar la postura asumida por Hobbes, quien, retomando la tendencia voluntarista imperante a fines de la Edad Media, sostenía que, al ser Dios omnipotente, tenía derecho a hacer cualquier cosa. Leibniz, por el contrario, considera que esto es confundir una cuestión de hecho con una cuestión de derecho, lo cual no resulta legítimo, dado que es preciso distinguir lo que *puede* hacerse de lo que *debe* hacerse.

Pretender calificar de justo al comportamiento que favorezca al poderoso implica, según Leibniz, negar la existencia de una justicia "segura y precisa", esto es, de una justicia objetiva, autónoma frente a las veleidades de una voluntad determinada. Ello sería lo mismo que afirmar que "la traición, el asesinato, los sufrimientos de personas inocentes, cualquier cosa es justa, si tiene éxito. De hecho esto significa cambiar el sentido de los términos y hablar un lenguaje distinto del de los demás hombres. Hasta ahora se ha comprendido por justicia otra cosa que lo que siempre prevalece. Se cree que un hombre de éxito pueda ser, sin embargo, perverso, y que una acción que no haya sido castigada puede, en cambio, merecer castigo, de forma que ahora se trata, nada más que de saber por qué lo merece sin que por ello se entre en la cuestión de si se cumplirá una sentencia o de si habrá quien la dicte"[15].

El universo es concebido como un conjunto cuyo gobierno se encontrase a cargo de quien es el más poderoso, pero, al mismo tiempo, el más justo. Dios no hace nada de lo que podamos válidamente quejarnos y si se comprendiese el orden universal en su totalidad, podríamos ver claramente que este orden es el mejor de todos los posibles. Claro está que, como Leibniz indica, no resulta factible concebir al poder como razón formal de la justicia, toda vez que, en tal caso, los hombres poderosos siempre serían justos, lo cual contradice los datos provenientes de la experiencia, que exhibe en múltiples oportunidades comportamientos de individuos dotados de gran poder y que, no obstante ello, resultan manifiestamente injustos. En última instancia, es la bondad y no el poder la que determina el cumplimiento de acciones a las que pueda calificarse de justas.

[14] Cfr. Leibniz, op. cit., p. 276.

[15] Leibniz, op. cit., p. 277.

Ahora bien, llegados a este punto, ha de establecerse qué entiende Leibniz por justicia. ¿Cuándo calificamos a una acción de justa? ¿Qué requisitos debe reunir un comportamiento justo? La noción de justicia ha de ser aplicable tanto a Dios como a los hombres y solo puede hablarse de una diferencia de grado entre ambos casos. Dios es absolutamente justo, mientras que en los hombres la justicia no se da en toda su pureza, pues siendo la naturaleza humana imperfecta, las faltas, pecados y demás limitaciones constituyen impedimentos insoslayables que conspiran contra su cabal concreción. Dice Leibniz que el vocablo "justicia" no es un simple sonido, no es un ruido vacío de sentido, como si dijéramos "blitiri", sino que, por el contrario, ostenta un significado preciso que es necesario esclarecer. Una vez que definamos la palabra "justicia", de esa definición será dable extraer consecuencias ciertas merced al empleo de las leyes lógicas. Leibniz no deja de advertir que esto es, precisamente, lo que ocurre "al fabricar ciencias apodícticas y demostrativas, que no dependen de los hechos, sino exclusivamente de la razón, como la lógica, la metafísica, la aritmética, la geometría, la ciencia del movimiento y también el derecho, que no se apoyan en la experiencia y en los hechos, y sirven más bien para dar razón de los hechos y regularlos por anticipado, lo cual ocurre con el derecho aun si no hubiese ley en el mundo"[16]. Adviértase cómo, en este fragmento, aparece claramente delineado el programa del racionalismo jurídico. De lo que se trata es de una regulación *a priori,* anticipada respecto de la experiencia: no debe partirse de consideraciones fácticas, sino que, por el contrario, hay que dar razón de los hechos antes de que estos se produzcan.

Ante todo, es preciso distinguir entre el derecho y la ley. Derecho y justicia son términos inseparables y, en tal sentido, no cabe hablar de un derecho injusto, pues ello encerraría una contradicción. Ahora bien, si el derecho es necesariamente justo, no es este el caso de la ley, que reconoce no solo su origen sino también su base de sustentación en el poder, el cual, cuando carece de sabiduría o de buena voluntad, da lugar a leyes manifiestamente injustas. Este razonamiento conduce a Leibniz, en forma directa, a su definición de la justicia, al expresar que "la justicia no es otra cosa que lo que se conforma a la bondad y sabiduría unidas"[17].

La bondad aspira al logro del mayor bien; pero, para ello, es preciso conocerlo: de allí la necesidad de la sabiduría. Entendimiento y voluntad se constituyen, de esta suerte, en fuentes de la justicia: el pri-

[16] Leibniz, op. cit., p. 281.

[17] Leibniz, op. cit., p. 282.

mero ha de lograr la sabiduría, en tanto la segunda ha de inspirarse en la bondad. El poder, por su parte, encuéntrase ubicado en otro nivel y las leyes que de él dimanan determinan que los principios del derecho se realicen en la práctica o, como Leibniz dice, "que lo que debe ser exista de verdad". Así, el poder es considerado un bien en la medida en que se ejerza con justicia, esto es, de que vaya acompañado de sabiduría y bondad. Todo poder perverso no hará más que hundir finalmente en la desgracia a la persona que lo ejerza, pues esta se hará acreedora a un castigo del cual no podrá escapar si pensamos –como Leibniz– que el universo se encuentra regido por un monarca en quien alienta la justicia en toda su pureza, dotado de un conocimiento sin límites y de un poder soberano que nadie puede eludir.

Tal vez Christian Thomasius pueda ser considerado como el más importante de los integrantes de la escuela del derecho natural que se originara en la obra de Grocio. Con él se plantea, en forma explícita, la distinción entre derecho y moral que ya había sido anunciada, según vimos, en los trabajos de sus predecesores.

En sus *Institutiones iurisprudentiæ divinæ,* de 1688, retoma el planteo de Grocio, destacando la autonomía del derecho frente a la religión. La ley natural es considerada como aquello que conviene a la naturaleza racional del hombre y, en ese sentido, expresa que ha de ser entendida por tal la *lex divina cordibus omnium inscripta, obligans eosdem, ut et quæ necessario conveniunt naturæ hominis rationali faciant, ea vero, quæ eidem repugnat, omittant*[18]. De esta suerte, el derecho pierde su ligamen directo con la verdad revelada y pasa a depender de la razón humana. La divinidad se oculta en la penumbra y solo es concebida como causa remota del orden jurídico, en cuanto creadora del hombre y de la naturaleza. De allí que los principios del derecho natural deban extraerse, directamente, del mismo hombre, en cuyo corazón hállanse inscriptos: *normam iuris naturalis non extra hominem quærimus, sed in ipso homine, cuius cordibus idem est inscriptum*[19].

Algunos años más tarde, en 1705, publica *Fundamenta iuris naturæ et gentium ex sensu communi deducta,* donde su visión de la filosofía práctica alcanza su madurez, ofreciéndonos la célebre distinción entre los campos de la moral y del derecho. Si en las tradicionales teorías jusnaturalistas esta diferenciación hallábase ausente, en Thomasius ambos campos están netamente distinguidos, derivándose el derecho de la mo-

[18] Thomasius, *Institutiones jurisprudentiæ divinæ*, Halle, 1688, I, II, § 97.

[19] Thomasius, *Institutiones*, op. cit., I, IV, § 28.

ralidad. Para Thomasius, el bien que debemos lograr merced a nuestro comportamiento consiste en que prevalezca todo aquello que se traduzca en un incremento de la vida humana: *Norma universalis quarumvis actionum* [...] *est: Facienda esse, quæ vitam hominum reddunt et maxime diuturnam et felicissimam; et evitanda, quæ vitam reddunt infelicem et mortem accelerant*[20]. Ahora bien, dentro de la ética cabe distinguir tres ramas, cada una de ellas fundada en una fuente específica del bien. Así, la moral tiene como principio lo honesto; el derecho, lo justo, y la política, el decoro. Lo honesto es concebido como el bien más alto; lo justo se opone a lo injusto, que es considerado como el extremo mal, y en cuanto al decoro, se lo considera como un bien intermedio e imperfecto.

Cada una de estas ramas de la ética se encuentra sujeta a un precepto fundamental. Así, el precepto de la moral aconseja, para lograr lo honesto, hacerse a sí mismo lo que se querría que los demás se hiciesen a sí mismos (*quod vis ut alii sibi faciant, tute tibi facies*); el precepto del derecho señala, para lograr lo justo, que cada persona no debe hacer a los demás lo que no querría que los demás le hicieran (*quod tibe non vis fieri alteri ne feceris*); y, por último, el precepto de la política prescribe al individuo, para lograr el decoro, hacer a los demás lo que querría que los demás le hicieran a él (*quod vis ut alii sibi faciant, tu ipsis facies*)[21]. Si analizamos estos tres preceptos, advertiremos que el primero de ellos apunta a la interioridad de la conciencia individual. Se trata de una obligación interna, referida a las confrontaciones del individuo consigo mismo. El principio del derecho, por su parte, implica una obligación exterior, merced a cuyo cumplimiento se aspira a lograr la paz externa y la pacífica convivencia entre los individuos. En cuanto al precepto de la política, regula la conducta positiva, lo que debe hacerse, distinguiéndose con ello del derecho, que, al prescribir lo que no debe hacerse, implica una regulación negativa del comportamiento humano.

De lo dicho, fácil es concluir que para Thomasius, los campos de la moral y del derecho resultan separables, en la medida en que el primero se refiere a la esfera íntima de la persona, en tanto el segundo concierne a los comportamientos considerados desde la perspectiva de la exterioridad. La distinción reviste consecuencias prácticas indudables, toda vez que solo los preceptos jurídicos son coercibles, esto es, pueden ser impuestos por la fuerza. De esta suerte, el fuero interno, la conciencia

[20] Thomasius, *Fundamenta iuris naturæ et gentium ex sensu communi deducta in quibus secernuntur principia honesti, iusti ac decori*, Halle, 1705, I, VI, 21-22.

[21] Thomasius, *Fundamenta iuris*, op. cit., I, VI, 40-42.

privada del individuo, queda exento de toda regulación coercitiva, lo cual contribuye a señalar límites a la actividad legislativa y a asegurar, dentro de la organización político-jurídica del Estado, la libertad de conciencia, uno de los principios más caros a la filosofía de la Ilustración. Claro está que esta distinción entre derecho y moral no implica crear un abismo incomunicable entre ambas esferas. A tal punto es así que, como vimos, Thomasius no duda en vincular el principio del derecho natural, del cual derivan las restantes normas que lo constituyen, a la vida moral, determinando que es necesario hacer todo lo que haga más larga y feliz la vida de los hombres, evitando cuidadosamente todo aquello que contribuya a la infelicidad y a acelerar la muerte.

Este planteo, que lleva a poner límites al poder coercitivo del Estado, es continuado y profundizado por Kant, para quien la noción de voluntad se encuentra en el centro de su filosofía práctica. Es, precisamente, acerca de la voluntad, que podemos predicar la bondad o maldad sin restricción alguna. En tal sentido, una voluntad ha de ser considerada buena en la medida en que no se sujete a impulsos sensibles, sino que, por el contrario se halle determinada, exclusivamente, por el respeto al deber[22]. Así, un comportamiento puede admitir el calificativo de moral, según Kant, en aquellos casos en que el motivo que lo ha dirigido sea la obediencia a la ley del deber. Para que una acción sea moral no basta que sea *conforme al deber*, sino que es preciso que haya sido realizada *por el deber.* Esta sutil diferenciación permite a Kant distinguir entre la legalidad y la moralidad de una conducta: en la medida en que el comportamiento se adecue exteriormente a la ley, sin importar cuál sea su motivo determinante, podremos hablar de una acción legal; pero, para establecer si esa acción es, asimismo, moral, habremos de indagar cuál fue el móvil que la determinó. En tal sentido, la moralidad solo cabrá en un comportamiento que solo haya sido guiado por la idea del deber derivado de la ley en cuestión[23].

De esta suerte, podemos observar cómo la distinción entre exterioridad e interioridad de la acción, entre fuero interno y fuero externo, que

[22] Cfr. Kant, *Metaphysik der Sitten*, Félix Meiner Verlag, Hamburg, 1966, p. 10. Sobre estos temas de la filosofía práctica kantiana, me he ocupado, con mayor amplitud, en mis artículos *Aproximaciones a la distinción kantiana entre moral y derecho*, publicado originariamente en "Anuario de Filosofía Jurídica y Social", nº 4, Buenos Aires, 1984, p. 177-190, y ahora incluido en el presente volumen, p. 65-77 y *La problemática de los derechos humanos en la filosofía de Kant*, publicado en "Anales de la Cátedra Francisco Suárez", nº 26-27, Granada, 1986-1987, p. 203-215.

[23] Cfr. Kant, op. cit., p. 21.

ya se encontraba en Thomasius, es profundizada por Kant. En su planteo, como tuve ocasión de señalar hace algunos años, "encuéntrase implícita la distinción entre una legislación interna, que exige la adhesión del individuo, quien ha de tomarla como motivo determinante de su acción, y una legislación externa, a la cual solo interesa la conformidad exterior entre el comportamiento efectuado y lo prescripto por ella. En el primer caso, nos encontramos frente a leyes éticas; en el segundo, frente a leyes jurídicas. De esta suerte, la moralidad consistirá –como vimos– en la conformidad de las acciones con los principios éticos; en tanto que la legalidad implicará la correspondencia externa de aquellas con las leyes jurídicas"[24]. Al derecho no le interesa la pureza de las intenciones si no que busca, tan solo, la conformidad externa con el precepto; en cambio, a la moral le es inherente la pureza de los motivos, esto es, que las leyes sean obedecidas por puro respeto a ellas, sin ninguna motivación derivada de la conveniencia o de alguna causa espuria.

Recuérdese que, según Kant, el hombre, en tanto perteneciente al mundo empírico, hállase sujeto al determinismo derivado de la ley de causalidad que rige la experiencia. Pero, aparte de ser un sujeto empírico, el hombre es un sujeto puro y, en cuanto tal, su comportamiento se ajusta a otro tipo de causalidad, que Kant denomina causalidad por libertad. En este sentido, el hombre forma parte del mundo inteligible de las cosas en sí, conquistando su autonomía al dictar la ley que debe regir su comportamiento.

Lo dicho permite diferenciar la libertad interna, que es propia de la moral, de la libertad externa, perteneciente al ámbito de lo jurídico. Ahora bien, esta distinción encuéntrase íntimamente ligada a las nociones de *Wille,* que para Kant representa la voluntad legisladora, y de *Willkür,* que es el poder de elección, lo que denominamos arbitrio. En el primer caso, nos hallamos ante una voluntad pura, *a priori*, que dicta la ley moral sobre la base de la cual debemos actuar. En cambio, la *Willkür* nos introduce en el mundo de la experiencia. El hombre, en tanto ser empírico, puede seguir las determinaciones de la pura ley moral; pero también está solicitado por múltiples motivaciones materiales provenientes de la experiencia. En la medida en que el arbitrio escoja la ley moral, tórnase autónomo y afirma su libertad; pero, en caso de dejarse llevar por motivaciones empíricas, se vuelve heterónomo, dado que pasa a depender de la causalidad natural, esto es, de leyes que le son ajenas. "La voluntad,

[24] Martín Laclau, "Aproximaciones a la distinción kantiana entre moral y derecho" (cfr. p. 51 del presente volumen).

en tanto *Wille,* quiere la ley moral que ella misma se dicta; pero, en tanto *Willkür* puede apartarse de ella y dejarse determinar por la causalidad empírica. De allí que la ley moral se exhiba bajo la forma de un imperativo cuyo cumplimiento se traduce en la conversión de la *Willkür* en *Wille,* esto es, en la adopción de la ley pura como ley del libre arbitrio"[25]. La libertad moral se conquista en la medida en que el hombre adecue su comportamiento a las leyes que su propia razón le dicte, con lo cual se independiza de todas aquellas motivaciones empíricas –como ser impulsos, deseos, etcétera– que lo atan al mundo de la causalidad natural, convirtiéndolo en mero engranaje de esta. La libertad jurídica, en cambio, se refiere a factores externos, a los obstáculos que otras personas puedan oponer a nuestro comportamiento. Si la consideración moral se agota en el campo de la propia conciencia, en el derecho siempre hallamos una relación intersubjetiva, un vínculo que se establece entre el yo y otros individuos: el derecho que posee una determinada persona a comportarse de cierta manera implica el deber correlativo de otros a no oponerse a la realización de esa acción.

En su *Metaphysik der Sitten,* Kant caracteriza el concepto de derecho sobre la base de tres elementos. En primer lugar, sostiene que el derecho ha de ser ubicado en el ámbito de las relaciones externas; en segundo lugar, no deja de advertir que estas relaciones son las que se establecen entre dos o más arbitrios; y, por último, destaca que el derecho tiene por cometido prescribir a los sujetos un comportamiento tal que los diversos arbitrios puedan coexistir entre sí[26]. El carácter externo de la regulación jurídica ya ha sido indicado, por lo cual me limitaré aquí a presentar, someramente, las implicancias del segundo de los elementos destacados por Kant. Como dijimos, nuestro filósofo sostenía que las relaciones intersubjetivas propias del derecho son relaciones que se establecen entre dos o más arbitrios. Ahora bien, es preciso acotar qué ha de entenderse por arbitrio. En tal sentido, se distingue entre lo que es un arbitrio (*Willkür*), caracterizado como un deseo ligado a la conciencia que tiene el sujeto de poseer la capacidad requerida para producir el objeto deseado, y lo que es un simple deseo (*Wunsch*), en el cual esta conciencia hállase ausente. Mientras que el deseo implica tan solo una simple representación del objeto deseado, el arbitrio agrega la conciencia de la capacidad de lograr ese objeto. En suma, para Kant la relación in-

[25] Martín Laclau, "Aproximaciones a la distinción kantiana entre moral y derecho" (cfr. p. 70 del presente volumen).

[26] Cfr. Kant, op. cit., p. 34.

tersubjetiva jurídica debe establecerse entre dos o más arbitrios, y no entre dos deseos o entre un deseo y un arbitrio. En otras palabras, según Kant quienes intervienen en un acto jurídico han de poseer la conciencia de sus respectivas capacidades para alcanzar la finalidad que han tenido en mira conseguir.

Ahora bien, el derecho prescinde de la *materia* del arbitrio, no considera las finalidades que cada uno de los individuos intervinientes en esa relación intersubjetiva pueda perseguir. A la regulación jurídica solo le interesa la *forma* de esa relación, esto es, el modo en que una acción deba ser cumplida para que el arbitrio de uno pueda armonizar con el arbitrio de otro. De allí que Kant defina al derecho como el conjunto de las condiciones por medio de las cuales el arbitrio de uno puede acordarse con el arbitrio de otro, según una ley universal de libertad: *Das Recht ist also der Inbegriff der Bedingungen, unter denen die Willkür des einen mit der Willkür des anderen nach einem allgemeinen Gesetze der Freiheit zusammen vereinigt werden kann*[27]. El derecho tiende a evitar, de este modo, que mi comportamiento exterior oponga obstáculos a la esfera de libertad que es privativa de otras personas.

Para Kant, moral y derecho, si bien se distinguen, no por ello han de ser concebidas como esferas contrapuestas. Muy por el contrario, ambas se complementan. La moral se dirige al logro de la libertad interna, independizando al hombre de todo móvil empírico que pueda atarlo al rígido mecanismo causal que impera en el mundo de la naturaleza. Por su parte, el derecho intenta asegurar que la libertad externa se haga presente en las relaciones intersubjetivas: dirigiéndose al arbitrio, asegura la existencia de una esfera donde un individuo pueda permanecer independiente del arbitrio de otros individuos, posibilitando así la realización de su libertad interior y, por tanto, de su autonomía moral. La noción del derecho como realización de la libertad encuentra, de esta suerte, en la filosofía kantiana, una de sus primeras formulaciones.

[27] Kant, op. cit., p. 34-35.

# III. APROXIMACIONES A LA DISTINCIÓN KANTIANA ENTRE MORAL Y DERECHO*

La preocupación de Kant por los problemas jurídicos hállase lejos de haber sido una mera distracción ocasional. Muy por el contrario, su inquietud por esta temática puede ser rastreada desde los años de su formación. Sabido es que, como estudiante, fue asiduo asistente a los cursos dados por Martín Knutzen en la Universidad de Königsberg, quien, aparte de metafísica, lógica, filosofía natural y retórica, también enseñó derecho natural desde 1740 hasta 1747. El mismo Kant dictó, posteriormente, esta materia durante doce semestres, utilizando como base de sus lecciones un manual titulado *Ius naturæ,* escrito por G. Achenwall.

Pero aparte de su actividad docente, puede apreciarse que los problemas jurídicos y políticos no le eran ajenos en la etapa en que iba configurándose su filosofía crítica. Así, una vez que en la *Kritik der reinen Vernunft,* elaboró su teoría del conocimiento, a la cual veía como una suerte de propedéutica para su sistema filosófico general, comenzó a trabajar en su metafísica de la naturaleza, destinada a esclarecer los principios *a priori* del conocimiento natural, y en la metafísica de las costumbres, que habría de analizar los principios puros de la razón práctica, tanto en el campo de la moral como en el del derecho. La materia jurídica fue directamente abordada en 1786, al efectuar una recensión del libro de G. Hufeland titulado *Versuch über den Grundsatz des Naturrechts*; en 1793, en su obra *Ueber den Gemeinspruch: Das mag in der Theorie richtig sein, taugt aber nicht für die Praxis*; y en 1795, al escribir *Zum ewigen Frieden. Ein philosophischer Entwurf.* Escaparía a la finalidad que me he propuesto entrar en un análisis pormenorizado de estos trabajos, detallando cómo fueron constituyéndose las nociones bá-

* Publicado originariamente en "Anuario de Filosofía Jurídica y Social", nº 4, Abeledo-Perrot, Buenos Aires, 1984, p. 177-190.

sicas del pensamiento filosófico-jurídico de nuestro autor. Mi intención reside, tan solo, en procurar establecer los criterios sobre la base de los cuales expuso la diferenciación entre la esfera de la moral y la esfera del derecho; problemática de ineludible tratamiento para una correcta comprensión de la filosofía jurídica posterior.

* * *

La teoría kantiana acerca del derecho hállase expuesta, en forma sistemática, en la primera parte de su *Metaphysik den Sitten,* aparecida en 1797. Para introducirnos en el análisis del contenido de esta obra, nuestro primer paso ha de ser esclarecer el significado de su título.

Con el vocablo *metafísica,* Kant designa al conocimiento que, independizado de toda atadura con el mundo de la experiencia, asume la forma de un conocimiento racional puro. El saber metafísico no se funda en datos aportados por la experiencia exterior, base de la física, ni por la experiencia interior, en la cual halla su sustento la psicología empírica; trátase de un conocimiento *puro*; esto es, *a priori.* Recuérdese que, para Kant, en todo conocimiento es dable distinguir entre una materia dependiente de la experiencia y una forma, que responde a las leyes del intelecto puro y de la razón pura, merced a las cuales la materia originaria recibe determinada configuración, constituyendo el fenómeno (*Erscheinung*). Ahora bien, esta diferenciación entre una parte empírica y otra racional o *a priori* del saber no se da únicamente respecto al conocimiento del mundo natural, al cual denominamos física, sino también con relación al mundo ético.

Las costumbres (*Sitte*) constituyen el conjunto de reglas que configuran el comportamiento humano como ser libre; esto es, como ente independizado del rígido determinismo de la ley causal que gobierna el devenir natural. Según Kant, el hombre puede ser considerado como sujeto empírico y, en cuanto tal, hállase gobernado por las leyes que determinan el mundo de la naturaleza, pero como sujeto puro, nouménico, se sustrae a estas y regula su conducta conforme a determinaciones nacidas de su propia voluntad. En tal sentido puede ser considerado como un sujeto libre, y las leyes morales que él mismo se dicta originan el mundo de las costumbres, de la cultura, que aparece contrapuesto, de esta suerte, al mero mundo natural.

Recuérdese que al comienzo de la *Grundlegung zur Metaphysik der Sitten,* Kant, aceptando una tradicional doctrina griega, reconocía tres campos de indagación cuya diversidad daba origen a tres disciplinas filosóficas: la lógica, la física y la ética. En la base de esta diferenciación se hallaba la distinción entre conocimiento material y conocimiento formal. El primero, anclado en la experiencia, se refería a determinados objetos, en tanto que el segundo se ocupaba de las formas y reglas generales del pensamiento, con independencia del objeto sobre el cual dicho pensamiento versase. La filosofía formal era la lógica, en tanto que la filosofía material, ocupada en objetos determinados y en las leyes que los rigen, admitía la diferenciación entre la física, que se refiere a las leyes de la naturaleza, y la ética, que trata de las leyes de la libertad[1].

En suma, para Kant la metafísica de las costumbres ha de ocuparse de los principios racionales *a priori* que rigen el comportamiento humano, y se diferencian, de esta suerte, del estudio empírico de la conducta, que constituye la materia de la antropología pragmática, a la cual dedicó una obra titulada, precisamente, *Anthropologie in pragmatischen Hinsicht,* aparecida en el año 1798. Cabe, pues, distinguir entre la metafísica de las costumbres y la antropología moral, ocupada en el estudio de las condiciones subjetivas de la naturaleza humana fundadas en la experiencia y que pueden resultar favorables o contrarias al cumplimiento de las leyes de la metafísica; esto es, de los principios morales fundamentales[2].

Ahora bien, si la metafísica de las costumbres tiene por objeto el estudio del conjunto de las leyes que regulan la conducta humana, el primer paso que ha de darse consiste en establecer qué tipos de legislación pueden presentarse, con lo cual penetramos de lleno en el problema de la distinción entre moral y derecho.

Para Kant, la buena voluntad (*guter Wille*) es lo único acerca de lo cual podemos predicar, sin restricción alguna, la bondad. Una voluntad admite ese calificativo si no se encuentra determinada por impulsos

[1] Cfr. Kant, *Grundlegung zur Metaphysik der Sitten*, Félix Meiner Verlag, Hamburg, 1965, p. 3.

[2] *Das Gegenstück einer Metaphysik der Sitten, als das andere Glied der Einteilung der praktischen Philosophie überhaupt, würde die moralische Anthropologie sein, welche aber nur die subjektiven, hindernden sowohl als begünstigenden, Bedingungen der Ausführung der Gesetze der ersteren in der menschlichen Natur, die Erzeugung, Ausbreitung und Starkung moralischer Grundsatze in der Erziehung, der Schul- und Volksbelehrung und dergleichen andere sich auf die Erfahrung gründende Lehren und Vorschriften enthalten würde, und die nicht entbehrt werden kann, aber durchaus nicht vor jener vorausgeschickt oder mit ihr vermischt werden muß* (Kant, *Metaphysik der Sitten*, Félix Meiner Verlag, Hamburg, p. 18-19).

sensibles, por cálculos interesados, sino, únicamente, por respeto al deber que ha de ser cumplido[3]. El comportamiento moral se caracteriza porque no se encuentra guiado por ningún interés material: solo la obediencia a la ley del deber determina el curso de la acción. Kant da varios ejemplos en los cuales existe una adhesión externa al precepto moral, no obstante lo cual esos comportamientos no admiten el calificativo de *morales,* puesto que sus motivos determinantes han sido ajenos al respeto de la ley moral. Así, el caso del comerciante que no abusa de sus clientes inexpertos para no crearse mala fama; el de la persona que no se suicida, respondiendo al instinto de la propia conservación; el de quien ayuda al prójimo por la simpatía natural que siente hacia este, con lo cual se deja arrastrar por un motivo sensible ajeno a los dictados de la pura moral[4]. Un comportamiento que pueda ser calificado de moralmente bueno es, solamente, aquel en el cual el respeto a la ley moral es el único impulso subjetivo que domina y excluye a todos los otros que pudieran presentarse. Así, para que una acción pueda ser considerada como moral no basta que sea *conforme al deber*, sino que ha de haber sido realizada *por el deber.* La legislación moral se caracteriza porque erige en deberes a determinadas acciones y, al mismo tiempo, establece a esos mismos deberes como motivos determinantes de los comportamientos; en cambio, la legislación jurídica no incluye esta última condición dentro de sus leyes, con lo cual permite otros motivos determinantes que no sean la idea del deber mismo. La mera conformidad con la ley, sin importar cuál sea el motivo determinante de la conducta, se denomina legalidad (*Legalitat*); en tanto que la exigencia de que la idea del deber derivada de la ley sea, al mismo tiempo, el móvil de la acción, constituye la moralidad (*Moralität*) de esta[5].

Adviértase que en el planteo kantiano se encuentra implícita la distinción entre una legislación interna, que exige la adhesión del individuo, quien ha de tomarla como motivo determinante de su acción, y una legislación externa, a la cual solo interesa la conformidad exterior entre el comportamiento efectuado y lo prescripto por ella. En el primer caso, nos encontramos frente a leyes éticas; en el segundo, frente a leyes ju-

[3] Cfr. Kant, *Grundlegung...*, op. cit., p. 10.

[4] Cfr. Kant, *Grundlegung...*, op. cit., p. 14-16.

[5] *Man nennt die Bloße Ubereinstimmung oder Nichtübereinstimmung einer Handlung mit dem Gesetze, ohne Rücksicht auf die Triebfeder derselben, die Legalität (Gesetzmäßigkeit): diejenige aber, in welcher die Idee der Plicht aus dem Gesetze zugleich die Triebfeder der Handlung ist, die Moralität (Sittlichkeit) derselben* (Kant, *Metaphysik der Sitten*, op. cit., p. 21).

rídicas. De esta suerte, la moralidad consistirá –como vimos– en la conformidad de las acciones con los preceptos éticos; en tanto que la legalidad implicará la correspondencia externa de aquellas con las leyes jurídicas.

A la diferenciación entre acciones internas y acciones externas se corresponde la distinción entre deberes internos y deberes externos. La legislación jurídica solo impone deberes externos, toda vez que no exige que la idea de esos deberes –que en tanto idea es algo interno– sea el motivo determinante de la voluntad que dirige la acción. La idea de un deber que hemos de cumplir es algo que permanece en el ámbito de nuestra conciencia; pero al derecho solo le interesa la acción en cuanto se exterioriza: los únicos motivos que puede admitir son los provenientes del exterior[6].

Así, la adhesión pretendida por el derecho a sus leyes es solo externa e independiente de la pureza de las intenciones, cosa que no ocurre con la moral, cuyas leyes han de ser obedecidas por puro respeto a ellas. El deber moral es algo interno, porque requiere no solo que la acción se corresponda con él sino también que la intención del agente sea pura.

* * *

Como destacamos anteriormente, para Kant el hombre participa de dos mundos: en cuanto perteneciente al mundo natural, hállase sujeto a la rígida ley de la determinación causal; pero, en cuanto ente nouménico, su comportamiento se ajusta a otro tipo de causalidad, que es la causalidad por libertad. El hombre forma parte del mundo empírico, pero a la vez también es integrante del mundo inteligible de las cosas en sí, y es, precisamente, en este último carácter que puede considerarse plenamente autónomo, dictando la ley que debe regir su accionar.

Ahora bien, del mismo modo que Kant nos hablaba de una distinción entre legislación interna y legislación externa, resulta pertinente diferenciar la libertad interna de la libertad externa, perteneciendo la primera de ellas al campo moral, en tanto la segunda se mueve en la esfera de lo jurídico.

[6] *Die Pflichten nach der rechtlichen Gesetzgebung können nur äußere Plichten sein, weil diese Gesetzbung nicht verlangt, daß die Idee dieser Pflicht, welche innerlich* ist, *für sich selbst Bestimmungsgrund der Willkür des Handelnden sei und, da sie doch einer für Gesetze schicklichen Triebfeder bedarf, nur äußere mit dem Gesetze verbinden kann* (Kant, *Metaphysik der Sitien*, op. cit., p. 21).

Ante todo, es preciso recordar que Kant efectúa una clara diferenciación entre la voluntad pura legisladora (*Wille*) y el poder de libre elección (*Willkür*). La voluntad legisladora es la que dicta la ley moral, que se convierte en principio *a priori*, determinante de la acción. Pero la voluntad humana, al encontrarse también afectada por la sensibilidad, hállase siempre en una encrucijada, toda vez que es solicitada no solo por ese principio formal sino también por diversos móviles materiales que provienen de la experiencia. Aquí es, precisamente, cuando entra a jugar el poder de libre elección (*Willkür*): en la medida en que escoge la ley formal universal, la voluntad afirma su autonomía y libertad, pero si, por el contrario, se deja dominar por motivaciones empíricas, el arbitrio se torna heterónomo y dependiente de una causalidad derivada de leyes naturales que le son ajenas. La voluntad, en tanto *Wille*, quiere la ley moral que ella misma se dicta; pero, en tanto *Willkür*, puede apartarse de ella y dejarse determinar por la causalidad empírica. De allí que la ley moral se exhiba bajo la forma de un imperativo cuyo cumplimiento se traduce en la conversión de la *Willkür* en *Wille*, esto es, en la adopción de la ley pura como ley del libre arbitrio.

El hombre es libre en sentido moral; esto es, internamente, en la medida en que se adecue a las leyes que su razón le dicte. De esta suerte, el actuar moralmente es concebido como una liberación de todos aquellos impulsos, intereses, pasiones, que nos atan al mundo empírico convirtiéndonos en meros engranajes de la causalidad natural. En cambio, la libertad en sentido jurídico nos enfrenta a factores externos que no dependen de nuestras facultades, sino de los obstáculos que otras personas pueden oponer a nuestra acción. En el caso de la moral, la acción se agota en la interioridad de la propia conciencia, en tanto que, en el del derecho, se establece una relación entre yo y otros individuos; esto es, se origina una relación de carácter intersubjetivo. Así, el que una persona posea derecho a efectuar cierto comportamiento implica, necesariamente, el deber correlativo de otros, en el sentido de no obstaculizar la realización de tal acción.

Lejos de oponerse, *Wille* y *Willkür* encuéntranse íntimamente relacionados, constituyen aspectos diversos de una misma voluntad. Mientras el primero señala al principio interno de la acción, la segunda se dirige a la exterioridad de esta. Por eso, como veremos, cuando Kant defina al derecho habrá de referirse a la *Willkür*. Pero este arbitrio que da origen a la relación jurídica no ha de hallarse determinado por motivos empíricos, sino por la ley universal de la libertad; esto es, por un principio formal puro, convirtiéndose así en un libre arbitrio. En Kant, el derecho implica una limitación del arbitrio; esto es, de la libertad exterior.

* * *

El examen de las notas que en el pensamiento kantiano contribuye a distinguir el derecho de la moral, quedaría incompleto sin referirnos a tres consecuencias de lo que llevamos dicho. En primer lugar, hemos de destacar que la voluntad jurídica, para Kant, es una voluntad *heterónoma,* que recibe su ley de una instancia ajena a ella; en cambio, la voluntad moral es *autónoma*, toda vez que en su interior encuentra el origen de la ley del deber que ha de motivar el comportamiento. Recuérdese que la *legalidad* constituía una de las características exhibidas por la voluntad jurídica. Ahora bien, si a las leyes jurídicas solo les interesa la adecuación externa del comportamiento con sus preceptos, sin exigir, por tanto que la idea del deber derivado de la ley sea el móvil de la acción, resulta que esta puede tener motivaciones empíricas, lo cual equivale a decir que nos hallamos dentro del campo de la *heteronomía.* Kant ha sido claro al respecto: la *autonomía* consiste en la cualidad que posee la voluntad de darse a sí misma la ley de su obrar, independientemente de cualquier cualidad de los objetos del deber; en cambio, la *heteronomía* surge cuando la voluntad busca su ley en los objetos empíricos, con lo cual, en vez de darse a sí misma la ley, es el objeto quien se la da[7]. Este último es, precisamente, el caso del derecho, al cual no le interesan los móviles que puedan haber llevado al cumplimiento de la acción prescripta.

En segundo lugar, cabe relacionar la distinción entre moral y derecho con la división de los imperativos en categóricos e hipotéticos. Las leyes de la naturaleza entrañan una relación de necesidad entre la causa

[7] La distinción entre autonomía y heteronomía es claramente formulada en la *Grundlegung zur Metaphysik der Sitien.* Respecto a la primera, se expresa: *Autonomie des Willens ist die Beschaffenheit des Willens, dadurch derselbe ihm selbst (unabhängig von aller Beschaffenheit der Gegenstande des Wollens) ein Gesetz ist. Das Prinzip der Autonomie ist also: nicht anders zu wahlen als so, daß die Maximen seiner Wahl in demselben Wollen zugleich als allgemeines Gesetz mit begriffen seien.* En cuanto a la heteronomía, se manifiesta: *Wenn der Wille irgend worin anders als in der Tauglichkeit seiner Maximen zu seiner eigenen allgemeinen Gesetzgebung, mithin wenn er, indem er über sich selbst hinausgeht, in der Beschaffenheit irgend eines seiner Objekte das Gesetz sucht, das ihn bestimmen soll, so kommt jederzeit Heteronomie heraus. Der Wille gibt alsdann sich nicht selbst, sondern das Objekt durch sein Verhaltnis zum Willen gibt diesem das Gesetz* (cfr. Kant, *Grundlegung...*, op. cit., p. 65).

y el efecto; en cambio, las leyes de la conducta humana estudiadas por la metafísica de las costumbres no describen un acontecimiento sino que prescriben una determinada obligación, que puede o no ser cumplida por el sujeto obligado, dado que este es libre. La relación entre antecedente y consecuente se expresa aquí con el verbo *deber,* lo cual significa que, en el caso de los imperativos, nos hallamos ante una ley objetiva de la razón y una voluntad que no se encuentra determinada por esa ley[8]. Ahora bien, los imperativos admiten ser distinguidos en categóricos e hipotéticos. En el primer caso, la ley manda la realización de una acción sin sujetarla a condición alguna, toda vez que se la estima como buena en sí misma. En cambio, los imperativos hipotéticos se caracterizan por prescribir un comportamiento al cual se juzga adecuado para alcanzar un fin determinado. Los imperativos morales son, para Kant, categóricos; no así los jurídicos, cuya naturaleza hipotética es derivada de la nota de heteronomía que, como señalamos, presenta la voluntad jurídica[9]. En efecto, si una voluntad se determina por un objeto externo a ella, ninguna duda cabe de que es heterónoma, pues la ley de su comportamiento tiene un origen ajeno a ella; pero, en este caso, ha de destacarse que el imperativo que la ha dirigido no prescribe una acción buena en sí misma, sino que su bondad derivará de la circunstancia de que es una vía apropiada para conseguir un objetivo externo. Resulta evidente que el imperativo es condicionado, al depender su validez de la aceptación de una finalidad determinada; circunstancia que solo puede expresarse por medio de un juicio hipotético.

Finalmente, y como última nota singularizadora del derecho, encuéntrase la *coacción.* Al ser las relaciones jurídicas de naturaleza intersubjetiva, la obligación de una persona se corresponde con el derecho de otra a constreñirla para que actúe tal como lo prescribe su deber jurídico. Ello ocurre cuando el ejercicio de mi libertad exterior se presenta como un obstáculo a la libertad según leyes universales. El derecho

[8] *Die Vorstellung eines objektiven Prinzips, sofern es für einen Willen nötigend ist, heißt ein Gebot (der Vemunft) und die Formel des Gebots heißt Imperativ. Alle Imperative werden durch ein Sollen ausgedrückt und zeigen dadurch das Verhaltnis eines objektiven Gesetzes der Vemunft zu einem Willen an, der seiner subjektiven Beschaffenheit nach dadurch nicht notwendig bestimmt wird (eine Notigung)* (Kant, *Grundlegung...,* op. cit., p. 33).

[9] Kant lo expresa con claridad: *Allenthalben, wo ein Objekt des Willens zum Grunde gelegt werden muß, um diesem die Regel vorzuschreiben, die ihn bestimme, da ist die Regel nichts als Heteronomie; der Imperativ ist bedingt, nämlich: wenn oder weil dieses Objekt will, soll man so oder so handeln; mithin kann er niemals moralisch d. i. kategorisch gebieten* (cfr. Kant, *Grundlegung...,* op. cit., p. 69).

puro, según Kant, no busca determinar la voluntad a la obediencia de sus leyes sobre la base de la conciencia de la obligación de cada uno de conformarse a ellas, sino que se apoya sobre el principio de una coacción externa que pueda coexistir con la libertad de todos según leyes universales[10]. La compatibilidad entre derecho y coacción surge, en forma directa, de la nota de exterioridad propia de aquel. En cambio, en la acción moral, que no puede ser determinada por otro móvil que no sea el imperativo del deber, no halla cabida ninguna coacción, puesto que, si nos determinásemos por ella o por su amenaza, entraría en nuestra voluntad un móvil procedente de la experiencia; cosa totalmente ajena al pensamiento ético kantiano.

* * *

El problema que a continuación se plantea Kant consiste en hallar una definición apropiada de lo que es derecho. Claro está que lo que busca no es una definición empírica, extraída de los datos diversos que puedan aportar los distintos ordenamientos positivos. El jurista bien puede determinar qué cosa sea el derecho (*quid sit iuris*) dentro de las leyes tenidas por válidas en un lugar y tiempo determinados; pero, en tanto transite por este nivel, permanecerá ajeno al problema de establecer si es justo lo que prescriben esas leyes positivas. El reconocimiento de lo que es justo o injusto (*iustum et iniustum*) solo podrá lograrlo en la medida en que, abandonando los principios empíricos, busque los orígenes de los juicios acerca de la justicia en la razón pura, la que constituye, en última instancia, el fundamento único de toda posible legislación positiva[11].

Kant establece que el concepto de derecho puede ser caracterizado sobre la base de tres elementos: el derecho pertenece al mundo de las relaciones externas; dichas relaciones son las que se entablan entre dos o

[10] *Sowie nämlich das Recht überhaupt nur das zum Objekte hat, was in Handlungen äußerlich ist, so ist das strikte Recht, nämlich das, dem nichts Ethisches beigemischt ist, dasjenige, welches keine anderen Bestimmungsgründe der Willkür als bloß die äußeren fordert; denn alsdann ist es rein und mit keinen Tugendvorschriften vermengt. Ein striktes (enges) Recht kann man also nur das völlig äußere nennen. Dieses gründet sich nun zwar auf das Bewußtsein der Verbindlichkeit eines jeden nach dem Gesetze; aber die Willkür danach zu bestimmen, darf und kann es, wenn es rein sein soll, sich auf dieses Bewußtsein als Triebfeder nicht berufen, sondern fußt sich deshalb auf dem Prinzip der Möglichkeit eines äußeren Zwanges, der mit der Freiheit von jedermann nach allgemeinen Gesetzen zusammen bestehen kann* (Kant, *Metaphysik der Sitten*, op. cit., p. 37).

[11] Kant, *Metaphysik der Sitten*, op. cit., p. 33-34.

más arbitrios; y, finalmente, la función del derecho consiste en prescribir a los sujetos la forma en que los diversos arbitrios pueden coexistir entre sí[12].

El primero de los tres elementos, esto es, que el derecho se refiere a la acción externa de una persona hacia otra en la medida en que sus acciones puedan, en tanto hechos, tener influencia recíproca, ya ha sido suficientemente explicitado al referirnos a la distinción entre moral y derecho.

Mayor desarrollo requiere el segundo elemento, referido a que las relaciones intersubjetivas propias del derecho han de entablarse entre dos o más arbitrios. Al respecto, Kant ha establecido una clara diferenciación entre lo que es un arbitrio (*Willkür*) y lo que es un simple deseo (*Wunsch*). En el primer caso, la facultad de desear encuéntrase ligada a la conciencia que tiene el sujeto de la capacidad que pueda poseer para producir el objeto deseado; en cambio, en el segundo caso, esta conciencia no se halla presente. El *deseo* implica la representación de un objeto que se quiere alcanzar; el *arbitrio* agrega a ella la conciencia de la capacidad de lograr ese objeto. Así, la relación intersubjetiva propia del derecho es aquella que se entabla entre dos arbitrios, no la que pueda existir entre dos deseos o entre un arbitrio y un deseo. Todas las partes intervinientes en un acto jurídico han de ser conscientes de sus respectivas capacidades para alcanzar la finalidad que se han propuesto.

Finalmente, esta relación recíproca no toma en cuenta la *materia* del arbitrio, es decir, la finalidad que cada uno se propone con el objeto deseado, sino solo la *forma* de la relación, la medida en que las respectivas libertades de los sujetos intervinientes pueden ser compatibles. El derecho, para Kant, prescinde de considerar los contenidos de las relaciones que regula, no se refiere a las finalidades individuales y utilitarias que puedan perseguir los individuos intervinientes; tan solo prescribe el modo en que una acción debe ser cumplida para que el arbitrio de uno pueda acordarse con el arbitrio de otro según una ley universal.

Sobre la base de estos tres requisitos, Kant formula su célebre definición del derecho, manifestando que es el conjunto de las condiciones por medio de las cuales el arbitrio de uno puede acordarse con el arbitrio de otro según una ley universal de libertad[13]. De esta definición

[12] Cfr. Kant, *Metaphysik der Sitten*, op. cit., p. 34.

[13] *Das Recht ist also der inbegriff der Bedingungen, unter denen die Willkür des einen mit der Willkür des anderen nach einem allgemeinen Gesetze der Freiheit zusammen vereinigt werden kann* (Kant, *Metaphysik der Sitten*, op. cit., p. 34-35).

es dable extraer la ley universal del derecho, que prescribe lo siguiente: Actúa externamente de tal modo que el libre uso de tu arbitrio pueda conciliarse con la libertad de todos según una ley universal[14].

Ahora bien, la definición kantiana no se refiere, evidentemente, a lo que el derecho es en cuanto realidad empírica, sino al ideal jurídico. Lo que Kant buscaba era un criterio que le permitiese establecer lo que era justo o injusto. De lo que se trataba era de hallar un ideal al cual el derecho positivo hubiera de conformarse para ser considerado como justo. Por ello, nos dice que una acción es justa cuando, por medio de ella o de su máxima, se puede lograr que la libertad del arbitrio de uno pueda coexistir con la libertad del arbitrio de todos los otros, según una ley universal[15]. Como es dable advertir, aquí se habla de la justicia de una acción y no de su juridicidad, esto es, de su conformidad con lo preceptuado por el derecho vigente.

De esta suerte, el derecho en tanto justo es concebido como realización de la libertad. El ordenamiento jurídico justo es aquel en el cual todos los individuos que se encuentran sujetos a su imperio gozan de una esfera de libertad dentro de cuyos límites pueden desarrollar su personalidad. Si mi acción o, en general, mi estado, puede subsistir con la libertad de los demás según una ley universal, se comportará injustamente quien me perturbe oponiendo obstáculos, pues tal oposición no es congruente con la subsistencia de la libertad de todos según leyes universales. Claro está que la ley universal del derecho a la que nos hemos referido es una ley que me impone una obligación; pero no la exigencia de que deba convertirla en motivo de mis acciones, toda vez que los demás pueden ser libres aun cuando su libertad me sea indiferente o cuando reniegue de ella en mi interioridad. Lo que al derecho le interesa es que mi comportamiento exterior no le oponga obstáculos a esa esfera de libertad propia de cada persona. Será la moral, en todo caso, la que exija de mí el adoptar como motivo de mi comportamiento que este se ajuste al derecho.

Hasta tal punto la libertad juega un papel protagónico en la filosofía jurídica de Kant, que al efectuar la división entre derechos innatos y derechos adquiridos –definiendo a los primeros como aquellos que corresponden a cada uno naturalmente, con independencia de todo acto ju-

[14] Cfr. Kant, *Metaphysik der Sitten*, op. cit., p. 35.

[15] *Eine jede Handlung ist recht, die oder nach deren Maxime die Freiheit der Willkür eines jeden mit jedermanns Freiheit nach einem allgemeinen Gesetze zusammen bestehen kann* (Kant, *Metaphysik der Sitten*, op. cit., p. 35).

rídico, en tanto los segundos no pueden existir sin un acto jurídico que los transmita– aclara que existe un solo derecho innato, que es el derecho a la libertad externa; entendida esta como independencia del arbitrio de otro en la medida en que dicha libertad pueda subsistir con la libertad de todos según una ley universal[16].

* * *

La distinción kantiana entre moral y derecho que hemos analizado precedentemente no significa, en modo alguno, que ambos campos se excluyan y contrapongan. Lejos de ello, tanto la moral como el derecho se complementan, toda vez que ambos buscan lograr la libertad del hombre, aunque por vías distintas. La moral intenta asegurar la libertad interna, independizando al hombre de todo móvil empírico que pueda convertirlo en mero engranaje de la ineludible causalidad natural. En cambio, el derecho intenta lograr la libertad externa en las diversas relaciones intersubjetivas. Recuérdese que el arbitrio (*Willkür*) era, para Kant, el deseo unido a la conciencia de poder obrar para producir el objeto del querer, lo cual nos está señalando que se refiere a la exterioridad de la acción, en cuanto produce transformaciones en el mundo fenoménico. De esta suerte, el derecho, que se dirige al arbitrio, asegura la existencia de una esfera donde el sujeto permanezca independiente del arbitrio de otros sujetos, posibilitando la realización de su libertad interior y coadyuvando a que el hombre pueda lograr su autonomía moral.

[16] Cfr. Kant, *Metaphysik der Sitten*, op. cit., p. 43-45.

# IV. LA CONSTITUCIÓN DE LA NOCIÓN DE "FUENTE DE DERECHO" EN EL PENSAMIENTO OCCIDENTAL*

El tema escogido este año para el ciclo colectivo de conferencias organizado por la Sección Teoría General de la Asociación Argentina de Derecho Comparado es de aquellos cuyo planteo no se encuentra exento de equívocos. La mayor parte de los tratadistas, al escribir sobre las fuentes del derecho, se limitan a dar una noción muy vaga y sucinta acerca de la noción de *fuente*, pasando luego a considerar, una por una, las diversas fuentes tradicionalmente aceptadas por tales: la ley, la costumbre, la jurisprudencia y la doctrina. Las dificultades inherentes al tema han llevado a que los juristas tradicionalmente lo soslayen, circunstancia que ha contribuido a tornar más complejo un problema que, evidentemente, no se caracteriza por la claridad de sus planteos. A tal punto es así, que Luis Legaz y Lacambra nos advierte que la expresión "fuente de derecho" es susceptible de ostentar no menos de siete significados diferentes. Así, se ha entendido *por fuente* al conjunto de documentos que nos permiten conocer lo que el derecho es o ha sido; a la fuerza creadora del derecho como hecho de la vida social; a la autoridad creadora del derecho vigente; al acto concreto creador del derecho –legislación, costumbre, etcétera–; al fundamento de la validez jurídica de una norma determinada; a la forma de manifestarse de la norma jurídica; y, por último, al fundamento de un derecho subjetivo[1]. Como puede advertirse, el vocablo *fuente* dista de ser unívoco y la pluralidad de sus posibles acepciones

* Conferencia pronunciada el 26 de septiembre de 1984 en el Colegio de Abogados de la Ciudad de Buenos Aires, inaugurando el ciclo sobre *La noción de "fuente de derecho"*, organizado por la Sección Teoría General de la Asociación Argentina de Derecho Comparado. Publicada originariamente en "Anuario de Filosofía Jurídica y Social", nº 4, Abeledo-Perrot, Buenos Aires, 1984, p. 9-39.

[1] Cfr. Luis Legaz y Lacambra, *Filosofía del derecho*, Bosch, Barcelona, 1972, p. 525 y 526.

torna necesario su esclarecimiento, para introducir algún orden en el tratamiento del problema que analizaremos a continuación.

En primer lugar, es preciso destacar que la noción de *fuente* es relativamente reciente en la ciencia jurídica. Como veremos, fueron los autores de la Escuela Histórica del Derecho quienes, a comienzos del siglo XIX, por vez primera profundizaron el tema y lo elaboraron doctrinalmente. Parece ser que el concepto de fuente hizo su aparición en Europa dentro del campo de las ciencias naturales y, al respecto, se ha recordado que en las *Etimologías* de San Isidoro de Sevilla esta noción aparece únicamente en el Libro XII, Capítulo XIII, bajo el título *De diversitate aquarum.* Paulatinamente, el concepto va haciéndose presente, tanto en las ciencias divinas como en las humanas, entendiéndose por *fuente* sea el *origen,* sea el *fundamento* de algo. La noción se entroniza durante los siglos XVII y XVIII y, en el campo específicamente jurídico, su difusión es impulsada por el *usus modernus pandectorum* y el lugar privilegiado que se acuerda a las fuentes documentales romanas en la ciencia del derecho[2].

Ahora bien, ¿por qué son, precisamente, Hugo, Savigny y Puchta quienes, por vez primera, se plantean el problema suscitado por la noción de *fuente del derecho*? ¿Qué cambios profundos se han operado en la ciencia jurídica por obra de estos autores? ¿Qué circunstancias han permitido que esta temática pueda ser percibida por ellos?

Si acudimos a los textos romanos, veremos que estos se limitan a proporcionar enumeraciones de las distintas fuentes, sin entrar a analizar el contenido del concepto que las engloba. Así, las *Institutas* de Gayo expresan: *Constant autem iura populi Romani ex legibus, plebiscitis, senatusconsultis, constitutionibus principum, edictis eorum qui jus edicendi habent, responsis prudentium* (Gayo, I, 2). Pomponio, por su parte, establece que las fuentes son la *lex,* la *prudentium interpretatio*, las *legis actiones*, los plebiscitos, edictos, senadoconsultos y constituciones imperiales; como puede observarse, agrega a las fuentes indicadas por Gayo las *legis actiones*[3]. Por su parte, Papiniano efectúa una enumeración

[2] Cfr. Alfred Dufour, *La théorie des sources du droit dans L'Ecole du droit historique,* en "Archives de Philosophie du Droit", t. 27, Paris, p. 85-119.

[3] *Ita in civitate nostra aut jure id est lege constituitur, aut est proprium jus civile, quod sine scripto in sola prudentium interpretatione consistit, aut sunt legis actiones, quæ formam agendi continent, aut plebiscitum, quod sine auctoritate patrum est constitutum, aut est magistratuum edictum, unde jus honorarium nascitur, aut senatus consultum, quod solum senatu constituente inducitur sine lege, aut est principalis constitutio, id est, ut quod ipse princeps constituit pro lege servetur* (*Digesto,* I, 2, 12). Cito según

similar a la de Gayo, si bien en ella la expresión *responsis prudentium* es reemplazada por *auctoritas prudentium*[4]. Estas listas presentan una intención práctica evidente, consistente en indicar, a la persona que ha de juzgar una determinada cuestión, dónde puede buscar las soluciones aplicables al caso. Incluso una mente como la de Cicerón, trabajada en los principios filosóficos helénicos y en la cual el vuelo teórico resulta ostensible, no se plantea el problema de precisar una noción general de fuente de derecho, limitándose a enumerarlas. Así, en el capítulo V de los *Tópicos,* expresa: *ut si quis jus civile dicat id esse quod in legibus, senatus-consultis, rebus iudicatis, iurisperitorum auctoritate, edictis magistratum, more, æquitate consistat.* Su visión del problema es más amplia, puesto que se hace referencia a la costumbre y a la equidad; pero no nos aclara qué debemos entender por fuente.

Los últimos siglos de Roma fueron testigos de una profunda transformación respecto a las fuentes del derecho, las que se redujeron a dos: las *leges* –es decir, los edictos de los emperadores– y el *jus,* constituido por los escritos de los jurisconsultos. Esto pudo lograrse merced a un proceso de simplificación creciente: los principios sentados por los plebiscitos, senadoconsultos, etcétera, fueron pasando a los escritos de los grandes juristas, y el proceso simultáneo que llevó al incremento de la legislación imperial explica que las enumeraciones de fuentes hayan reducido estas al conjunto de leyes emanadas del emperador y a las opiniones de los jurisconsultos. La última reducción se operó por obra del emperador Justiniano, quien escogió, dentro de la literatura científica, una gran masa de opiniones, a la que dio fuerza de ley, desechando el resto y prohibiendo la composición de nuevas obras doctrinales en el futuro. De esta suerte, el conjunto de sentencias de jurisconsultos reunidas en el *Digesto* se presentó como *lex* y no como *jus.* El derecho se redujo al material proporcionado por las constituciones imperiales, y tan solo subsistió, aparte de esta legislación, un derecho consuetudinario vigente en muy contadas materias. Cabe destacar que este proceso se realizó a impulsos de las transformaciones sociales y políticas que iban produciéndose en el Imperio, sin encontrarse acompañado por ninguna

---

la edición de P. Bonfante, C. Fadda, C. Ferrini, S. Riccobono y V. Scialoja, *Digesta Iustiniani Augusti,* Formis Societatis Editricis Librariae, Mediolani, 1960.

[4] *Papinianus libro secundo definitionum. Ius autem civile est, quod ex legibus plebisscitis, senatus consultis, decretis principum, auctoritate prudentium venit. Ius praetorium est, quod praetores introduxerunt adiuvandi vel supplendi vel corrigendi juris civilis gratia propter utilitatem publicam, quod et honorarium dicitur ad honorem praetorum sic nominatum* (*Digesto,* I, 7).

obra donde se intentase una fundamentación teórica de la doctrina de las fuentes del derecho[5].

Lo que ocurre es que, para la mentalidad antigua, el derecho es algo previo a la actividad humana, algo que ya se encontraba hecho, no pudiendo ser creado por el hombre, cuya actividad legislativa se limitaba a reflejar un orden ya existente. Recuérdese que los griegos concebían al universo como un conjunto armónico, abarcador de todos los seres, sujeto a una ley que gobierna los movimientos de los distintos fenómenos naturales, y que en el plano de la convivencia social se traduce en la ley que rige a la *polis*. No es posible, en la presente ocasión, profundizar este tema ni señalar los distintos matices que exhibió esta noción por parte de los diversos pensadores y escuelas de la Antigüedad. Para mi propósito, y a título de ejemplo, baste recordar que Cicerón entendía que el principio del derecho no puede buscarse en el edicto del pretor ni en ninguna otra fuente positiva, sino en la naturaleza racional. Por ello, definiendo la ley, expresa: *lex est ratio summa insita in natura, quæ iubet ea, quæ facienda sunt, prohibetque contraria*[6]. Esta ley no surge de un acto deliberado de los individuos, sino que su existencia es anterior a ellos: es algo eterno que gobierna a la totalidad del universo. Ante tal concepción, resulta explicable por qué el problema de las fuentes como causa originaria del derecho no podía darse: el derecho existía desde siempre y la actividad humana solo podía poner de manifiesto algo que, en última instancia, no creaba.

Tanto para los griegos como para los romanos, el mundo existía desde siempre y las mutaciones que en él observamos encuéntranse sujetas a una ley ordenadora que le es inherente. En cambio, para el cristiano, el mundo es creado por Dios, reconoce su origen en un acto de la voluntad divina. De esta suerte la ley natural se transforma, de principio ordenador inherente al cosmos, en producto de la voluntad de Dios. Consiguientemente, se distinguirá entre una ley eterna, que se encuentra pre-

[5] El problema de las fuentes en el derecho romano ha sido tratado extensamente por Savigny en su *System des heutigen Römischen Rechts*, Veit und Comp., Berlín, 1840, Erster Band, p. 105-166. Una presentación actualizada de la cuestión puede hallarse en los libros de Jacques Ellul, *Historia de las instituciones de la Antigüedad*, Aguilar, Madrid, 1970, p. 245-248 y 360-365; y Jean Gaudemet, *Institutions de l'Antiquité*, Sirey, Paris, 1967, p. 380-394 y 570-605.

[6] Cicero, *De Legibus,* I, VI, 18. Utilizo la edición de la Loeb Classical Library, William Heinemann Ltd., London, 1966. Sobre este problema me he explayado anteriormente, con mayor extensión, en mi artículo *El derecho como técnica de la regulación social,* publicado en "Escritos de Filosofía", nº 4, Buenos Aires, julio-diciembre 1979, p. 115-136.

sente en la mente divina, y una ley natural, merced a la cual aquella se refleja en la conciencia humana. Los preceptos del derecho positivo derivarán de esta ley natural, siendo simples especificaciones o deducciones de ella. Por eso, para el hombre medieval, el orden jurídico se presenta, al igual que para el filósofo antiguo, como algo ya hecho, que no puede ser creado por su actividad, si bien, en este caso, se lo adscribe a una voluntad sobrenatural. Las bases del pensamiento jurídico de esta época se nos exhiben, de esta suerte, como fundamentalmente distintas de las vigentes en la actualidad. Por ello, Arthur von Mehren expresa que "la convicción de que el derecho no puede ser conscientemente creado tal vez es tan difícil de comprender por la mente moderna como lo hubiese sido la convicción opuesta para los hombres de la Edad Media [...] Según la manera de pensar medieval, el derecho no estaba hecho conscientemente; era declarado, y la consecuencia necesaria de semejante actitud era que el único desarrollo posible solo podía producirse a través de nuevas declaraciones o interpretaciones de lo que el derecho era, en virtud de un renovado esfuerzo de clarificación, y remediar supuestos 'malentendidos' en que habían incurrido las anteriores declaraciones"[7].

A comienzos del siglo XVII se instaura una nueva imagen de la realidad, caracterizada por el predominio de una razón abstracta sobre la base de la cual se intenta aprehender la esencia del hombre y de la naturaleza. La nueva concepción del derecho conquista la autonomía de este respecto a la realidad divina; pero ello no quiere decir que se vea el orden jurídico como resultante de la actividad humana. Los principios jurídicos supremos son derivados de una naturaleza humana a la cual se asignan los caracteres de racionalidad e inmutabilidad. El hombre es encarado como una realidad sustancial, cerrada en sí misma y no sujeta a las contingencias espacio-temporales. Ello determina que la actividad legislativa haya de guiarse exclusivamente por las leyes de la razón, merced a las cuales podrá elaborarse un orden jurídico que no será creación arbitraria del soberano, sino traducción de un derecho adecuado a la naturaleza humana, que siendo siempre la misma, preexiste a toda sanción legislativa[8]. La actividad estatal descubre un derecho ya existente. No lo crea, sino que se limita a percibirlo y aplicarlo. Hasta tal

[7] Arthur Von Mehren, "The judicial conception of legislation in Tudor England", publicado en *Interpretations of modern legal philosophies-Essays in honor of Roscoe Pound*, Nueva York, 1947, p. 751-766; cit. por José Puig Brutau, *Introducción al derecho civil*, Bosch, Barcelona, 1981, p. 162.

[8] Me he ocupado anteriormente de este proceso, con mayor extensión, en mi libro *La razón en el derecho,* Abeledo-Perrot, Buenos Aires, 1984.

punto es así que, durante mucho tiempo, el soberano fue concebido como juez de sus súbditos antes que como legislador. Este acercamiento entre poder soberano y potestad judicial fue típico de la Edad Media y, en el siglo XIV, aun lo encontramos en el franciscano portugués Alvarus Pelagius, quien en su obra *De planctu Ecclesiae* considera al rey como juez de sus vasallos. Solo a partir del siglo XVI, con la obra de Bodin, pasará a concebirse al soberano como legislador. Justamente, en el Libro I, Capítulo X, de *Les livres de la Republique,* obra aparecida en 1577, nos dirá que el carácter primero y esencial de la soberanía consiste en dar la ley a todos en general y a cada uno en particular, derecho que no se encuentra limitado por la necesidad del consentimiento de nadie ni por la costumbre[9]. Claro está que el mismo Bodin reconoce que el arbitrio legislativo no es absoluto, pues el soberano debe elaborar un ordenamiento acorde con los principios de la justicia y las leyes de Dios[10]. Adviértase cómo, aun en este teórico del absolutismo, el poder legislativo del soberano cumple una función que consiste, esencialmente, en poner de manifiesto principios jurídicos que no reconocen su origen en la voluntad del legislador y a los cuales este debe acatar.

Durante los siglos XVII y XVIII, la ciencia jurídica parte de los principios del derecho natural, a los cuales se concibe como derivados de la

[9] *Or quand ie dy que la premiere marque de la souueraineté, est donner loy á tous en general, et à chacun en particulier: ces demiers mots emportent les privileges qui appartiennent aux Princes souuerains, privatiuement à tous autres* (cfr. Jean Bodin, *Les six livres de la Republique,* Chez Iacques du Puys, Paris, 1583, p. 221). Para Bodin, en esta potestad de dar la ley encuéntrense comprendidos los restantes caracteres propios de la soberanía: *Sous ceste mesme puissance de donner et casser la loy sont compris tous les autres droits et marques de souueraineté: de sorte qu'à parler proprement on peut dire qu'il n'y a que ceste seule marque de souueraineté, attendu que tous les autres droits sont compris en cestui-là: comme decerner la guerre ou faire la paix: congnoistre en dernier resort des iugements de tous magistrats, instituer et destituer les plus grands officiers: imposer ou exempter les subjects de charges et subsides: ottroyer graces et dispenses contre la rigueur des loix* [...] *qui son les vrayes marques de la souueraineté, comprises sous la puissance de donner la loy à tous en general, et à chacun en particulier* (op. cit., p. 223-224).

[10] *Car tel est nostre plaisir, pour faire entendre que les loix du Prince souuerain, ores qu'elles fussent fondees en bonnes et viues raisons, neantmoins qu'elles ne dependent que de sa puré et franche volonté. Mais quant aux loix diuines et naturelles, tous les Princes de la terre y sont subiects, et n'est pas en leur puissance d'y contreuenir, s'ils ne veulent estre coulpables de leze maiesté diuine, faisant guerre a Dieu, sous la grandeur duquel tous les Monarques du monde doyuent faire ioug, et baisser la teste en toute crainte et reuerence. Et par ainsi la puissance absolue des Princes & seigneuries souueraines, ne s'estend aucunement aux loix de Dieu et de nature* (J. Bodin, op. cit., p. 133).

naturaleza racional del hombre; principios que son indubitables, atento su coherencia y necesidad. "El europeo de esa época confiaba ciegamente en la razón, a la cual estimaba un instrumento apropiado para conocer la íntegra realidad, cuya entraña era susceptible de ser aprehendida por un pensamiento, ajustado a las leyes que rigen la actividad del intelecto. Por ello, cobró fuerza la tendencia a ver en la actividad del legislador un mero producto racional, de donde resultaban excluidas las consideraciones fácticas y las tradiciones históricas, y cuyo resultado consistía en la obtención de un orden jurídico que tradujese los principios racionales que habían de gobernar el conjunto social"[11].

Los primeros años del siglo XIX asistieron al origen y desenvolvimiento de la Escuela Histórica, la cual introdujo un cambio revolucionario en la ciencia jurídica, consistente en concebir al derecho, por vez primera, como una realidad empírica. El orden jurídico ya no fue percibido como una instancia puramente racional e inmutable que era llevada al plano positivo merced a los raciocinios del legislador. Muy por el contrario, se consideró que no existía un derecho válido para todo tiempo y lugar, sino que el orden jurídico era resultado del desenvolvimiento histórico de la comunidad, traduciendo no solo las peculiaridades que diferencian a esta de otras sociedades, sino también las notas características de cada etapa de su desarrollo. Por vez primera se intenta elaborar una ciencia jurídica sobre los datos ofrecidos por el derecho positivo, cuya extrema mutabilidad no deja de condicionar los planteamientos efectuados por los científicos. Ahora bien, ante un derecho esencialmente variable, debe preguntarse por el origen de sus instituciones, que ya no serán concebidas exclusivamente como constricciones racionales, destacándose, por el contrario, su base empírica e histórica. De esta suerte, tórnase válido inquirir por la fuente de donde surgen los diversos preceptos jurídicos, lo cual explica que estos autores se planteen, por vez primera, la necesidad de elaborar una teoría general acerca de las fuentes del derecho.

* * *

Al asomarnos a la obra de Gustav Hugo, nos hallamos ante una teoría que, dejando de lado el pensamiento iusnaturalista tradicional, concebirá al derecho como algo empírico, como un conjunto de relaciones entre hombres que se da en la historia y que, por tanto, se encontrará sujeto a las contingencias propias de esta. Así, en el *Lehrbuch des Natur-*

[11] Martín Laclau, *La razón en el derecho*, op. cit., p. 42-43.

*rechts als einer Philosophie des positiven Rechts,* cuya primera edición data de 1789, señalará que, en última instancia, la verdadera fuente del derecho radica en el pueblo, en la *Meynung der Nation,* en la opinión de la nación[12].

Para el tema que aquí nos ocupa, reviste particular importancia un artículo suyo titulado *Die Gesetze sind nicht die einzige Quelle der juristischen Wahrheiten*, aparecido en 1812 en el "Civilistischen Magazin". Criticando la opinión corriente según la cual la ciencia jurídica es exclusivamente *scientia legum*, afirma que las verdades (*Wahrheiten*) y principios jurídicos (*Rechtssätze*) que ocupan a los juristas no se reducen a los derivados de fuentes legislativas, sino que también ha de ser considerado un conjunto de factores cuya existencia y desenvolvimiento se produce en forma autónoma y espontánea, esto es, fuera de cualquier influencia legislativa. El derecho es el conjunto de reglas que gobiernan las relaciones entre los hombres: las leves son tan solo una de las fuentes de estas reglas y no, precisamente, la más importante. Al igual que la lengua y las costumbres, el derecho emerge espontáneamente de la vida del pueblo; las leyes se reducen a cumplir un papel subordinado, toda vez que se limitan a esclarecer las dudas que puedan presentarse respecto a las reglas de derecho que viven espontáneamente en el seno de la comunidad[13]. Como puede advertirse, nos encontramos muy lejos de la soberanía legislativa proclamada por la ciencia del derecho racionalista que imperaba en Europa en la anterior centuria.

El derecho va evolucionando a través de la historia, siguiendo una racionalidad que le es propia. Su vida, que se desarrolla lentamente, es independiente de la voluntad del legislador, quien solo puede intentar,

[12] Acerca de la obra de Hugo, pueden consultarse entre otros estudios, los de Giuliano Marini, *L'opera di Gustav Hugo nella crisi del giusnaturalismo tedesco*, Milano, Giuffrè, 1969; Theodor Viehweg, "Einige Bermerkungen zu Gustav Hugos Rechstsphilosophie", publicado como introducción a la reedición del *Lehrbuch des Naturrechts* publicada por Verlag Detlev Auvermann K. G., en 1977; Giole Solari, *Filosofía del derecho privado*, t. II, Depalma, Buenos Aires, 1950, p. 11-36. Utilizo la 4ª edición del *Lehrbuch des Naturrechts* (August Mylius, Berlín, 1819).

[13] G. Marini expresa acertadamente que con Hugo, *dopo la costruzione giusnaturalistica di un diritto razionale ed astratto, inizia consapevolmente un processo di riavvicinamento della scienza giuridica ai dati della storia* [...] *La riconquista dell'essere, dopo la grande scissione giusnaturalistica, da inizio in tal modo ad un processo in cui il diritto tende a mostrare la propria origine da una realtà storica più immediatamente avvertibile: dalle varie posizioni della scuola storica alle tesi più realistiche di Jhering e di Gierke, la scienza giuridica dell'Ottocento tedesco si muove nel solco di questo riavvicinamento all'essere storico e sociale* (cfr. G. Marini, op. cit., p. 29-30).

a través de su actividad y siguiendo fines políticos que le son propios, dirigir en cierto sentido esa vida espontánea que ha surgido y evolucionado fuera de sus designios. Pero, como Hugo destaca, estas leyes que responden a una intención política solo se tornan derecho en la medida en que, introduciéndose en la vida del pueblo, sean sentidas y aplicadas por este, quien pasa a concebirlas, de esa suerte, como ingredientes de su conciencia jurídica espontánea.

No escapa a Hugo la analogía existente entre la formación del derecho y la del lenguaje. Recuerda que, en una época, se consideró que la lengua había sido inventada por Dios y, posteriormente, enseñada a los hombres. Otros, por el contrario, pensaron que el origen del idioma solo podía hallarse en una suerte de convención, merced a la cual todos los individuos se pusieran de acuerdo para que, en el futuro, las diversas cosas se designaran sirviéndose de ciertos vocablos. Ambas teorías no han tardado en exhibir su falsedad.

El lenguaje es un producto histórico, que se va formando paulatinamente a través de un proceso de creación e imitación. Esta concepción, que es verdadera respecto a la lengua general de un pueblo, también resulta aplicable referida al específico lenguaje jurídico. En tal sentido, Hugo destaca el valor convencional que poseen los vocablos jurídicos y cómo su significado varía a lo largo de la historia o al pasar a diversos ámbitos lingüísticos. En suma, si como afirmaba Condillac –en frase que el mismo Hugo recuerda– *une Science n'est qu'un langage bien fait,* la ciencia jurídica se nos presenta como un conjunto de proposiciones acerca del derecho viviente de una sociedad, y la historicidad del lenguaje nos está explicando la historicidad del derecho en cuanto ciencia[14]. Ahora bien, si pasamos del plano de las expresiones lingüísticas a la vida real del derecho, tal como se da en las diversas relaciones entre individuos, veremos que también aquí afirma Hugo su fundamental historicidad. Tanto en el aspecto lingüístico como en el real, el derecho es histórico: el carácter mutable de la lengua también encuéntrase presente en las costumbres. De esta suerte, el derecho va formándose mediante el uso lingüístico y de las costumbres. Su vida real no depende de las leyes, que aparte de ser parciales y presentar inevitables lagunas, son en muchos casos desconocidas y en otros no observadas. El derecho depende de la opinión dominante en un pueblo acerca de las verda-

[14] Esta íntima conexión entre lenguaje y ciencia es afirmada claramente por Hugo en su *Lehrbuch des Naturrechts*: *Mit den Nahmen für allgemeine Begriffe sind unsere Kenntnisse so innig verbunden, daß jede Wissenschaft als ein Teil der Sprache angesehen werden kann, der besonders ausgebildet ist* (Hugo, op. cit., p. 82).

des y principios jurídicos, cuyo conocimiento encuéntrase asegurado por los usos constantes que dominan la vida de la colectividad. Solo la costumbre puede ser considerada, por tanto, como fuente real del derecho.

Ahora bien, por obra de los juristas la costumbre pierde el carácter indeterminado que poseía en tanto trasuntaba la opinión dominante de un pueblo, cuya naturaleza no solo ostenta una notoria espontaneidad, sino también una fluidez y movilidad constantes. Los juristas, actuando como órganos del pueblo, la van precisando y convirtiendo en un elemento cierto en la regulación de las relaciones humanas. Para Hugo, ocurre algo similar con la lengua, respecto a la cual quienes hablan y escriben bien pueden ser considerados representantes del pueblo, verdaderos órganos de la comunidad que van fijando y precisando el lenguaje empleado por esta. Adviértase cómo, si bien Hugo sostiene que la costumbre constituye la fuente primigenia del derecho, ella es percibida mediante las construcciones teóricas de los juristas[15]. Aun considerando que el derecho consuetudinario es la fuente suprema, los juristas son vistos, en última instancia, como los verdaderos productores del derecho. De esta suerte, en la obra de Hugo, se encuentran, en forma rudimentaria, los primeros pasos de una concepción que llevará a Savigny, y sobre todo a Puchta, a otorgar una clara primacía a la actividad racional desempeñada por los científicos del derecho.

* * *

En 1814, con la publicación de Von *Beruf unserer Zeit für Gesetzgebung und Rechtswissenschaft*, Savigny entregó a la naciente Escuela Histórica del Derecho un verdadero manifiesto que compendiaba las líneas directrices y las bases filosóficas de la nueva doctrina. Como es sabido, esta obra fue escrita para rebatir la opinión de Thibaut según la cual

[15] *So wie, was Sprache und Sitten betrifft, die Menschen, welche nach ihrer Lage dafür angesehen werden, daß sie gut zu reden und zuschreiben, oder sich anständig zu betragen wissen, in einem gewissen Sinne Stellvertreter des Volks sind, so sind es auch besonders bey dem Privat Rechte Die welche ihr Leben darauf gewandt haben, sich diese Kenntnisse zu erwerben* (Hugo, op. cit., p. 198-199). Como puede observarse, para Hugo la costumbre es precisada por los juristas, quienes actúan como representantes de la comunidad. En idéntico sentido, afirma Marini: *Quando Hugo e Savigny parlano della consuetudine come prima fonte del diritto, in realtà fanno un'affermazione teorica, priva di rilevanza concreta nella vista del diritto, perché pensano ad una consuetudine avvertita con la loro sensibilità di giuristi storici del diritto e della scienza giuridica, cioè ad una consuetudine filtrata attraverso la riflessione e la costruzione teorica dei giuristi* (cfr. Marini, op. cit., p. 43-44).

había que sancionar un Código Civil común para toda la Confederación Germánica. Savigny ataca esta postura, cuyas raíces se encuentran en el racionalismo jurídico imperante durante los siglos XVII y XVIII, y se exhibe como adalid de una tendencia opuesta, que ve al derecho como resultante del desenvolvimiento histórico de cada sociedad y no como producto arbitrario de la voluntad de un legislador que solo se inspirase en pautas racionales[16].

A los fines de la presente disertación, cobra particular relieve el primer capítulo de la obra, donde se traza el origen del derecho positivo. Para Savigny, no existe un derecho universalmente válido, cuyas disposiciones sean necesariamente aplicables a cualquier sociedad. Muy por el contrario, la historia nos muestra que cada nación tiene un derecho que le es peculiar y cuyas notas singularizadoras guardan un parentesco innegable con la lengua, las costumbres y la constitución política de esa nación. Todas estas manifestaciones encuéntranse ineludiblemente ligadas, no se dan separadas unas de otras, y reconocen su origen en la "común convicción del pueblo" (*gemeinsame Uberzeugung des Volkes*). Esta noción traduce lo que posteriormente Puchta y el mismo Savigny van a designar como "espíritu del pueblo" (*Volksgeist*).

El derecho es visto como una realidad esencialmente mutable, cuyo desenvolvimiento, al igual que el del lenguaje y toda otra manifestación de la "convicción común", excluye la idea de un origen accidental y arbitrario, hallándose bajo una ley de intrínseca necesidad. A tal punto la vida jurídica depende del carácter del pueblo, que Savigny no duda en afirmar que el derecho progresa con este, se perfecciona con él y desaparece cuando el pueblo, finalmente, decae y pierde las notas que lo singularizan. En 1815, al redactar el escrito introductorio para los *Zeitschrift für geschichtiche Rechtswissenschaft*, mostrará cómo el desenvolvimiento histórico liga a las distintas épocas en forma indisoluble, de suerte que ningún período puede considerarse independizado de las etapas que lo

[16] De la obra de Savigny y de las diversas etapas de su desenvolvimiento me he ocupado más extensamente en mi libro *La razón en el derecho,* anteriormente citado, especialmente en las p. 43-56. Entre la nutrida bibliografía acerca de Savigny, es dable destacar, aparte del clásico estudio de Giole Solari ya mencionado, los siguientes estudios: Giuliano Marini, *Friedrich Cari von Savigny*, Guida Editori, Nápoli, 1978; Aldo Mazzacane, *Savigny e la storiografía giuridica tra storia e sistema*, Liguori Editore, Napoli, 1976; Karl Larenz, *Methodenlehre der Rechtswissenschaft*, Springer Verlag, Berlín, 1979, p. 11-19; Walter Wilhelm, *Metodología giuridica nel secolo XIX*, Giuffrè, Milano, 1974, p. 17-72; P. Koschaker, *Europa y el derecho romano*, Editorial Revista de Derecho Privado, Madrid, 1955, p. 365-409; Enrique Zuleta Puceiro, *Paradigma dogmático y ciencia del derecho*, Editorial Revista del Derecho Privado, Madrid, 1981, p. 59-96.

han precedido y, por consiguiente, no resulta adecuada la visión racionalista que intenta elaborar códigos sin condicionamiento empírico alguno, esto es, desprendidos de toda inspiración histórica y sujetos, únicamente, a las leyes que rigen la actividad intelectual. La Escuela Histórica, por el contrario, ha de hallar la materia del derecho en la totalidad del pasado de la nación y no en los arbitrios de una voluntad individual[17].

En su juventud, los pueblos carecen de una facultad intelectual desarrollada; pero la pobreza de sus conceptos resulta compensada por la clara conciencia intuitiva de sus condiciones y relaciones. Durante esta primera época de la evolución jurídica, los principios del derecho adquieren vigor merced al simbolismo de que hacen gala los actos y comportamientos a través de los cuales se manifiestan. De esta suerte, la forma de los actos jurídicos, fácilmente intuible, resulta revestida de singular importancia.

Ahora bien, con el desenvolvimiento de la cultura, las diversas actividades del pueblo van conquistando su autonomía. Así, ante las exigencias derivadas de una complejidad creciente, lo que en un comienzo constituía un todo unitario empieza a separarse en distintas ramas. La especialización ha llegado a tal punto que cada campo del saber habrá de ser patrimonio de un núcleo de personas dedicadas expresamente a él. Savigny destaca que el derecho adquiere un cariz científico: su lenguaje se vuelve más abstracto, se tecnifica, y lo que en un principio vivía en la "común convicción del pueblo" solo podrá ser correctamente conocido por un núcleo de especialistas, los juristas. Claro está que estos continúan vinculados al pueblo, toda vez que participan de sus sentimientos y convicciones, actuando como sus representantes en el campo del derecho.

En este punto es preciso distinguir, dentro del derecho, dos facetas que lo constituyen: el "elemento político" (*politische Element*) y el "elemento técnico" (*technische Element*). La experiencia jurídica discurre por ambas vías, las cuales no pueden hallarse ausentes, si bien una puede predominar sobre la otra según sea la etapa del desarrollo histórico del pueblo que enfoquemos[18]. En las comunidades jóvenes descuella el ele-

[17] *Die geschichtliche Schule nimmt an, der Stoff des Rechts sei durch die gesamte Vergangenheit der Nation gegeben, doch nicht durch Willkür, so daß* er *zufallig dieser oder ein anderer sein konnte, sondern aus dem innersten Wesen der Nation selbst und ihrer Geschichte hervorgegangen* (cfr. Savigny, *Grundgedanken der Historischen Rechtsschule*, Frankfurt am Main, Vittorio Klostermann, 1965 p. 17). Sobre este aspecto, puede verse W. Wilhelm, op. cit., p. 17-19.

[18] *Das Dasein des Rechts ist von* nun *an künstlicher und verwickelter, indem es ein doppeltes Leben hat, einmal ais Teil des ganzen Volkslebens, was es zu* sein *nicht*

mento político, que señala la dependencia en que el derecho se encuentra respecto de la vida social. Se trata de un elemento material, que recibe su forma organizadora del elemento técnico, cuyo desarrollo creciente va determinando un predominio cada vez mayor de lo abstracto y racional. Este proceso lleva, ineludiblemente, a que el derecho se transforme en una ciencia elaborada por un conjunto de especialistas, que son los juristas.

Adviértase cómo cada uno de los períodos señalados exhibe el predominio de una fuente del derecho. En sus inicios el derecho es, fundamentalmente, derecho consuetudinario, halla su origen en las costumbres y creencias que alientan en la comunidad[19]. Luego se canaliza mediante la jurisprudencia, si bien los teóricos que la elaboran continúan vinculados, como vimos, a la "común convicción del pueblo". Solo en una última etapa, cuyos rasgos salientes señalan la decadencia de la sociedad, la actividad legislativa llega a predominar. La cultura se ha debilitado y la vida espiritual agoniza. Recién ahora se piensa en la necesidad de sancionar códigos que permitan salvar los fragmentos de un pasado glorioso. En el período de la madurez, en cambio, teoría y práctica hallábanse estrechamente unidas: la primera intentaba solucionar los casos concretos presentados por la vida social, en tanto la segunda utilizaba procedimientos científicos. La pujante vida jurídica tornaba innecesaria la intromisión de un legislador, cuya actividad hubiese ido destruyendo las raíces vitales del desenvolvimiento jurídico. Pero ahora, ante una cultura decadente y débil, que ha perdido su originario impulso, se busca, a través de la actividad legislativa, reemplazar a un derecho espontáneo cuya vida agonizante no alcanza a satisfacer las complejas necesidades de la sociedad.

En el *System der heutigen Römischen Rechts* nos encontramos con la formulación madura de la tesis de Savigny. Aquí las exigencias de

---

*aufhort, dann als besondere Wissenschaft in den Händen der Juristen* [...] *Der Kürze wegen nennen wir künftig den Zusammenhang des Rechts mit dem allgemeinen Volksleben das politische Element, das abgesonderte wissenschaftliche Leben des Rechts aber das technische Element desselben* (Savigny, *Grundgedanken*, op. cit., p. 5-6).

[19] Comentando los pasajes pertinentes del *Beruf*, Giuliano Marini expresa: *Ciò che lega il diritto agli altri momenti culturali è la comune convinzione, l'uguale sentimento di quanti, in una certa condizione storica, costituiscono un popolo. È lo spirito del popolo, il Volksgeist, anche se ora l'espressione non appare. Il diritto si forma e si transforma lentamente nella vita del popolo, è il suo modo di essere nei rapporti intersoggettivi; è il frutto di idee, sentimenti, aspirazioni che si muovono nel suo interno. Il diritto si forma "per forza interiore e non per arbitrio di singoli uomini", come esprime un corso di lezioni tenute nel 1814, contemporaneo quindi al Beruf; e perció il diritto è essenzialmente diritto consuetudinario* (cfr. Marini, op. cit., p. 102).

sistematización pasan a un primer plano; pero el sistema que se nos presenta hállase alejado del predominio abstracto propio de las ordenaciones puramente racionalistas, intentándose hallar, por el contrario, el ligamen entre sistema y vida, entre las exigencias racionales de todo conocimiento científico y las realidades concretas exhibidas por el devenir histórico.

El espíritu del pueblo, en el cual radica la fuente originaria del derecho, es para Savigny esencialmente intuitivo, dado que no percibe reglas abstractas y racionales sino comportamientos humanos concretos, cuyo conjunto da lugar a las relaciones jurídicas (*Rechtsverhaltnisse*). Ahora bien, en cada relación jurídica Savigny distingue dos aspectos que se complementan mutuamente: en primer lugar, la materia (*Stoff*), es decir, la relación en sí misma, el simple hecho; por el otro, el elemento formal (*formelles Element*), merced al cual la relación fáctica asume carácter jurídico[20]. Estas diversas relaciones jurídicas constituyen una red en cuyo interior existen zonas donde reina la voluntad de una persona, con el consentimiento de las otras. Trátase del derecho subjetivo (*Recht im subjektiven Sinn*); pero adviértase que, para Savigny, este derecho subjetivo existe dentro de una relación jurídica, esto es, se nos muestra como parte de una realidad intersubjetiva[21]. El derecho singular de una persona es solo un aspecto de la relación jurídica, de la cual ha sido separado merced a un proceso de abstracción. La relación jurídica posee una naturaleza orgánica, manifestada en la mutua complementación de sus partes. De esta suerte, las relaciones constituyen el elemento concreto, histórico, en el cual se apoyan las sucesivas abstracciones jurídicas.

Ahora bien, Savigny destaca que si, profundizando la relación jurídica, nos adentramos en la esencia del asunto, advertiremos que cada relación hállase debajo de una institución jurídica (*Rechtsinstitut*) que es su tipo y a la cual corresponde, del mismo modo que una sentencia determinada se encuentra dominada por la regla jurídica que aplica. Llegados a este punto importa señalar que nuestro jurista elabora una relación muy significativa entre reglas generales e individuales, por un lado, y relaciones jurídicas e institutos, por el otro. La sentencia es una regla individual que hállase subordinada a una regla general, del mismo modo

[20]. *Daher lassen sich in jedem Rechtsverhältniß zwey Stücke unterscheiden; erstlich ein Stoff, dans heißt jene Beziehung an sich, und zweytens die rechtliche Bestimmung dieses Stoffs. Das erste Stück konnen wir als das materielle Element der Rechtsverhaltnisse, oder als die bloße Thatsache in denselben bezeichnen: das zweyte als ihr formelles Element, das heißt als dasjenige, wodurch die thatsächliche Beziehung zur Rechtsform erhoben wird* (Savigny, *System*, op. cit., p. 333).

[21] Cfr. Savigny, *System*, op. cit., p. 7.

que la relación jurídica, que es algo particular, singular, se encuentra subordinada al instituto correspondiente. En el primer caso nos hallamos en un nivel abstracto, racional; en tanto que en el segundo nos movemos dentro del mundo de la vida. Pero Savigny establece un estrecho ligamen entre ambos niveles, sosteniendo que la sentencia se vincula con la relación jurídica, en tanto que la regla general se vincula con el instituto jurídico. Esto reviste particular importancia, porque exhibe en qué medida el mundo de la vida se relaciona con el mundo normativo: las reglas se refieren a la vida, tanto en sus aspectos particulares y circunstanciales como en sus aspectos más genéricos[22].

Finalmente, por encima de los institutos, hallamos el sistema. Los institutos no se dan aislados; antes bien, se encuentran ligados entre sí y es, precisamente, la percepción del sistema al que pertenecen lo que nos permitirá comprenderlos cabalmente. Claro está que el sistema posee, para Savigny, una naturaleza orgánica: el nexo con la vida nunca se pierde. De esta suerte, aunque sea grande la distancia existente entre una relación jurídica individual y el sistema del derecho positivo al que ella pertenece, no existe diferencia esencial entre ambos, siendo idéntico, asimismo, el proceso espiritual que lleva al conocimiento de una y otro.

La ciencia jurídica es, para Savigny, ciencia histórica y sistemática. Su sistema nace de la historia y engloba todas las fuentes productoras del derecho. El sistema jurídico se nos presenta, por tanto, como la reproducción, en un nivel conceptual y abstracto, de la sistematicidad imperante en el mundo de la vida. Entre las influencias que esta concepción denota, han sido señaladas las provenientes de los escritos de juristas como Georg Friedrich Puchta y Friedrich Julius Stahl, al igual que de la filosofía de Hegel. En el ambiente filosófico germano de la época imperaba la doctrina según la cual el desenvolvimiento histórico posee una racionalidad intrínseca, y ello explica que se conciba al derecho como un nexo de relaciones entre los hombres, cuya racionalidad ha de ser aprehendida y descripta por la ciencia jurídica.

Ahora bien, una vez exhibida en su conjunto la sistematicidad del derecho, esto es, el orden orgánico existente entre las diversas instituciones que lo constituyen, Savigny pasa a ocuparse, expresamente, del problema planteado por las fuentes del derecho. Las páginas dedicadas a

[22] Según Savigny, el derecho vive en la conciencia del pueblo merced a la contemplación concreta de los institutos jurídicos y solo un proceso posterior desprende las diversas reglas en su forma lógica. Cfr. Martín Laclau, *La razón en el derecho*, op. cit., p. 52-53.

estas se encuentran entre las más luminosas y profundas del jurista alemán y su estudio resulta ineludible para quien pretenda ingresar en el núcleo de su pensamiento. Por fuentes de derecho (*Rechtsquellen*), Savigny entiende las causas que dan origen al derecho general (*allgemeinen Rechts*), el cual se halla compuesto, como tuvimos oportunidad de ver, tanto por los institutos jurídicos como por las reglas jurídicas obtenidas, merced a la "abstracción, a partir de aquellos"[23].

Según Savigny, todo derecho positivo es, ante todo, derecho popular (*Volksrecht*). En ningún momento duda de que la creación originaria del derecho surja del espíritu del pueblo; pero, posteriormente, se agrega la legislación para sostener y completar esa creación espontánea. Con los progresos de la civilización aparecerá la ciencia jurídica y, a partir de ese momento, el derecho popular tendrá, tanto en la legislación como en la ciencia, dos órganos que poseen su vida propia. De esta suerte nos hallamos ante las tres fuentes jurídicas señaladas por los autores de la Escuela Histórica: en primer lugar, las convicciones populares manifestadas en las costumbres; luego, la ley, y finalmente, el derecho científico.

El derecho general siempre tiene existencia real, esto es, se encuentra en la conciencia común del pueblo. Ante cualquier nueva relación jurídica que aparezca, la conciencia encontrará una regla donde pueda ser subsumida y que, existiendo ya en su seno, no es necesario crear. Este derecho general encuéntrase presente en la conciencia popular y es imposible detectar el proceso de su origen: su nacimiento es algo invisible y precede a la aparición de cualquier tipo de documentación. Es importa destacar que, para Savigny, la fuente originaria del derecho se encontraría en esa conciencia común que constituye el espíritu del pueblo; las otras fuentes –tales como la costumbre, la ley, etcétera– no serían, en rigor, causas de nacimiento del derecho, sino las distintas formas en que este se manifiesta. Ahora bien, este derecho popular no es producto de una multiplicidad de voluntades individuales que se ponen de acuerdo, no surge en forma casual del mero arbitrio de los particulares, sino que emana del espíritu del pueblo que en todos los individuos hállase presente. La conciencia popular es esencialmente intuitiva; de allí que Savigny manifieste que el derecho se hace presente en ella mediante la contemplación concreta de los institutos jurídicos en su conexión orgánica (*die lebendige Anschauung der Rechtsinstitute in ihrem organischen Zusammenhang*). Solo un posterior procedimiento artificial, en el cual

[23] Cfr. Savigny, *System*, op. cit., p. 11.

se emplee el pensamiento abstracto y racional, podrá derivar las reglas jurídicas de estos institutos previamente intuidos[24].

Una de las notas que otorgan singularidad al pensamiento de Savigny en la época en que escribe el *System*, es el lugar relevante otorgado al Estado. En el seno del pueblo opera, en forma irresistible, una tendencia merced a la cual la unidad invisible intenta explicitarse en forma patente y orgánica. El Estado es, precisamente, la forma concreta que asume la vida espiritual de la comunidad. Para Savigny, el Estado es una de las formas de creación del derecho, no vacilando en considerarla, incluso, como la forma suprema de creación jurídica. Por ello, la totalidad del derecho admite ser diferenciada en dos ramas: el derecho estatal (*Staatsrecht*) y el derecho privado (*Privatrecht*). El primero se ocupa del Estado en cuanto manifestación orgánica del pueblo: su característica más notoria es que la totalidad aparece como fin y el individuo se muestra subordinado a ella. En cambio, el derecho privado se ocupa del conjunto de las relaciones jurídicas que rodean al hombre individualmente considerado, el que es percibido como un fin en sí, siendo las diversas relaciones jurídicas simples medios para su existencia o para la solución de situaciones determinadas. En esta idea del hombre como fin en sí hallamos una notoria influencia del pensamiento kantiano, el cual, por otra parte, ha ejercido un influjo determinante en la concepción global de Savigny. Adviértase que, para este, la esencia del hombre radica en su libertad, a la cual el derecho hace armonizar con las esferas de libertad correspondientes a cada uno de los otros individuos. De este modo, las relaciones de derecho se nos presentan como vínculos entre personas, que se hallan determinados por reglas de derecho, siendo estas reglas las que asignan a cada individuo un espacio dentro del cual su voluntad impera con independencia de toda voluntad ajena[25]. Recuérdese que, para Kant, el derecho era el conjunto de condiciones merced a las cuales el arbitrio de uno puede acordarse con el arbitrio de otro, según una ley universal de libertad[26].

El derecho que vive en la conciencia del pueblo se manifiesta originariamente en la costumbre. El derecho consuetudinario (*Gewohnheits-*

[24] Cfr. Savigny, *System*, op. cit., p. 16.

[25] Von *dem nunmehr gewonnenen Standpunkt aus erscheint uns jedes einzelne Rechtsverhältniß als eine Beziehitng zwischen Persom und Person, durch eine Rechtsregel bestimmt. Diese Bestimmung durch eine Rechtsregel besteht aber darin, daß dem individuellen Willen ein Gebiet angewiesen ist, in welchem er unabhängig von jedem fremden Willen zu herrschen hat* (Savigny, *System*, op. cit., p. 333).

[26] Cfr. Kant, *Metaphysik der Sitten*, Félix Meiner Verlag, Hamburg, 1966, p. 34-35.

*recht*) asume, de esta suerte, para Savigny, un papel protagónico dentro de su teoría de las fuentes del derecho: de él, precisamente, han de tomar su materia las restantes fuentes. En el origen encuéntrase siempre la costumbre; de ella extraen su contenido tanto la legislación como el derecho científico. Podrán estas últimas fuentes poseer una forma que las singularice respecto al derecho consuetudinario, podrán ostentar un aspecto racional o intelectual más desarrollado; pero su materia siempre estará dada por la costumbre originaria.

Ahora bien, ¿cómo nace el derecho consuetudinario? ¿Será acaso el producto de una resolución arbitraria, cuya constante repetición en casos similares lleva a que esa regla, que en un principio carecía de mejor estímulo de validez que otra que se le opusiera, termine por ser considerada derecho? En tal caso, tendríamos que ver a la costumbre como causa generadora del derecho y como base exclusiva de su nacimiento. Pero la solución de Savigny será otra. Lo que acontece es que el derecho se encuentra vivo en la conciencia del pueblo donde existe en forma invisible, y solo podemos conocerlo en la medida en que se exteriorice a través de hábitos y costumbres. Adviértase el profundo cambio doctrinal que esta teoría trae aparejado. La relación de causa y efecto se ha invertido. No es la costumbre la causa originaria del derecho sino que, por el contrario, este existe con anterioridad a aquella. La costumbre es síntoma del derecho positivo; pero no su causa de nacimiento[27]. Claro está que este conocimiento mediato del *Volksrecht* por la costumbre es el que poseen aquellos individuos ajenos a la comunidad en cuestión. Los integrantes de ella, por el contrario, conocen su derecho en forma inmediata, por vía de la intuición, tal como tuvimos oportunidad de destacar anteriormente.

Cuando el derecho positivo se encarna en el lenguaje, hace su aparición la ley (*Gesetz*). Merced a ella el derecho popular adquiere una existencia exterior que lo coloca por encima de las opiniones individuales, facilitándose, de esta suerte, la lucha contra las voluntades injustas. El contenido de las leyes se encuentra dado por el mismo derecho

[27] *Jene Grundlage hat ihr Daseyn, ihre Wirklichkeit, in dem gemeinsamen Bewußtseyn des Volks. Dieses Daseyn ist ein unsichtbares, durch welches Mittel also können wir es erkennen? Wir erkennen es, indem es sich in außeren Handlungen offenbart, indem es in Übung, Sitte, Gewohnheit heraustritt: an der Gleichförmigkeit eine fortgesetzten, also dauernden Handlungsweise erkennen wir seine gemeinsame, dem bloßen Zufall entgegengesetzte Wurzel, den Volksglauben. So ist also die Gewohnheit das Kennzeichen des positiven Rechts, nicht dessen Entstehungsgrund* (Savigny, *System*, op. cit., p. 35).

popular, dado que el legislador no es una entidad abstracta, independiente del contorno que lo rodea, sino que en él se reflejan el espíritu, las necesidades, las creencias de la nación. Para Savigny, el legislador es un auténtico representante del *Volksgeist*[28]. Ello no significa que se le asigne un papel subalterno e indigno. Muy por el contrario, Savigny destaca la gran importancia que tiene la legislación dentro del proceso de creación jurídica, señalando su benéfico influjo como complemento del derecho positivo y como ayuda en su desarrollo progresivo. Así, en primer lugar, hallamos que el derecho positivo presenta siempre una serie de detalles que permanecen indeterminados, lo cual resulta más manifiesto aun en aquellos pueblos carentes de interés o de talento para la esfera de lo jurídico. Pero aun en aquellos que presentan una clara vocación para las cuestiones atinentes al derecho, tal situación no deja de plantearse. La legislación ha de ser, precisamente, la que ofrezca un complemento rápido y seguro a estos vacíos que presenta el derecho popular. En cuanto al desarrollo del derecho, encuentra un eficaz auxiliar en la actividad legislativa. La sociedad es algo mutable: las costumbres, opiniones, necesidades, ofrecen una realidad cambiante que reclama modificaciones en el derecho vigente e, incluso, el surgimiento de nuevas instituciones. Aquí la actividad del legislador resulta invalorable. Los cambios sociales se producen lentamente, dando origen a épocas de transición durante las cuales el derecho se torna incierto: hay principios e instituciones que entran en colisión. Es en esta etapa cuando la acción personal e ilustrada de un legislador sagaz se necesita para limar asperezas y lograr el equilibrio jurídico que domine todas las situaciones conflictivas. Savigny encuentra que en la historia de todas las sociedades aparecen períodos en los cuales circunstancias adversas se oponen a que el derecho continúe emanando, en forma natural, de la conciencia común del pueblo, siendo entonces el legislador quien toma en sus manos una tarea que no puede ser interrumpida.

De esta manera, Savigny reclama para el derecho legislado un rango similar al que presenta el derecho consuetudinario; pero se opone a la corriente racionalista que pretendía reducir todo derecho al emanado de la voluntad del legislador. Si la legislación no es inferior al derecho popular puro, esto es, al derecho que no ha alcanzado una formulación lingüística, ello no implica que este derecho del pueblo tenga por única finalidad llenar las lagunas que deja, inevitablemente, la actividad legislativa, y que deba desaparecer, consiguientemente, al redactarse una

[28] Savigny, *System*, op. cit., p. 39.

ley. Esto significaría desconocer que una ley puede ser dejada sin efecto por una costumbre contraria a lo preceptuado por ella. La adopción de un principio determinado por la legislación no significa que el derecho popular quede encadenado en esa materia, ni mucho menos que su acción se detenga[29].

El desenvolvimiento del pueblo, con el consiguiente progreso de su cultura, determina un proceso de diferenciación y autonomía de las distintas actividades y ramas del saber, cada vez más acentuado. El conocimiento del derecho, que en un comienzo era patrimonio común de todos los integrantes de la colectividad, pasa a ser atributo de un grupo reducido de personas, que actuarán como representantes del pueblo en este campo del saber. De esta forma se constituye el derecho científico (*wissenschaftliches Recht*). A partir de ese momento, el derecho del pueblo llevará una doble vida: sus rasgos fundamentales continuarán dependiendo de la conciencia común, pero sus desarrollos particulares, al igual que sus concretas aplicaciones, quedarán en manos de un grupo especial de personas, esto es, será tarea de los juristas[30].

La actividad de los juristas comienza siendo eminentemente práctica: aconsejan a los litigantes o intervienen en la redacción de negocios jurídicos. Pero luego, paulatinamente, se va desprendiendo de estas ataduras y la presentación generalizada de una materia jurídica comienza a revestir los caracteres de una ciencia. La práctica, a su vez, adquiere un carácter científico cada vez más señalado y las sentencias de los tribunales, constituidos por personas especializadas, exhiben una cultura muy superior a la que presentaban los antiguos tribunales populares. Savigny destaca que en esta etapa los juristas despliegan una doble actividad. Por un lado, se encuentra una actividad material (*materielle Wirksamkeit*), consistente en que por intermedio de ellos se realiza el desarrollo jurídico del pueblo, siendo los representantes de este; por el otro, hallamos una actividad de índole formal (*formelle Wirksamkeit*), consistente en la exposición científica del derecho, cualquiera sea su ori-

29 Cfr. Savigny, *System*, op. cit., p. 43.

30 *Es liegt in dem natürlichen Entwicklungsgang der Völker, daß bei fortschreitender Bildung einzelne Thatigkeiten und Kenntnisse sich absondern, und so den eigen thümlichen Lebensberuf besonderer Stände bilden. So auch wird das Recht, ursprün glich Gemeingut des gesammten Volkes, durch die sich mehr verzweigenden Verhältnisse des thätigen Lebens dergestald ins Einzelne ausgebildet, daß es durch die im Volk gleichmäßig verbreitete Kenntniß nicht mehr beherrscht werden kann. Dann wird sich ein besonderer Stand der Rechtskundigen bilden, welcher, selbst Bestandtheil des Volkes, in diesem Kreise des Denkens die Gesammtheit vertritt* (Savigny, *System*, op. cit., p. 45).

gen. Pareciera, a primera vista, que esta actividad formal fuera meramente receptora de una materia que le es ajena; pero Savigny no deja de reconocer, expresamente, que la forma científica, al organizar la materia que le es dada, produce, a su vez, una nueva vida orgánica (*ein neues organisches Leben*), que influye sobre la materia, funcionando, de esta suerte, como fuente de producción jurídica[31]. Nos hallamos frente al *Juristenrecht,* esto es, frente a un derecho que reconoce su origen en la actividad de los juristas.

La teoría de las fuentes del *System* exhibe diferencias que la destacan frente a los planteos efectuados en el *Beruf* de 1814. Ha de señalarse, ante todo, una mayor valorización de la función cumplida por el legislador. Ambas obras destacan que en el primer período de desenvolvimiento jurídico todo el derecho positivo es derecho popular; pero ahora, frente a esta producción originaria, se coloca a la legislación, que sirve de complemento y punto de apoyo. Junto al derecho consuetudinario, y aun en los estadios más antiguos de la evolución del pueblo, se encuentran las leyes, con sus intervenciones colaterales en el sentido al que antes nos referimos. La racionalización, con el consiguiente surgir de la ciencia jurídica, hará su aparición en una etapa posterior. Incluso, llegará un momento en que la creación jurídica se dará por medio de las leyes y de la ciencia, perdiendo el derecho consuetudinario su primitiva importancia. En esta fase postrimera, el derecho popular originario se oculta, pues en su mayor parte se encuentra ya elaborado por la legislación y la ciencia. El derecho consuetudinario va desdibujándose y se termina olvidando cuál es el verdadero origen del derecho positivo existente. La legislación suele ocupar un sitio tan prominente que no es raro que sea concebida como única causa del derecho. Al respecto, Savigny no deja de recordar que un ordenamiento jurídico solo podrá funcionar correctamente en la medida en que sus diversas fuentes colaboren entre sí, no aislándose en compartimientos estancos. De allí surge la necesidad de que, siendo tanto la legislación como la ciencia elaboraciones intencionales y conscientes, sus autores posean una noción clara acerca del origen del derecho positivo y de las relaciones que en él actúan[32].

[31] Cfr. Savigny, *System*, op. cit., p. 46-47.

[32] *Allein ein gesunder Zustand des Rechts ist nur da vorhanden, wo diese rechtsbildenden Kräfte harmonisch zusammen wirken, also keine derselben von den andern sich isolirt. Und da die Gesetzgebung und die Wissenschaft fortwährend von einzelnen Menschen mit Absicht und Bewußtseyn hervogebracht werden, so ist es auch von Wichtigkeit, da über die Entstehung des positiven Rechts, und über das wahre Verhältniß der*

Las diversas fuentes han de ser coordinadas y los nexos existentes entre ellas exhibidos. Solo de esta manera será posible atender a la exigencia sistematizadora que se encuentra siempre presente en el pensamiento de Savigny. Hemos visto anteriormente cómo, en el plano de la vida real, las diversas relaciones jurídicas eran susceptibles de ser agrupadas en los institutos jurídicos, cuya conexión constituía un sistema. Una operación similar puede realizarse respecto de las fuentes, de modo tal que podamos hablar de un *sistema de fuentes* que nos abra el camino para percibir el sistema del derecho. Esta función solo puede cumplirla el derecho científico, en el cual han de distinguirse una faceta teórica y otra práctica.

En primer lugar, Savigny destaca que la indagación puramente teórica logra un conocimiento mayor del derecho existente; pero, al no crear nuevo derecho, no es susceptible de ser colocada entre las fuentes jurídicas. La teoría cumple una labor eminente, dado que, merced a ella, se realiza una provechosa tarea de crítica de textos, la que es seguida por su interpretación y, finalmente, por su sistematización[33]. Estos trabajos gozan de una autoridad merced a la cual pueden ser ubicados en un lugar muy próximo a las fuentes reconocidas por tales. Así, los trabajos doctrinales serán utilizados comúnmente por los funcionarios encargados de aplicar el derecho, quienes suelen seguirlos, no tanto por razones de comodidad sino por la certeza que deriva de decisiones inspiradas en autores de reconocida autoridad científica. Claro está que esta solución doctrinal no funda nada que sea invariable y definitivo, toda vez que nuevas indagaciones pueden modificar la ciencia y, como el mismo Savigny indica, las doctrinas más recientes son tan legítimas como las antiguas[34].

En cuanto a la indagación práctica, cabe destacar que resulta ser tan legítima como la teórica. Aquí ya no se trata de esclarecer el contenido de las fuentes, sino de establecer la relación de estas con la realidad viviente del derecho, de ver en qué medida pueden aplicarse a las actuales necesidades de la sociedad. Savigny ve en estas indagaciones la culminación del ideal de ciencia jurídica, en el cual teoría y práctica han de marchar indisolublemente unidas. Esta investigación práctica podrá hacerla tanto el jurista teórico que escribe tratados o se dedica a la docencia, como aquel funcionario que debe aplicar las reglas jurídicas a las situaciones concretas que presenta la vida cotidiana.

---

*dabey wirksamen Kräfte, richtige Vorstellungen die Herrschaft erlangen und behaupten* (Savigny, *System*, op. cit., p. 51).

[33] Cfr. Savigny, *System*, op. cit., p. 87-88.

[34] Cfr. Savigny, *System*, op. cit., p. 90.

El sistema de fuentes del derecho elaborado por Savigny otorga a la ciencia jurídica, cuyos contenidos teóricos y prácticos incluyen en su conjunto a la actividad judicial, un lugar prominente. La costumbre y la legislación son datos que pertenecen a la realidad histórica de una colectividad, y estos datos serán conceptualizados y sistematizados en un todo coherente merced a la labor científica. Ahora bien, la ciencia encuéntrase lejos de ser algo inmutable. Los avances que produce la constante investigación van haciéndola progresar. Ello explica por qué Savigny ve en el trabajo del jurista la explicitación de esa sistematicidad racional propia del derecho, la cual no se traduce en un conjunto cerrado e inmutable sino que, por el contrario, se exhibe como un sistema abierto a futuras transformaciones, fruto del progreso racional que va operándose en el decurso histórico.

* * *

Nuestro esbozo de la teoría de las fuentes en la Escuela Histórica presentaría un indudable vacío si no nos refiriéramos, aunque sea brevemente, al planteo de Puchta, autor que estudió con intensidad el tema y cuya obra ofrece una acabada sistematización de él[35]. En el centro de su teoría se encuentra la noción de *conciencia común.* Los diversos preceptos jurídicos solo pueden ser considerados como tales en la medida en que sean reconocidos en ese carácter por los individuos a quienes regirán. De allí que Puchta defina al derecho como la voluntad común de los miembros de una colectividad. Esta conciencia común, que se halla difundida entre los integrantes de un pueblo determinado, da origen a su *Volksgeist,* el cual es encarado como la fuente originaria del derecho humano.

Ahora bien, el derecho emana de esa conciencia común a través de diversas vías, que constituyen las denominadas "fuentes del derecho" (*Rechtsquellen*).

En primer lugar se encuentra el "derecho consuetudinario" (*Gewohnheitsrecht*). La convicción popular (*Volksüberzeugung*) encuéntrase presente en todos los integrantes de la colectividad, quienes actúan confor-

[35] Acerca de la obra de Puchta me he extendido en mi ponencia: "La libertad como fundamento del derecho en Puchta", presentada a las Primeras Jornadas Nacionales de Ética, celebradas en Buenos Aires en agosto de 1984. Publicada originariamente en *Actas de las Primeras Jornadas Nacionales de Ética,* Facultad de Filosofía y Letras, UBA, Buenos Aires, 1984, p. 169-175, y ahora incluido en el presente volumen, p. 119-129. Una visión panorámica de la obra de Puchta puede hallarse en Karl Larenz, *Methodenlehre*, op. cit., p. 20-26; Walter Wilhelm, *Metodologia giuridica*, op. cit., p. 75-94.

me con esa conciencia jurídica, dando nacimiento al derecho basado en la costumbre. Ello explica por qué, según Puchta, no cabe afirmar que el derecho nazca a partir de las costumbres, puesto que estas no pasan de ser simples exteriorizaciones de un derecho que, previamente, existía en la conciencia popular[36].

La segunda fuente hállase constituida por la legislación (*Gesetzgebung*). Según Puchta, la voluntad general se personifica en un órgano que puede declarar por anticipado los preceptos que han de valer como emanados de aquella. A este derecho lo denomina "derecho legislativo o promulgado" (*gesetzliches oder promulgiertes Recht*)[37].

Finalmente, la actividad científica se nos ofrece como tercera fuente del derecho. Según entiende Puchta, los diversos preceptos que integran el derecho de un pueblo no tienen una existencia separada, independiente entre sí, sino que conforman una totalidad orgánica, cuya unidad se fundamenta en que todos emanan de un mismo *Volksgeist*. "La función de la ciencia consistirá en el reconocimiento de los preceptos jurídicos en su orden sistemático, de modo tal que, partiendo de una regla individual podamos reconstruir su genealogía, esto es, llegar a un principio y, desde él, ir descendiendo hasta sus más lejanas consecuencias. De esta suerte, han de quedar develados preceptos que se encontraban ocultos en el espíritu del derecho nacional, a los cuales ni la convicción inmediata de los miembros del pueblo, ni su comportamiento, ni la acción del legislador, habían sido suficientes para llevar a luz. De allí que la ciencia jurídica pueda ser considerada por Puchta una tercera fuente de derecho. Trátase del derecho científico (*Recht der Wissenschaft*) o derecho de los juristas (*Juristenrecht*)[38].

* * *

Como hemos visto, la noción de fuente del derecho encuéntrase estrechamente ligada a la concepción que se tenga de la realidad jurídica. El derecho occidental halló su fundamentación filosófica, desde sus inicios hasta fines del siglo XVIII, en el jusnaturalismo. Mal pudo, du-

[36] Cfr. Puchta, *Cursus der Institutionen,* Erster Band, Druck und Verlag von Breitkopf und Hartel, Leipzig, 1856, p. 30-31; *Vorlesungen über das heutige römische Recht*, Verlag von Bernhard Tauchnitz, Leipzig, 1863, p. 25-29.

[37] Cfr. Puchta, *Cursus*, op. cit., p. 32; *Vorlesungen*, op. cit., p. 33-40.

[38] Martín Laclau, "La libertad como fundamento del derecho en Puchta" (cfr. p. 128 del presente volumen). Al respecto, puede verse: Puchta, *Cursus*, op. cit., p. 35-38; *Vorlesungen*, op. cit., p. 40-44.

rante este extenso lapso, elaborar una teoría general de las fuentes, toda vez que se partía de la creencia en un orden natural fundado en principios inmutables cuya existencia o modificación escapaba a los designios de la voluntad humana. De allí que se considerase a las fuentes como medios a través de los cuales se manifestaba un derecho natural preexistente. Solo a partir de los inicios del siglo XIX, con el advenimiento de la Escuela Histórica, se percibió que el derecho era una realidad mutable, en continuo desarrollo, en cada una de cuyas etapas adoptaba diversos modos de creación. La doctrina de las fuentes, merced a la cual podía develarse el origen y transformación del derecho, fue encarada como uno de los puntos centrales de la ciencia jurídica. A partir de ese momento, esta problemática no ha dejado de inquietar a la jusfilosofía, transformándose en uno de los puntos más debatidos en la actualidad.

7. Laclau, *Historicidad*.

# V. EL LENGUAJE EN LA CONCEPCIÓN DEL DERECHO DE SAVIGNY*

La comparación del origen y desenvolvimiento del derecho con la génesis y desarrollo histórico del lenguaje encuéntrase presente en los textos principales de Savigny, donde este expone las líneas generales de su concepción jurídica. En 1814, su *Vom Beruf unserer Zeit für Gesetzgebung und Rechtswissenschaft* no deja de advertirnos que el derecho civil presenta un carácter propio, peculiar a cada pueblo, al igual que su lengua, sus costumbres y su constitución. Todas estas manifestaciones hállanse indisolublemente unidas, dado que se encuentran ligadas a la común convicción del pueblo (*gemeinsame Uberzeugung des Volkes*), al sentimiento de una necesidad interna (*das gleiche Gefühl innerer Notwendigkeit*), lo cual excluye la posibilidad de un origen accidental y arbitrario[1].

En los estadios más primitivos de su evolución, el derecho vive en la conciencia popular, al igual que el lenguaje. La pobreza conceptual de la colectividad originaria hállase compensada por un sentimiento profundo de su ser y de sus condiciones, y esto se manifiesta claramente en el campo del derecho civil, donde la estimación que cada individuo posee de sus relaciones familiares y de sus bienes hace posible que el derecho se encuentre presente en la conciencia popular. En esta etapa, el lenguaje, como manifestación del entendimiento, no ha alcanzado pleno desarrollo, toda vez que la mentalidad primitiva es ajena a las abstracciones propias de él. Por ello, el derecho se expresa a través de actos sim-

* Ponencia presentada al III Congresso Brasileiro de Filosofía do Direito, celebrada en João Pessoa entre el 17 y el 23 de julio de 1988. Publicada originariamente en *Conferências do III Congresso Brasileiro de Filosofía Jurídica e Social,* João Pessoa, Espaço Cultural, 1988, p. 130-135; también en "Anuario de Filosofía Jurídica y Social", nº 9, Abeledo-Perrot, Buenos Aires, 1989, p. 371-384.

[1] Cfr. Savigny, *Grundgedanken der Historischen Rechtsschule*, Vittorio Klostermann, Franckfurt am Main, 1965, p. 3.

bólicos, en los cuales los principios jurídicos adquieren fuerza y vigor, procurando la necesaria estabilidad en su ejercicio. Savigny no duda en considerar a estos actos formales como la verdadera gramática del derecho primitivo: *Man kann diese formlichen Handlungen als die eigentliche Grammatik des Rechts in dieser Periode betrachten*[2].

Ahora bien, esta relación entre el derecho y la esencia y carácter del pueblo, a la que Savigny califica de relación orgánica (*organische Zusammenhang*), se mantiene a lo largo del tiempo, no de otro modo que lo que ocurre en el caso del lenguaje[3]. Hay una ley interna que preside el desenvolvimiento del pueblo, y a ella encuéntrense sujetos tanto el derecho como el lenguaje. De esta suerte, el derecho progresa con el pueblo, al igual que sus otras manifestaciones, y perece cuando este pierde su carácter.

En un comienzo, según vimos, el derecho vive en la conciencia popular; pero, con el desarrollo creciente de la civilización, las diversas actividades humanas se van separando y, en forma progresiva, conquistan su autonomía unas respecto a las otras. Lo que antes existía, en forma indiferenciada, en la conciencia popular, se divide en ramas distintas. De esta suerte, el derecho, en forma progresiva, se constituye en un saber que será competencia de los juristas, quienes actuarán, en este dominio, como representantes del pueblo. La evolución va acompañada por una transformación del lenguaje empleado por el derecho, el cual asume un carácter científico, abstracto, cuyos tecnicismos lo apartan de las expresiones empleadas por el lenguaje cotidiano[4].

Llegado a este punto, Savigny designa como elemento político (*politische Element*) del derecho a la dependencia en que este se encuentra respecto a la vida social, espontánea, del pueblo; en tanto que bajo la expresión *elemento técnico* (*technische Element*) se refiere a su carác-

[2] Savigny, *Grundgedanken*, op. cit., p. 4.

[3] Savigny, *Grundgedanken*, op. cit., p. 5.

[4] Refiriéndose a esta etapa en la cual el derecho asume un carácter técnico, Savigny expresa: *Bei steigender Kultur nämlich sondern sich alle Thätigkeiten des Volkes immer mehr, und was sonst gemeinschaftlich betrieben wurde, fällt jetzt einzelnen Ständen anheim. Als ein solcher abgesonderter Stand erscheinen nunmehr auch die Juristen. Das Recht bildet sich nunmehr in der Sprache aus, es nimmt eine wissenschaftliche Richtung, und wie es vorher im Bewußtsein des gesamten Volkes lebte, so fällt es jetzt dem Bewußtsein der Juristen anheim, von welchen das Volk nunmehr in dieser Funktion repräsentiert wird. Das Dasein des Rechts ist von nun an künstlicher und verwickelter, indem es ein doppeltes Leben hat, einmal als Teil des ganzen Volkslebens, was es zu sein nicht aufhört, dann als besondere Wissenschaft in den Händen der Juristen* (Savigny, *Grundgedanken...*, op. cit., p. 5).

ter científico[5]. En otro lugar, he señalado cómo este pasaje trasunta la influencia kantiana en el pensamiento de Savigny, quien al referirse al elemento político y al elemento técnico, se encuentra trasladando al campo jurídico la distinción entre materia y forma que Kant elaborara para explicar la naturaleza fenoménica del conocimiento que podemos alcanzar por medio de la razón teórica. Así como en el campo estrictamente cognoscitivo nuestra razón se apoya en un elemento material, suministrado por la experiencia y constituido por un caos de sensaciones, que es organizado merced a las formas de la sensibilidad y del entendimiento, la realidad jurídica también exhibe un elemento político, dependiente de la experiencia y surgido de la vida social del pueblo, cuya forma, constituida por el elemento técnico, le confiere estabilidad y vigor. Savigny aclara que ambos elementos siempre se encuentran presentes, y son notas ineludibles de la realidad jurídica, a la cual ambos concurren a formar. El elemento técnico hállase constituido por el específico lenguaje propio del derecho, el cual varía en la medida en que este se va transformando[6].

Años más tarde, en el *System des heutigen römischen Rechts*, Savigny, criticando la teoría que concibe al derecho como la invención de un grupo de individuos que accidentalmente se reúnen, tesis a la que no duda en calificar de hipótesis arbitraria, sostiene que la historia nunca nos muestra individuos aislados; muy por el contrario, siempre exhibe una sociedad, donde hallamos una comunidad de relaciones espirituales (*geistigen Gemeinschaft*) atestiguada por el uso de una lengua común, cuya función consiste en fijar y desarrollar esas relaciones. Es en este conglomerado real, en el cual circula el espíritu de la nación, donde se origina el derecho[7]. Como podemos advertir, para Savigny el elemento formal, técnico, se halla presente, aunque más no sea germinalmente, en las comunidades más primitivas.

[5] *Der Kürze wegen nennen wir künftig den Zusammenhang des Rechts mit dem allgemeinen Volksleben das politische Element, das abgesonderte wissenschaftliche Leben des Rechts aber das technische Element desselben* (Savigny, *Grundgedanken*, op. cit., p. 6).

[6] Cfr. Martín Laclau, *La razón en el derecho*, Abeledo-Perrot, Buenos Aires, 1984, p. 50-51.

[7] *In der That aber finden wir überall, wo Menschen zusammen leben, und so weit die Geschichte davon Kunde giebt, daß sie in einer geistigen Gemeinschaft stehen, die sich durch den Gebrauch derselben Sprache sowohl fund giebt, als befestigt und ausbildet. Zu diesem Naturganzen ist der Sitz der Rechtserzeugung, denn in dem gemeinsamen, die Einzelnen durchbringenden Volksgeist findet sich die Kraft, das oben anerkannte Bedürfniß zu befriedigen* (Savigny, *System des heuting Romischen Rechts*, Erster Band, Veit und Comp., Berlin, 1840, p. 19).

A poco de publicarse *Vom Beruf unserer Zeit für Gesetzgebung und Rechtswissenschaft*, Jakob Grimm dirigió a Savigny, el 29 de octubre de 1814, una carta en la cual, comentando la obra recién aparecida, se refiere extensamente a la comparación que en ella se establece entre el derecho y el lenguaje. Grimm expresa en esa ocasión que "el crecimiento, desarrollo y desaparición del derecho, al igual que su subsistencia en la conciencia popular, corresponden enteramente a lo que acontece con la antigua poesía popular, y ambos casos se aclaran mutuamente. El *elemento político* y el *elemento técnico* que usted ha sido llevado a distinguir no son ciertamente otra cosa que lo que yo sentía y quería expresar al oponer la vieja poesía popular a la poesía más tardía de los trovadores [...] También es posible calificar a esta última de *arte*, en tanto es necesario reconocer a la primera cierto carácter *natural*, del mismo modo que hay un *derecho natural* (*natürliches Recht*) y no un derecho de naturaleza (*Naturrecht*)"[8]. En esta misiva podemos advertir cómo Grimm subraya el carácter dinámico que presenta la realidad lingüística, la cual no es algo fijo, que pueda ser aprehendido merced a una especulación apriorística, sino, por el contrario, algo fluyente, cuya naturaleza espontánea y creativa ha de ser descripta fielmente por quien pretenda internarse en el estudio de la lengua.

La concepción que poseen los integrantes de la Escuela Histórica del Derecho acerca del lenguaje no puede ser comprendida en su correcta significación si no la vinculamos con las ideas vigentes en la Alemania de ese tiempo. La visión del lenguaje como emanación de la vida del pueblo, como expresión organizadora de la cosmovisión propia de cada sociedad a través de los sucesivos períodos de su evolución histórica, había sido ampliamente desarrollada por los estudios de Herder y de Wilhelm von Humboldt, que tuvieron singular difusión en las cenáculos románticos.

Para Herder, el lenguaje no puede ser reducido a un mero instrumento utilizado para comunicarnos, sino que, previo a nuestra capacidad elocutiva, lo hallamos en nuestra conciencia en el mismo acto de pensar. El lenguaje constituye la forma merced a la cual se expresan nuestros actos mentales. Si su raíz primigenia se encuentra en el sentimiento, en la fuerza creadora del instinto manifestada en gritos y otras

[8] Cfr. *Briefe der Brüder Grimm an Savigny*, herausgegeben von W. Schoof e I. Schnack, Bielefeld, Berlín, 1953, p. 173. Sobre las relaciones entre Savigny y Jakob Grimm y sus respectivas nociones acerca del lenguaje, puede consultarse el artículo de Alfred Dufour, *Droit et langage dans l'Ecole historique du droit*, publicado en "Archives de Philosophie du Droit", t. XIX, Paris, 1974, p. 151-180.

articulaciones primitivas, este nivel no nos procura la específica forma espiritual que distingue los sonidos humanos de los producidos por los restantes animales. Para ello, es preciso destacar la capacidad de reflexión (*Besinnung*) característica del hombre. Así como Leibniz consideraba que la unidad de la conciencia a través de las diversas percepciones se lograba porque el espíritu, merced a la apercepción, se intuía como una mónada idéntica y permanente en cada uno de estos actos espirituales, la noción de *reflexión* servirá a Herder como elemento unificador de una pluralidad de sensaciones. Dentro de las múltiples sensaciones que se introducen en el seno de mi conciencia a través de los distintos sentidos, la reflexión aísla algunas y dirige a ellas, en forma consciente, su atención. De esta suerte, la conciencia se fija, voluntariamente, en una imagen singular, diferenciada, cuyos atributos distintivos son reconocidos por la *reflexión*. Ahora bien, este reconocimiento ha sido posible, según Herder, merced a una característica que hemos conseguido aislar por medio de la *reflexión*; característica que se traduce en una palabra.

Importa detenemos en este proceso. Para Herder, en todos los sentidos (*Sinne*) existe un sentimiento (*Gefühl*), que establece íntimas vinculaciones entre las diversas sensaciones. Así, es posible vincular, en forma inmediata, cierto color a cierto sonido. Estos enlaces son frecuentes en nuestra conciencia; pero solo los percibimos en contadas oportunidades. Nuestras sensaciones se deslizan rápidamente, confundiéndose entre sí: son como el agua que brota de un manantial[9]. Acorralada por esta corriente de sensaciones confluyentes, el alma comienza a diferenciar los sentidos y a usarlos por separado. Tomemos, por ejemplo, el sentido de la vista. Si este sentido hubiese sido siempre tan claro como llega a serlo en los años maduros, no resultaría comprensible cómo lo visual puede tornarse audible. Herder pone como ejemplo el caso de los niños y de los ciegos que recuperan la visión para demostrar que esta, en su comienzo, no fue un sentido, sino un sentimiento. Las cosas susceptibles de ser vistas se mueven y, al moverse, emiten sonidos. El sentimiento es, precisamente, quien establece estos vínculos. Así, cuando el alma siente la necesidad de crear un vocablo, se apodera de un sentido vecino cuyo sentimiento converge en el que intenta ser expresado. De esta suerte, se originan los diversos vocablos aplicables a todos los sentidos[10].

[9] Cfr. Herder, "Ueber den Ursprung der Sprache", incluido en *Ausgewählte Werke*, von J. Herder, herausgegeben von Heinrich Kurz, Hildburghhausen, Verlag des Bibliographischen Instituts, 1871, t. IV, p. 549-644. Al respecto, ver p. 590-591.

[10] *Die Seele, die im Gedränge solcher zusammenstömenden Empfindugen und in dem Bedürfnis war ein Wort zu schaffen, griff und bekam vielleicht das Wort eines*

Lo que caracteriza, precisamente, al hombre, es su entendimiento (*Verstand*), su poder de discernir; pero este discernimiento solo puede realizarse merced a la palabra recordativa (*Merkwort*). Para Herder, el primer momento de reflexión se confunde con el momento del surgimiento interior del lenguaje: *so war auch das erste Moment der Besinnung, Moment zu innerer Entstehung der Sprache*[11].

Adviértase que el lenguaje no es concebido como algo accesorio, artificial, que viene a superponerse a un previo material constituido por sensaciones. Muy por el contrario, integra el momento constitutivo, de suerte que podría afirmarse que, para Herder, el lenguaje no es un sistema accidental de signos, sino la forma que organiza una materia perceptiva que, en cuanto tal, no tiene una existencia autónoma y separada frente a él. De allí que Herder exprese que el lenguaje no es producto de una creación artificial, no surge de un acuerdo llevado a cabo dentro de una comunidad de hombres: aun en el caso de un individuo aislado, de un salvaje, este se vería obligado a inventar el lenguaje, elemento esencial en la configuración de sus percepciones. Quien es mudo de nacimiento, tampoco es ajeno al lenguaje: si es hombre y, en cuanto tal, se halla dotado de memoria, lo posee en su alma. De allí Herder concluye que el lenguaje puede ser calificado como el acuerdo del alma consigo misma, cuya presencia se torna ineludible para que el hombre pueda ser considerado hombre.

Ahora bien, el lenguaje no es algo estático, ya hecho, sino que, por el contrario, se encuentra siempre en perpetua fluencia, en devenir. La unión de lengua y oído configura un determinado público. El lenguaje es un vehículo que permite transmitir y compartir determinados pensamientos, penas, alegrías. Para Herder, el individuo que se educó en una lengua determinada, en la cual vertió su corazón y expresó su alma, integra el pueblo al que esa lengua pertenece. *Wer in derselben Sprache erzogen wird, wer sein Herz in sie schüten, seine Seele in ihr ausdrücken lernte, der gehört zum Volk dieser Sprache*[12]. El fragmento reviste par-

---

*nachbärlichen Sinnes, dessen Gefühl mit diesem zusammenfloss; so wurden für alle und selbst für den kältesten Sinn Worte.* (Herder, "Ueber den Ursprung der Sprache", op. cit., p. 592).

[11] Cfr. Herder, "Ueber den Ursprung der Sprache", op. cit., p. 611.

[12] Cfr. Herder, *Poesía y lenguaje*, Universidad de Buenos Aires, Facultad de Filosofía y Letras, Buenos Aires, 1950, p. 72. En sus "Ideen zur Philosophie der Geschichte der Mensheit", al considerar que la cultura humana se expresa por medio del lenguaje, establece una relación inescindible entre las ideas de un pueblo y las palabras en las cuales estas se vierten: *Ein Volk hat keine Idee, zu der es kein Wort hat: die lebhafteste*

ticular importancia, puesto que él explicita la dependencia en que nuestra concepción de la realidad se encuentra frente al lenguaje que poseemos y que concurre a la formación de aquella. En el lenguaje han quedado aprisionadas las vivencias de las generaciones pasadas y, merced al mismo, estas se hacen presentes en mi conciencia. Con su estilo poético, Herder no deja de señalar que la voz de un individuo, por débil que sea, pone en movimiento a las olas de este etéreo océano universal que constituye el lenguaje, cuyas ondulaciones perdurarán en la medida en que perdure el idioma[13].

En su primera edad, cuando por imperio de la necesidad el lenguaje va formándose, es fuerte no obstante su pobreza. Las primitivas canciones revelan un claro predominio de las sonoridades merced a las cuales se intentan aprisionar las imágenes. Posteriormente, el idioma se transforma en lenguaje del pueblo moral (*Sprache des sittlichen Volks*), lo cual trae aparejado que aumente su capacidad conceptual en detrimento de su riqueza de imágenes y sonidos. Así se llega a una nueva edad, en la cual se constituye lo que Herder denomina *lenguaje de los libros* (*Büchersprache*), con un claro predominio conceptual: la armonía propia de la poesía cede su predominio a la prosa, la imagen se convierte en símbolo y la pintoresca y sonora adjetivación se extingue. El lenguaje filosófico (*philosophische Sprache*) se caracteriza por su pobreza, que elude los sinónimos y por la escasa atención prestada a las imágenes y a la armonía. Ello explica, según Herder, por qué el lenguaje poético alcanza su perfección antes de ser escrito, en tanto que la máxima altitud filosófica de la lengua se obtiene cuando esta se vierte por escrito[14].

En el lenguaje de cada nación se almacenan sus pensamientos convertidos en signos. El lenguaje propio de cada pueblo, donde se expresa su visión del mundo, es un producto de siglos, durante los cuales, como Herder señala, ha sufrido procesos de crecimiento y deterioro, en forma semejante a la luz lunar en sus fases mensuales. En última instancia, la lengua es patrimonio de la nación en su conjunto: en ella se atesoran los pensamientos que caracterizan al pueblo, otorgándole su peculiar individualidad.

---

*Anschauung bleibt dunkles Gefühl bis die Seele ein Merkmal findet und es durchs Wort dem Gedächtniß, der Rückerinneriung, dem Verstande, ja endlich dem Verstande der Menschen, der Tradition, einverleibet; eine reine Vernunft ohne Sprache ist aus Erden ein utopischen Land* (Herder, "Ideen zur Philosophie der Geschichte der Mensheit", en *Ausgewählte Werke*, op. cit., t. III, p. 273).

[13] Cfr. Herder, *Poesía y lenguaje*, op. cit., p. 72-74.

[14] Cfr. Herder, *Poesía y lenguaje*, op. cit., p. 74.

Los estudios acerca del lenguaje realizados por Herder no dejaron de hacer sentir su influjo en el pensamiento de Wilhelm von Humboldt. Para este, una nación es una forma espiritual de la humanidad, a la cual confiere su carácter una lengua determinada[15]. Los vocablos no pueden separarse de los objetos que designan, toda vez que constituyen elementos esenciales en la configuración de la realidad. Así, por ejemplo, el nombre de un individuo no puede separarse de su persona. Cada hombre habla un determinado idioma y, dentro de él, escoge los vocablos y las construcciones lingüísticas que ha de emplear; pero resulta evidente que dichas elecciones no implican una libertad absoluta: la lengua impone determinados límites, ciertas formas expresivas que actúan en la conciencia del individuo como una suerte de compulsión interna más allá de la cual no se puede llegar. De allí que no quepa considerar al lenguaje como una creación artificial, producto de un convenio o del arbitrio de un solo individuo. Para Humboldt, el lenguaje brota de labios de la nación como un verdadero milagro y, merced a él, se hace perceptible en qué medida el hombre no es un ser aislado. El *yo* y el *tú* no son conceptos complementarios, sino que entre ellos existe una esencial identidad que podría exhibirse en caso de que nos remontáramos al punto en que se diferenciaron. Así, el individuo se nos presenta como un fragmento de su raza y el lenguaje constituye el vehículo a través del cual se exhibe y apuntala este vínculo eterno[16].

Existe una estrecha interdependencia entre el pensamiento y la palabra. El lenguaje constituye un factor decisivo en la configuración de la realidad y sus vocablos permiten que nuestras ideas se precisen. Por ello, la diversidad de las lenguas existentes no se funda en una diversidad de signos y sonidos, sino que, en realidad, traduce una pluralidad de modos de concebir al mundo. Para Humboldt, cada lengua expresa una determinada visión de la realidad; pero, al mismo tiempo, constituye un eco de la naturaleza universal del hombre. Ello es así porque, si bien cada lengua configura una cosmovisión aislada, la suma de estas cosmovisiones nos permite alcanzar la objetividad. De allí que Humboldt nos diga

[15] *Eine Nation in diesem Sinne ist eine durch eine bestimmte Sprache charakterisirte geistige Form der Menschlieit, in Beziehung auf idealische Totalitaet individualisirt* (Humboldt, "Üeber die Verschiedenheiten des Menschlichen Sprachbaues", en Wilhelm von Humboldt, *Schriften zur Sprachphilosophie*, J. G. Cotta'sche Buchhandlung, Stuttgart, 1969, p. 160).

[16] *Der Eizelne, wo, wann und wie er lebt, ist ein abgerissenes Bruchstück seines ganzen Geschlechts, und die Sprache beweist und unterhält diesen ewigen, die Schicksale des Einzelnen und die Geschichte der Welt leitenden Zusammenhang* (Humboldt, *Üeber die Verschiedenheilten des Menschlichen Sprachbaues*, op. cit., p. 161).

que, merced al lenguaje, la subjetividad de toda la humanidad se torna algo intrínsecamente objetivo[17].

Ahora bien, si deseamos captar la esencia del lenguaje, veremos que ella consiste no en un conjunto de vocablos y reglas sintácticas a las cuales solo arribamos merced a un proceso de abstracción, sino en una labor siempre reiterada a través de la cual el espíritu intenta que los sonidos articulados se conviertan en expresión del pensamiento. La esencia y forma del lenguaje ha de hallarse, de esta suerte, en los elementos permanentes de esta labor y no en algo ya hecho[18]. Humboldt insiste en que la definición del lenguaje solo puede ser genética: la lengua es, en última instancia, una actividad (*energeia*) y no una obra, un producto (*ergon*)[19].

Savigny no era ni un filósofo ni un lingüista; pero la profunda renovación que se estaba operando en Alemania en el campo de estas disciplinas durante las primeras décadas del siglo pasado no podía resultarle ajena. Hombre de vasta cultura, sus inquietudes se dirigían a distintos campos del saber y, en tal sentido, le cupo el mérito indudable de utilizar, para lograr la fundamentación filosófica de la ciencia jurídica, los resultados a que arribaran en su tiempo las diversas ciencias humanas.

El despertar de la conciencia histórica y la consiguiente revalorización del pasado nacional posibilitó la renovación de las indagaciones acerca de la lengua, acentuando los aspectos evolutivos propios de ella. Ya vimos como, tanto para Herder como para Humboldt, el lenguaje no es un producto fijo, expresando la visión del mundo propia de la nación en las distintas etapas de su desarrollo. Podríamos decir que, para estos pensadores, el lenguaje constituye la forma organizadora de los variables contenidos que la experiencia me presenta.

[17] Cfr., al respecto, la conferencia pronunciada por Humboldt el 29 de junio de 1820 y publicada bajo el título "Ueber der Vergleichende Sprachstudium in Beziehung auf die Verschiedenen Epochen der Sprachentwicklung", en Humboldt, *Schriften zur Sprachphilosophie*, op. cit., p. 1-25.

[18] Cfr. Humboldt, "Üeber die Verschiedenheilt des Menschlichen Sprachbaues und ihren Einfluss auf die geistige Entwicklung des Menschengeschlechts", en *Schriften zur Sprachphilosophie*, op. cit., p. 418-425.

[19] *Die Sprache, in ihrem wircklichen Wesen aufgefasst, ist etwas beständig und in jedem Augenblicke Vorüberhendes. Selbst, ihre Erhaltung durch die Schrift ist immer nur eine unvollständige, mumienartige Aufbewahrung, die es doch erst wieder bedarf, dass man dabei den lebendigen Vortrag zu versinnlichen sucht. Sie selbst ist kein Werk (Ergon), sondern eine Thätigkeit (Energeia). Ihre wahre Definition kann daher nur eine genetische seyn. Sie ist nemlich die sich ewig wiederholende Arbeit des Geistes, den artikulirten Laut zum Ausdruck des Gedanken fähig zu machen* (Humboldt, "Üeber die Verschiedenheit des Menschlichen Sprachbaues", op. cit., p. 418).

Ahora bien, aun cuando tanto en Herder como en Humboldt el influjo kantiano resulta evidente, ellos introducen, al subrayar el carácter formal del lenguaje, una variante en la concepción de la forma. Para Kant, la forma es una relación constante, ordenadora de los variables contenidos empíricos. Ya en la *Disertado* de 1770, se refería a la forma como *lex animi secundum quam sensa sua coniungit*. Esta noción de forma como un conjunto de relaciones estables, como un orden invariable que otorga regularidad a los objetos de la experiencia, será una constante de su filosofía, que puede ser hallada no solo en el dominio de la razón teórica, sino también en el de la razón práctica, donde la ley moral, concebida como un principio formal, es universal, esto es, su validez se extiende a todos los seres racionales. Pero si ahora observamos la noción de forma que se encuentra presente no solo en Herder y Humboldt, sino también en los restantes pensadores del período romántico, advertiremos que ella ha sufrido una transformación a resultas de la concepción organicista de la realidad imperante en esa época.

Kant, en su *Kritik der Urteilskraft,* había diferenciado la estructura de una máquina de aquella que presenta un organismo. En un organismo, las partes tienen que subordinarse al todo, en razón de que la nota caracterizadora del organismo es su vinculación con la noción de finalidad. Al hallarse los organismos subordinados a su fin, las partes que lo integran han de adaptarse a él. Ahora bien, si tomamos una máquina –por ejemplo, un reloj– advertiremos que una parte sirve al movimiento de las otras, pero no puede ser considerada causa eficiente de ellas. Al respecto, Kant señala que si bien una parte existe en vista a las otras, ello no implica que exista por intermedio de ellas. Así, la causa eficiente, productora del reloj, se encuentra fuera de él, en un ser que obra en función de un todo posible según su causalidad. En cambio, si tomamos un organismo veremos que en él las partes se implican mutuamente, son causa y efecto la una respecto a la otra, lo que lleva a que aquí encontremos no solo una fuerza motriz –como en el caso de la máquina– sino también una *fuerza formadora* (*bildende Kraft*) que se propaga y comunica a todas las partes, organizándolas, y que la sola facultad del movimiento no basta para explicar. En todo organismo, sus elementos resultan complementarios unos respecto a los otros y la totalidad posee leyes propias susceptibles de explicar su funcionamiento[20]. Como vemos, dentro de la concepción kantiana, cada organismo tiene un fin intrínseco, que le es propio y que resulta comprensible con independencia

[20] Cfr. Kant, *Kritik der Urteilskraft*, Suhrkamp, Frankrurt am Main, 1977, p. 319-324.

del fin total de la naturaleza. Los filósofos románticos, por el contrario, se caracterizarán por vincular la finalidad propia de cada organismo con el fin de la naturaleza en su conjunto. Dicha concepción se encontrará presente en Hegel, cuando este afirme que, si bien la vitalidad natural hállase fragmentada en la multiplicidad indeterminada de los seres vivos, en la idea estos constituyen una sola vida, un único sistema orgánico de vida (*Encyklopadie der philosophischen Wissenschafen*, § 337).

Lo dicho explica la transformación que la noción de forma experimenta en la obra de Herder y Humboldt. En ellos, la forma kantiana adquiere un carácter orgánico y, consiguientemente, el lenguaje es concebido como un organismo. Ambos intentan acceder a lo universal; pero esta totalidad englobante no es entendida como algo enfrentado a los diversos casos particulares. Al contrario, lo particular es percibido como una explicitación de lo universal. De allí que los filósofos románticos abandonen la búsqueda de un supuesto lenguaje universal y originario, que se encontraría por debajo de las diversas lenguas que la contingencia histórica revela. Así, la esencia del lenguaje, tanto para Herder como para Humboldt, no ha de hallarse en el mundo de las abstracciones, en el lenguaje universal, sino, por el contrario, en cada una de las lenguas particulares, que se manifiestan como formas orgánicas de una totalidad que las engloba a todas y que no existe separada de ellas.

Savigny, según vimos, hizo suya, en el campo jurídico, la distinción kantiana entre materia y forma; pero atribuyó a esta última, en cuanto organizadora de la vida social, un carácter orgánico, lo que explica que no pueda ser considerada como algo totalmente independiente de la variación histórica. Concibió al lenguaje como la forma a través de la cual cada pueblo va expresando su visión de la realidad; pero esa forma, lejos de ser algo fijo, estable, acompaña a cada nación a lo largo de su devenir temporal. La comparación entre el desarrollo del derecho y el desarrollo del lenguaje no es, de esta suerte, una mera figura retórica, accidental, sino que ella traduce una concepción fundamental del jurista germano, para quien el lenguaje, como forma del derecho, acompaña a este a través de las diversas etapas por las cuales atraviesa su evolución. La realidad jurídica se constituye, se organiza, merced al lenguaje en que se expresa, el cual es privativo de cada pueblo y contribuye a que comprendamos sus elementos singularizadores y distintivos.

# VI. LA LIBERTAD COMO FUNDAMENTO DEL DERECHO EN PUCHTA*

De los juristas que a lo largo del siglo XIX fueron dando forma a la moderna ciencia del derecho, Georg Friedrich Puchta no se encuentra, evidentemente, entre aquellos que hayan atraído en mayor medida la atención de los estudiosos. Figuras como las de Savigny e Ihering han oscurecido, con la brillantez de sus escritos y sistemas, la labor de otros pensadores que, como el que nos ocupa, sin haber logrado elaborar una teoría de pareja trascendencia, resultan acreedores, no obstante, al reconocimiento de la posteridad y a la cuidadosa atención debida a sus obras, que se nos exhiben como jalones imprescindibles para aprehender en su verdadera dimensión los derroteros seguidos por la ciencia jurídica durante la pasada centuria. En el caso de Puchta, hemos de reconocer que la profundización de su pensamiento resulta ineludible si pretendemos esclarecer en profundidad el tránsito entre la Escuela Histórica del Derecho y la Jurisprudencia de los Conceptos[1].

Como ocurre con la mayor parte de los juristas de su tiempo, Puchta encuentra en la filosofía kantiana las ideas directrices que han de servir como basamento de su propia doctrina[2]. Como es sabido, Kant había efectuado una neta distinción entre el mundo de la naturaleza, sujeto a la

* Ponencia presentada a las Primeras Jornadas Nacionales de Ética, celebradas en Buenos Aires, entre el 15 y el 18 de agosto de 1984. Publicada originariamente en *Actas de las Primeras Jornadas Nacionales de Ética,* Facultad de Filosofía y Letras, UBA, Buenos Aires, 1984, p. 169-175.

[1] Una caracterización de conjunto sobre la obra de Puchta puede hallarse en Karl Larenz, *Methodenlehre der Rechtswissenschaft*, Springer Verlag, Berlin, 1979, p. 20-26; Walter Wilhelm, *Metodología giuridica nel secolo XIX*, Giuffrè, Milano, 1974, p. 75-94.

[2] Me he ocupado anteriormente de la influencia del pensamiento kantiano en la ciencia jurídica alemana del siglo XIX, en mis trabajos, *El derecho y el mundo moderno,*

ley de la necesidad causal, y el mundo de la libertad, donde impera otro tipo de causalidad, a la cual denominaba "causalidad por libertad". El hombre era considerado un ente que ofrecía la peculiaridad de pertenecer a ambas esferas: como sujeto empírico, se encontraba determinado por las leyes naturales, en tanto que, como sujeto nouménico, hallábase liberado de la necesidad imperante en el mundo natural y su accionar se regulaba libremente sobre la base de las leyes morales que emanaban de su propia voluntad autónoma.

Siguiendo estos lineamientos, Puchta nos advierte que en el hombre cabe distinguir entre dos aspectos. Si bien se nos presenta, a primera vista, como un ente natural, sujeto a la ley de necesidad que impera sobre las criaturas, por otro lado es un ente espiritual, dotado de la capacidad de querer (*Wille*) y de elegir (*Wahl*). Esta capacidad, constituyente de la libertad humana, es la nota distintiva que caracteriza al hombre frente a los restantes entes naturales. Ahora bien, la ley de necesidad que impera respecto a estos hállase presente en el hombre, no solo respecto a su ser corporal sino también a su ser anímico, dado que no solo las cualidades y facultades esenciales del cuerpo, sino también las del alma, les vienen impuestas desde fuera, como instancias independientes a su libre determinación. Pero el ser del hombre no se agota en este aspecto natural; además, hállase dotado de un espíritu que es libre, esto es, que se halla independizado respecto a la ley de la necesidad natural[3]. En este aspecto reside, para Puchta, la semejanza del hombre con Dios; semejanza que, desde ya, no implica igualdad, no bien advirtamos que, para nuestro pensador, Dios es solo espíritu y, en cuanto tal, enteramente libre, mientras que la libertad humana se encuentra circunscripta y limitada por la necesidad imperante en el mundo natural, al cual el hombre se halla ligado por su ser corporal y anímico. De esta suerte, se aclara la distinción que implícitamente formula Puchta entre ser corporal, ser anímico y ser espiritual. Los dos primeros se rigen por la ley de la necesidad natural, en tanto que, en el último, impera la libertad. Dios es puro espíritu y, en cuanto tal, enteramente libre; el hombre, por su parte, no solo es espíritu, sino también cuerpo y alma. Por ello, su libertad no es ilimitada, sino que se

---

aparecido en el "Anuario de Filosofía Jurídica y Social", nº 1, Abeledo-Perrot, Buenos Aires, 1981, p. 11-42, y *La crisis del racionalismo jurídico*, publicado originariamente en "Escritos de Filosofía", nº 6, julio-diciembre, Buenos Aires, 1980, p. 201-220, y ahora incluido en mi libro *La razón en el derecho,* Abeledo-Perrot, Buenos Aires, 1984.

[3] Cfr. Puchta, *Cursus der Institutionem*, Erster Band, Druck and Verlag von Breitkopf und Hãrtel, Leipzig, 1856, p. 1.

encuentra circunscripta por la necesidad que rige sus funciones corporales y anímicas.

Ahora bien, entre la parte natural y espiritual del hombre debe existir una facultad que las vincule, que sirva de intermediaria entre ambas. Este es, precisamente, el papel que, para Puchta, cumple la razón (*Vernunft*), a la que define como la facultad de reconocer lo necesario (*das Vermögen, das Nothwendige zu erkennen*)[4]. Ante una naturaleza hostil, la razón cumple en el hombre un papel similar al del instinto respecto a los animales, ayudándolo a superar las dificultades de todo tipo que lo asedian. Esta razón, cuya utilidad resulta manifiesta, no puede considerarse, no obstante, como el bien mayor que posea el hombre. Por encima de ella se encuentra la libertad que, como vimos, es nota esencial de su ser espiritual. La razón constituye, para Puchta, un bien de valor relevante pero no supremo, al punto que no deja de señalar la circunstancia de que no puede ser atribuida a Dios, toda vez que este, al ser solo espíritu y libertad ilimitada, no se halla sujeto a necesidad alguna, y, como vimos, la razón era concebida como la facultad que nos permite el reconocimiento de lo necesario. La razón es algo privativo del hombre. Los animales no la poseen, puesto que son simples seres naturales, en tanto que el hombre, si bien también se encuentra sujeto a la necesidad natural, puede, merced a su razón, reconocer esa necesidad.

Criticando la postura asumida por los juristas de los siglos XVII y XVIII, Puchta señala que la idea básica del derecho ha de encontrarse en la libertad antes que en la razón. Recuerda, al respecto, el caso de los pensadores que colocan a la razón como el bien más alto del hombre. Para ellos, todo lo bueno se identifica con lo razonable y lo malo con lo irrazonable; incluso llegan a considerar a la razón como principio de la libertad. Esta postura le resulta insostenible, puesto que, en ella, se incurre en una contradicción manifiesta: la libertad, al entrañar la posibilidad de una mala elección, dejaría de ser, en ese caso, razonable. Para Puchta, la razón no es el principio de la libertad sino, más bien, un elemento contrapuesto a ella[5].

La razón se vincula con lo necesario. Por ello, la afirmación de que todas las cosas existentes son razonables solo vale para los entes naturales. Recuérdese que, para Puchta, el hombre presenta una faz natural, donde impera la ley de necesidad, y es en ese aspecto en el cual

[4] Cfr. Puchta, *Cursus*, op. cit., p. 4.

[5] Cfr. Puchta, *Cursus*, op. cit., p. 6.

la razón cumple su papel. Pero el hombre, además de ser un ente natural, se destaca por poseer un ser espiritual, en el cual arraiga la libertad. Por ello, los filósofos que derivan el derecho de la sola razón quedan a mitad de camino, carecen de una percepción integral del ser del hombre. Para alcanzar el dominio del derecho es preciso ascender al lado espiritual del hombre. Puchta no se cansará de repetir que la idea fundamental del derecho es la libertad. *Der Grundbegriff des Rechts ist die Freiheit*[6]. Ahora bien, ello no significa que el derecho deba ser considerado absolutamente independiente de la razón: el hombre no es un puro ser espiritual, sino que se encuentra limitado por su ser natural, donde la necesidad establece su imperio. Por ello, la libertad humana debe ser razonable, esto es, debe contenerse dentro de los límites que le son impuestos. Si bien el fundamento del derecho radica en la libertad, ello no implica que el derecho no deba ser razonable.

En la noción de libertad cabe distinguir dos elementos que, en realidad, no son más que dos aspectos diferentes de un mismo acto: la elección entre diversas posibilidades (*die Wahl zwischen verschiedenen Mögichkeiten*) y la voluntad (*der Wille*). Para Puchta, la idea abstracta de libertad se presenta, en suma, como la posibilidad de determinarse a algo. Pero hemos de recordar que esta libertad humana es limitada, se trata de una libertad finita (*endliche Freiheit*). Los límites de la libertad son impuestos en forma externa por una instancia ajena a ella y solo son reconocibles al hombre por medio de su razón. Estos límites derivan del carácter de ente natural que exhibe el hombre y afectan su parte corporal y anímica, no así su parte espiritual. La libertad, considerada en forma aislada, no reconoce límites y sería infinita si no fuese coartada por factores externos a ella. Puchta sostiene que la esencia de la libertad humana solo resulta develada en tanto la relacionemos con la libertad infinita y la omnipotencia divinas, de las cuales su esencia proviene. A diferencia de Dios, el hombre no es un espíritu puro, sino que es, también, un ser natural. De allí que, en su caso, su libertad en tanto ser espiritual se contraponga a la necesidad derivada de su ser corporal y anímico. Pero la ineludible necesidad natural no otorga a la libertad una esencia específica: esta sigue siendo la misma que en el caso de Dios, si bien, tratándose del hombre, reconoce sus limitaciones.

Puchta, relacionando la libertad humana con la existencia de Dios, manifiesta que el hombre tiene su libertad a fin de ajustarse, por una de-

[6] Cfr. Puchta, *Cursus*, op. cit., p. 4.

terminación suya, a la voluntad divina. La verdadera libertad del hombre reside en su obediencia a Dios. En suma, la libertad humana no está en carecer de un señor, sino en sujetarse por sí mismo a este señor, sin encontrarse impedido a ello por una necesidad externa.

Ahora bien, a través de su libertad el hombre se transforma en sujeto de derecho. Puchta lo dice expresamente: es la facultad de determinarse, es la circunstancia de que tenga una voluntad, lo que otorga al hombre su carácter de sujeto jurídico. Valido de esta noción, efectúa una clara diferenciación entre el dominio del derecho y el dominio de la moral. La libertad moral (*moralische Freiheit*) implica que el hombre escoja el bien, liberándose del mal, aun cuando esto sea el resultado de una lucha interna. Como vemos, la moral encuéntrase relacionada con una determinación específica: que el hombre se resuelva por el bien, sujetándose a la voluntad divina. En cambio, la libertad jurídica (*rechtliche Freiheit*) se refiere a la facultad de determinarse de que el hombre se encuentra dotado, a su facultad de escoger, de decidir, sin que importe el resultado de la elección. La libertad moral es, para Puchta, una victoria sobre el pecado, en tanto que la libertad jurídica es algo previo, que se relaciona con la posibilidad de la voluntad en general[7].

De esta caracterización del derecho, Puchta infiere que su nota principal ha de residir en la igualdad (*Gleichkeit*)[8]. Así, el derecho es visto como el reconocimiento de la libertad que pertenece a todos los hombres

[7] *Moralisch frey ist der Mensch erst dadurch, daß er sich für das Gute enischeidet, und damit von der Herrschaft des Bösen befreit ist, wenn auch noch im Kampf mit ihm. Dieser Kampf mit dem Bösen, der schon eine Befreiung von ihm voraussetzt, ist das Feld der Moral. Rechtlich frey dagegen ist der Mensch, welche Wahl er auch getroffen haben möge, der Günder eben so wohl als der Gerechte, eben weil er es schon dadurch ist, daß ihm die Wahl zusteht. Nicht die Entscheidung selbst, sondern die Möglichkeit derselben ist die Basis des Rechts. Die moralische Freiheit ist die Freiheit von der Knechtschaft der Günde, die rechtliche Freiheit ist die Möglichkeit eines Willens überhaupt* (Puchta, *Cursus*, op. cit., p. 10).

[8] Puchta manifiesta textualmente: *In der Gründung des Rechts auf die Möglichkeit eines Willens ist auch das eigenste Princip des Rechts ausgesprochen, das der Gleichheit. Das Recht ist die Anerkennung der Freiheit, die den Menschen als Subjecten der Willensmacht gleichmäßig zukommt. Seinen Stoff und Inhalt erhält es durch den Trieb des Menschen, das außer ihm Seiende auf sich zu. beziehen; seine Aufgabe ist, aus die Verhältnisse, die durch diesen Trieb entstehen, das Princip der Gleichheit anzuwenden* (cfr. Puchta, *Cursus*, op. cit., p. 10-11). La inspiración kantiana de estas líneas resulta evidente, no bien la comparamos con la concepción del derecho expuesta por Kant. Este expresa al respecto: *Das Recht ist also der Inbegriff der Bedingungen unter denen die Willkür des einen mit der Willkür des anderen nach einem allgemeinen Gesetze der Frei-*

por igual, en tanto son sujetos de la facultad de querer. Esta noción exhibe claramente su raíz kantiana. Recuérdese que, para Kant, el derecho era el conjunto de condiciones por medio de las cuales el arbitrio de uno puede acordarse con el arbitrio de otro, según una ley universal de libertad.

La voluntad jurídica se manifiesta, como vimos anteriormente, como una determinación cuyo valor moral no es tomado en consideración. Así, la libertad jurídica se nos presenta como la posibilidad de elección entre el bien y el mal, razón por la cual el escoger entre uno u otro resulta indiferente en este plano, que se refiere al poder de determinación y no a las cualidades del comportamiento elegido. Puchta subraya, por ello, que un acto no deviene jurídico por ser conforme a la moral, ni es antijurídico por el hecho de ser inmoral.

Esta distinción entre derecho y moral se percibe con claridad, según nuestro autor, si consideramos las diversas maneras en que la libertad jurídica se manifiesta. En primer lugar, la vemos actuar en las personas mismas en la medida en que les sea reconocida la posibilidad de una voluntad jurídica. En tal sentido, para el derecho son igualmente sujetos de él el hombre bueno y el malo. Además, la libertad también se manifiesta como voluntad dirigida a determinados objetos, sobre los cuales ejerce su dominio. Aquí también nos encontramos con una situación indiferente a las calificaciones morales: de acuerdo con Puchta, el poder jurídico que se ejerza sobre una cosa debe ser reconocido aunque su ejercicio no guarde relación alguna con el bien del hombre.

La palabra derecho es utilizada para referirse tanto a la voluntad universal de los hombres (*Wille der Gesammtheit*) como a la voluntad de cada individuo (*Wille des Einzelnen*). Desde el punto de vista de la voluntad universal, el derecho es una prescripción, un precepto jurídico. Según Puchta, estos preceptos (*Rechtssatze*), cuyo conjunto integra el derecho de un pueblo determinado, se agrupan en diversos institutos jurídicos (*Rechtsinstitute*). Esto resulta ejemplificado con un instituto como la propiedad, al cual se concibe como formado por un conjunto de preceptos jurídicos. Desde el punto de vista de la voluntad individual, el derecho es percibido como el señorío de una persona sobre un objeto determinado. Aquí, dentro del derecho de propiedad, cabe referirse a las facultades de poseer la cosa, de tener su uso exclusivo, etcétera. Ahora bien, estos conjuntos de atribuciones también se agrupan en complejos, a

*heit zusammen vereignit werden kann* (cfr. Kant, *Metaphysik der Sitten*, Meiner, Hamburg, 1966, p. 34-35).

los cuales Puchta denomina "relaciones de derecho" (*Rechtsverhältnisse*). Claro está que, según se destaca, esta voluntad individual solo podrá ser considerada como derecho en la medida en que concuerde con la voluntad universal, que le es superior. El precepto jurídico se relaciona con la facultad jurídica como condición de ella o, en otras palabras, la facultad jurídica emana del precepto correspondiente[9].

* * *

Entre los integrantes de la Escuela Histórica del Derecho ha sido Puchta, evidentemente, quien ha intentado una más detallada fundamentación filosófica de su doctrina. El influjo kantiano, ya presente en el pensamiento de Gustavo Hugo y de Savigny, resulta, según vimos, claramente perceptible en sus planteos.

Para Puchta, la existencia del derecho halla su fundamento en la conciencia que los hombres tienen de la libertad jurídica. En última instancia, esta conciencia proviene de Dios. El derecho es concebido como un orden establecido por Dios y entregado por este a los hombres, quienes lo reciben en su conciencia[10]. La conciencia jurídica humana reconoce su origen, sea en una revelación divina (en tal sentido, la Biblia atribuye a Dios el primer precepto jurídico), sea en la inteligencia y en el instinto que se encuentran albergados en el espíritu humano. Puchta, dejando de lado la revelación, va a concentrar su atención en esta última vía, y por ello considerará al derecho como creación del espíritu humano. Con ello no intenta oponerse a la concepción que afirma el origen divino del derecho. El derecho proviene de Dios; pero este actúa de manera tal que infunde la fuerza de creación jurídica en la naturaleza de los pueblos[11].

[9] Cfr. Puchta, *Cursus*, op. cit., p. 12-13.

[10] *Die Existenz des Rechts, welches die Menschlichen Verhältnisse bestimmt und ordnet, berhut aus dem Bewußtseyn von der rechtlichen Freiheit. Dieses Bewußtseyn hat der Mensch von Gott, das Recht ist eine göttliches Ordnung, die dem Menchen gegeben, die von seinem Bewußtseyn ausgenommen worden ist* (cfr. Puchta, *Cursus*, op. cit., p. 25).

[11] *Das Recht beruht also in seinem letzten historischen Grund aus der gemeinsamen Ueberzeugung des Volks. Recht ist etivas kraft des Willens der Nation (bei particulären Rechten der engeren nationellen Verbindung). Wollte Jemand meinen, gegen diese Ansicht den gottlichen Ursprung des Rechts vertheidigen zu müssen, der würde sie mißverstehen. Sie stellt diesen gar nicht in Abrede. Wir stellen nicht in Frage, daß das Recht von Gott ist, dies wäre eine Erniedrigung des Rechts. Die Frage ist nur, wie Gott das Recht hervorbringt. Wir behaupten, dadurch, daß er die Recht erzeugende*

La fuente última del derecho humano es la conciencia común, toda vez que los diversos preceptos jurídicos solo asumen su condición de tales en la medida en que sean reconocidos con ese carácter por todos aquellos a quienes regirán. De esta suerte, el derecho es definido como la voluntad común de los miembros de una colectividad. *Das Recht ist der gemeinsame Wille der Rechtsgenossen*[12]. La conciencia jurídica común, al igual que la lengua y la religión comunes, van constituyendo, en forma paulatina, una conciencia general que se difunde entre los integrantes de un pueblo, dando origen al *Volksgeist*. Este espíritu del pueblo es el que se presenta como fuente originaria del derecho humano.

Ahora bien, Puchta no se limita a reconocer en el *Volksgeist* la fuente de todo derecho. Dando un paso más profundo en su indagación, trata de esclarecer la manera en que la convicción del pueblo engendra el derecho, esto es, las distintas vías a través de las cuales el derecho emana a partir de esa convicción originaria. A estas formas que adopta la génesis del derecho las denomina "fuentes del derecho" (*Rechtsquellen*), reconociendo por tales a la convicción inmediata del pueblo que se manifiesta en sus acciones, a la legislación y a los productos de la reflexión científica[13].

La fuente que posee una relación más inmediata con el *Volksgeist* es la convicción popular (*Volksüberzeugung*), que se imprime en la conciencia de los miembros de una comunidad. Estos actúan conforme a su conciencia jurídica y, por ello, el derecho que se manifiesta de esta forma ha recibido la designación de "derecho consuetudinario" (*Gewohnheitsrecht*). Puchta señala expresamente el error en que incurren todos aquellos que afirman que el derecho nace por las costumbres. Esta visión materialista es criticada al sostenerse que los comportamientos humanos representan, tan solo, un aspecto externo, derivado y último del derecho que, previamente, tiene que hacerse presente en la convicción del pueblo[14].

---

*Kraft in die Natur des Völker geleget hat* (cfr. Puchta, *Vorlesungen über das heutige römische Recht*, Verlag von Bernhard Tauchnitz, Leipzig, 1863, p. 23).

[12] Cfr. Puchta, *Cursus*, op. cit., p. 24.

[13] Como puede apreciarse, Puchta efectúa una crítica a todas aquellas teorías que, privilegiando al derecho legislado, lo convierten en fuente única del ordenamiento jurídico. Al respecto, sostiene: *Die Gesetze setzen immer schon Recht voraus, das also nicht wieder gesetzliches sein kann. Die Gesetzgebung ist nur im Staat möglich, der Staat selbst aber ist aus das Recht gegründet, er kann es daher nicht selbst ursprünglich hervorgebracht haben* (cfr. Puchta, *Vorlesungen*, op. cit., p. 22).

[14] Cfr. Puchta, *Cursus*, op. cit., p. 30-31; *Vorlesungen*, op. cit., p. 25-29.

La segunda fuente que Puchta considera es la legislación (*Gesetzgebung*). La voluntad general encuéntrase personificada en un órgano, esto es, en una autoridad a la cual se confiere la facultad de ejecutar esa voluntad. A esta facultad se la denomina "gobierno" (*Regierung*). Pero la autoridad posee, además, otra función, consistente en declarar por anticipado lo que ha de valer como voluntad general. Esta función es la legislación, y el derecho que toma esta forma recibe el nombre de "derecho legislativo o promulgado" (*gesetzliches oder promulgiertes Recht*)[15].

Por último, Puchta nos habla de la tercera fuente del derecho, esto es, la proveniente de la actividad científica. Los preceptos jurídicos individuales cuyo conjunto constituye el derecho de un pueblo determinado no existen en forma independiente entre sí, sino que, por el contrario, conforman una totalidad orgánica, cuya unidad encuéntrase asegurada por el hecho de su común procedencia de un mismo *Volksgeist.* Para Puchta, la unidad de la fuente productora asegura la unidad de los productos que de allí emanan. Claro está que ello no excluye que, en ciertos casos, una regla individual pueda no resultar armónica con el conjunto del cual forma parte; el espíritu del pueblo no deja de estar expuesto a crisis perturbadoras, como cuando, por ejemplo, un legislador se deja guiar por su mero arbitrio, improvisando nuevos cánones jurídicos. En realidad, el derecho se asemeja al lenguaje: ambos reposan sobre principios y reglas no siempre explícitas, y es, precisamente, la actividad del científico, la encargada de sacarlos a la luz. Esta peculiaridad del derecho, según la cual sus preceptos se unifican en una totalidad orgánica, le viene dada por su conformidad con la razón. La variedad de los preceptos jurídicos se originan en que, por obra del derecho, se intenta reducir la desigualdad a igualdad. La formación paulatina del derecho se va dando a través de una incesante sumisión de las desigualdades. Así van apareciendo los diversos institutos jurídicos e incluso los preceptos más singulares que de ellos pueden ir siendo derivados. Institutos y preceptos van diferenciándose porque la desigualdad de las relaciones jurídicas tiene una notable influencia sobre el desarrollo de la libertad jurídica: el derecho se exhibe como un constante combate de la igualdad contra la desigualdad.

Adviértase el profundo ligamen que Puchta establece entre libertad y razón: si bien el derecho procede de la libertad, encuéntrase condicionado por la necesidad natural de sus objetos, que lo transforma en cosa

[15] Cfr. Puchta, *Cursus*, op. cit., p. 32; *Vorlesungen*, op. cit., p. 33-40.

razonable. Esta racionalidad es, precisamente, el fundamento del orden sistemático que ostentan sus preceptos, merced a la cual ellos se condicionan y presuponen mutuamente.

La función de la ciencia consistirá en el reconocimiento de los preceptos jurídicos en su orden sistemático, de modo tal que, partiendo de una regla individual, podamos reconstruir su genealogía, esto es, llegar a un principio y, desde él, ir descendiendo hasta sus más lejanas consecuencias. De esta suerte, han de quedar develados preceptos que se encontraban ocultos en el espíritu del derecho nacional, a los cuales ni la convicción inmediata de los miembros del pueblo, ni su comportamiento, ni la acción del legislador, habían sido suficientes para llevar a luz. De allí que la ciencia jurídica pueda ser considerada por Puchta una tercera fuente de derecho. Trátase del derecho científico (*Recht der Wissenschaft*) o derecho de los juristas (*Juristenrecht*)[16].

La obra de Puchta nos permite asomarnos, de esta suerte, a un claro panorama que ilustra los inicios de la teoría jurídica aún vigente en nuestro tiempo, pero donde también son perceptibles las limitaciones inherentes a ella. Adviértase que, si bien se coloca a la libertad como fundamento del derecho, no deja de constatarse que ella se encuentra limitada por la razón. Ahora bien, para Puchta esta razón encuéntrase ligada a la necesidad que impera en el mundo de la naturaleza. La racionalidad jurídica depende, en última instancia, de que el hombre no solo es espíritu, sino también un ente natural que, en cuanto tal, hállase sujeto a la ley de la necesidad causal. Con ello, Puchta introduce en su construcción jurídica la noción de razón que se originó en Grecia, como una vía para llegar al conocimiento de la φυσις, de la realidad natural, a la cual se concebía como algo inmutable y ajeno a las determinaciones temporales. No podemos en esta ocasión introducirnos en un análisis de este complejo tema. Baste decir que esta razón abstracta, que intenta aprehender una realidad sustancial y que científicamente se conduce como una razón sistematizadora, es la que ha presidido el ideal de ciencia del derecho alimentado por la mayor parte de los juristas hasta nuestros días.

Ahora bien, si nosotros partimos de la noción de que el derecho es una regulación de la conducta humana y de que el hombre no es una sustancia sino, antes bien, un ente transido de temporalidad, un fluir constante hacia el futuro que no reconoce instante alguno de reposo, ¿hasta qué punto podemos continuar sosteniendo como paradigma de nuestra

[16] Cfr. Puchta, *Cursus*, op. cit., p. 32; *Vorlesungen*, op. cit., p. 40-44.

actividad científica una teoría dependiente de una racionalidad abstracta y sistematizadora? ¿No habrá llegado, acaso, el momento de intentar la introducción en nuestra ciencia de una razón concreta, que se haga cargo, en debida forma, de la realidad mutable e histórica del hombre?

# VII. IHERING Y SU CONCEPCIÓN DE LA HISTORIA*

El pasado 17 de septiembre se cumplieron cien años de la desaparición de Rudolf von Ihering. Los integrantes de la Sección Teoría General de la Asociación Argentina de Derecho Comparado, que desde hace más de una década nos hallamos abocados al estudio y difusión de los temas concernientes a la filosofía del derecho, hemos pensado que no podíamos dejar pasar dicho aniversario sin realizar un acto académico donde se indicasen, aunque más no fuera en forma sumaria, las principales contribuciones que el ilustre pensador alemán ha dejado en el campo de nuestra disciplina. En tal sentido, somos conscientes de que el siglo transcurrido encuéntrase lejos de haber agotado el estímulo que sus obras representan como fuente de inspiración para el jurista.

La historicidad del derecho es un dato de la realidad jurídica que se halla presente en Ihering desde la primera etapa de su producción. Así, en la introducción a su *Geist des römischen Rechts*, nos dirá que el derecho no se encuentra constituido por un conjunto de disposiciones arbitrarias surgidas de la voluntad del legislador, sino que, antes bien, se nos presenta como un producto de la elaboración histórica. Claro está que, como veremos, esta originaria adscripción al historicismo jurídico no significa una total adhesión a las doctrinas de Savigny, de las que se apartará sustituyendo la tesis que postula al espíritu del pueblo como fuente del derecho por la que afirma el papel de la voluntad y de la lucha en la elaboración y transformación de este.

El tema cuyo estudio lo llevará a distanciarse de la doctrina de la escuela histórica será el fenómeno de la recepción del derecho romano

* Palabras pronunciadas en la Academia Nacional de Derecho y Ciencias Sociales el 18 de noviembre de 1992, en el homenaje a Ihering, al cumplirse el centenario de su fallecimiento, organizado por la Sección Teoría General de la Asociación Argentina de Derecho Comparado. Publicadas originariamente en "Anuario de Filosofía Jurídica y Social", nº 12, Abeledo-Perrot, Buenos Aires, 1992, p. 113-123.

por los modernos derechos europeos. Como punto de partida, no deja de observar la importancia que, como nexo de unión entre los diversos pueblos, cabe asignar a la antigua civilización romana. Roma ha representado el triunfo de la idea de universalidad sobre el principio de las nacionalidades. En tres oportunidades ha dictado leyes al mundo: en primer lugar, cuando el pueblo romano, en la plenitud de su poderío, logró instaurar la unidad del mundo antiguo, lo cual significó la unidad del Estado; luego, con el cristianismo, se dio la unidad de la Iglesia, la cual hubiese resultado imposible sin la previa unificación política; finalmente, con la recepción del derecho romano durante la Edad Media, se logró la unidad del derecho. El derecho romano se transformó, de esta suerte, al igual que el cristianismo, en un elemento esencial de la civilización moderna.

Ahora bien, Ihering encuentra que la doctrina dominante de la escuela histórica, según la cual la sustancia del derecho surge de las entrañas mismas de cada nación y de su historia, no resulta apta para explicar, desde el punto de vista de la filosofía, la recepción del derecho romano. En tal sentido, era común afirmar que, con el transcurrir del tiempo, el derecho romano había devenido el derecho vigente en Alemania, aseveración que pretendía mantener incólume la validez del principio de las nacionalidades. Pero, en realidad, lo que se hacía era soslayar el problema. Cuando el derecho romano hizo su primera aparición en el mundo moderno, en sociedades ajenas a aquella donde se había originado, es de toda evidencia que se trataba de un elemento extraño, ajeno a la evolución histórica de esas naciones, y, no obstante, fue aceptado. La razón de tal aceptación resulta inexplicable dentro de los parámetros en que se mueve la escuela de Savigny y sus seguidores. De esta suerte, la escuela histórica no ha podido, según Ihering, dar los motivos de un hecho que constituye la base de todo nuestro edificio jurídico. El fenómeno de la recepción nunca podrá explicarse sobre la base del principio de nacionalidad.

La solución ha de buscarse en una cuidadosa intuición de la realidad histórica, donde se nos exhibe la vida de los diversos pueblos como una comunidad entre ellos, como un intercambio que abraza todos los aspectos de la existencia humana. La relación entre los pueblos no es una coexistencia entre seres aislados, sino que, por el contrario, se da en ellos una continua admisión de aspectos provenientes del exterior y que luego son apropiados, pasando a convertirse en datos inherentes a la naturaleza de cada nación. Todo organismo vivo, según Ihering, así se trate de un individuo como de una sociedad, solo existirá en la medida en que las funciones de recepción y asimilación se hallen correctamente equilibradas. En tal sentido, obstaculizar que el organismo admita cosas provenientes del exterior lleva a la muerte de este. Cada pueblo existe por los otros y, por su parte, estos poseen el derecho de relacionarse con él. Según Ihering, la ley de la división del trabajo rige la vida de las naciones, razón por la cual en la ayuda y expansión recíproca de ellas se encuentran balanceadas las imperfecciones que cada una, individualmente considerada, exhibe. De allí que pueda afirmarse que la perfección no pertenece más que al conjunto, esto es, a la comunidad. Así, todos los elementos que constituyen la individualidad o nacionalidad de un pueblo son concebidos como el producto de innumerables acciones ejercidas por el mundo exterior o de elementos provenientes de este.

El derecho no constituye una excepción a esta ley general. En tal sentido, debe ser abandonada la teoría de la escuela histórica que pretendía reducir el derecho a un dato que nace y se desenvuelve en el seno de cada sociedad individualmente considerada, sin atender a la necesaria convivencia que se da entre las diversas naciones y a los consiguientes elementos foráneos que explican gran parte del desarrollo jurídico. Adoptar dicha postura de rígido nacionalismo, según Ihering, equivaldría a condenar la organización democrática de gobierno sobre la base de que tuvo su origen en otra nación, o impedir la importación de vino extranjero o de naranjas, dado que estas no han crecido en suelo germano. En realidad, la adopción de instituciones jurídicas extranjeras no es una cuestión de nacionalidad, sino de oportunidad y de necesidad.

Ihering cree haber hallado una ley de civilización de plena aplicación a la historia del derecho y, en tal sentido, no deja de advertir que aun los ordenamientos jurídicos de la Antigüedad nos ofrecen ejemplos claros de la adopción de instituciones extranjeras. Así, en Roma, tal proceso puede ejemplificarse con la *lex Rhodia* y con una serie de instituciones –como la *hypotheca,* la *emphyteusis,* la *antichresis*– cuyos nombres, ajenos a la raíz latina, denotan su origen foráneo. Con todo, el principio de universalidad cobrará su plena vigencia en el mundo moderno, el cual, en este aspecto, ofrece un claro contraste con las civilizaciones de la Antigüedad. Ihering nos advierte que los principios de *nacionalidad* y de *universalidad* nos sirven para diferenciar dos épocas en la historia universal del derecho. La doctrina de Savigny sería susceptible de ser aplicada a los derechos vigentes en la antigüedad. Ellos se caracterizan por emanar de la vida de cada pueblo, por desarrollarse de adentro hacia afuera. Aun el *jus gentium*, merced al cual los romanos intentaban realizar el principio de universalidad en las relaciones internacionales, se había desenvuelto dentro de los dominios de Roma. En cambio, en el mundo moderno, los diversos derechos se entrecruzan, van conformando un único tejido. Por encima de las diversas fuentes aisladas, los derechos romano y canónico se constituyen como poderosos elementos unificadores. Así, la práctica y la ciencia jurídicas de las diferentes naciones se identifican, en cierto modo, en una acción común, que concluye abarcando, no solo los aspectos propios del derecho romano o del derecho canónico, sino toda una serie de problemas e instituciones ajenas a ellos, como los concernientes al régimen feudal, las servidumbres, cuestiones del intercambio comercial y marítimo, etcétera. De esta suerte, a partir de la Edad Media, el principio de universalidad pasa a ser el motor indiscutido de la evolución jurídica, rasgo que –como destaca Ihering– se mantiene y es una de las notas características del derecho vigente en su tiempo.

Desde esta perspectiva, la escuela del derecho natural, al postular la existencia de un derecho independiente del tiempo y del espacio, representaba un intento de justificación respecto de las nociones de comunidad y universalidad propias del derecho moderno. La escuela histórica, por su parte, se exhibía como contraria a esta tendencia y hacía prevalecer el principio de las nacionalidades. Tal situación no dejaba de ser paradójica: el jusnaturalismo, que intentaba desvincularse de las circunstancias propias de la época, producía una doctrina que, en los hechos, idealizaba la tendencia de los ordenamientos vigentes en ese entonces, en tanto que la escuela histórica, a pesar de sus principios, volvía las espaldas a la evolución operada en el derecho de su tiempo. La escuela de Savigny representó un avance sobre el jusnaturalismo, al reconocer el carácter mutable que ostenta toda realidad jurídica; pero cometió el error de identificar las nociones de historia y nacionalidad, con lo cual adjudicó a esta última el carácter de principio único de la evolución del derecho. Para Ihering, en la medida en que dicha identificación no sea dejada de lado, la ciencia resultará impotente para comprender el mundo en que se mueve y el proceso de recepción del derecho romano.

Ahora bien, ¿qué es el derecho para Ihering?, ¿cuáles son las notas que caracterizan, según él, la realidad jurídica? Al comenzar el segundo título de la Introducción a su *Geist des römischen Rechts*, nos dice que, para la opinión dominante, el derecho es un organismo objetivo de la libertad humana: *Wir gehen von der heutzutage herrschenden Auffassung des Rechts als eines objektiven Organismus der menschlichen Freiheit aus.* En esta noción, de la cual participa nuestro autor, se encuentran presentes las huellas de la filosofía kantiana al igual que las de la concepción historicista que había cobrado vuelo en los primeros decenios del siglo pasado. Advirtamos, en primer lugar, que la vinculación entre derecho y libertad ya se hallaba presente en Kant, quien definía al derecho como el conjunto de las condiciones por medio de las cuales el arbitrio de uno puede acordarse con el arbitrio de otro según una ley universal de libertad, evitando, de esta suerte, que el comportamiento de un individuo oponga obstáculos a la esfera de libertad privativa de otras personas. Ahora bien, Ihering nos dice que el derecho es un organismo objetivo de la libertad humana. ¿Qué significa este carácter orgánico atribuido a la realidad jurídica? ¿En qué medida, a través de él, se introduce la mutabilidad en un concepto elaborado por la pura razón? La escuela histórica habíase inspirado en la filosofía kantiana, trasladando al campo de la ontología jurídica la distinción entre materia y forma; pero esta última asumió un carácter mutable que resultaba ajeno al planteo efectuado por el pensador de Koenisberg. Según Kant, la forma, en tanto organizadora de los variables contenidos empíricos, se nos exhibe como algo constante, no sujeto a cambios. Los filósofos románticos, por su parte, la vincularán a su visión organicista de la realidad: la forma dejará de ser considerada como algo inmutable y, perdiendo su validez universal, pasará a ser incluida dentro de la variabilidad histórica, donde lo particular es concebido como explicitación espacio-temporal de una realidad universal que todo lo abarca. Parejamente, en el campo jurídico, Savigny atribuirá a la forma, en cuanto organizadora de la materia empírica, un carácter orgánico y, en tal sentido, pasará a ser el lenguaje en el cual se expresan los caracteres peculiares y distintivos de la vida social de cada pueblo en los diversos estadios de su evolución. Para Ihering, el derecho, lejos de ser el producto arbitrario de pensamientos del legislador, se manifiesta como resultado de una evolución histórica. Así, las instituciones jurídicas surgen merced al impulso de la vida; la forma que el carácter peculiar de un pueblo ha impreso a su derecho precede a la voluntad y al pensamiento del legislador. El derecho es una creación real, objetiva, orgánica. La noción de organismo le sirve a Ihering para destacar que el derecho presenta todos los caracteres de un producto natural, tales como la unidad en la multiplicidad, la individualidad y su crecimiento en virtud de una fuerza interna que le es inherente.

Ahora bien, lo dicho no significa que nuestro pensador ignore la importancia del esfuerzo del individuo en la formación del derecho. Muy por el contrario, afirma que no hay derecho que, en sus orígenes, no proceda de la lucha y del esfuerzo individual. Lo que ocurre es que, con el transcurso del tiempo, la memoria nacional ha olvidado esta etapa y la regulación jurídica se nos exhibe como algo dependiente de la voluntad del Estado, a la cual se adjudica su efectiva realización. Fuerza y derecho se presentan, de esta suerte, como términos antagónicos. La fuerza es percibida como un ataque al orden jurídico y, consecuentemente, es perseguida e intenta ser erradicada de la vida civil. Tan solo mantiene su vigencia, según Ihering, en el derecho público, donde, en el caso de una revolución triunfante o de la conquista de un pueblo por otro, se acepta el hecho consumado, lo cual constituye un claro ejemplo de cómo la historia no se deja aprisionar por ninguna teoría.

En Ihering se evidencia un claro intento de abandonar los planteos jurídicos abstractos y de vincular al derecho con las realidades vitales concretas. De allí que afirme que los derechos no existen para realizar las ideas que puedan albergarse en una voluntad abstracta, sino para garantizar los intereses de la vida, para ayudar a que esta pueda lograr los fines que se ha propuesto. En suma, dentro de esta concepción, la utilidad antes que la voluntad constituye el meollo de todo derecho. De allí que quepa distinguir entre un elemento sustancial y otro formal, entendiendo por el primero el fin práctico, esto es, la utilidad, el provecho que se procura obtener con el derecho, en tanto que el elemento formal se refiere a la protección acordada a ese derecho, a la acción que es puesta a disposición de quien es titular de él. La ley viene a proteger una situación que antes era inestable y precaria. De esta suerte, en la seguridad jurídica del goce se asienta el principio del derecho. Ello conduce a Ihering a sostener que los derechos no son más que intereses jurídicamente protegidos.

Algunos años más tarde, en 1872, estas ideas fueron brillantemente desarrolladas y expuestas en *Der Kampf ums Recht*. Allí se sostuvo que el derecho no es un producto teórico, elaborado sobre la base de abstracciones de una pura razón. Trátase, por el contrario, de una idea práctica, operante, que busca la realización de determinado fin, para lo cual ha de valerse de determinados medios. En tal sentido, no deja de advertir que existe una antítesis entre el fin y el medio empleado, toda vez que el derecho busca la paz y, para lograrla, emplea la lucha. *Das Ziel des Rechts ist der Friede, das mittel dazu ist der Kampf.* De allí que la justicia sea representada sosteniendo, en una mano, la balanza donde se pesa el derecho, al mismo tiempo que, en la otra, exhibe la espada de que se vale para hacerlo efectivo. Ambos aspectos se complementan: la espada sin la balanza no pasa de ser la fuerza bruta, en tanto que la balanza sin la espada resulta impotente para asegurar la efectiva realización de la solución jurídica. De esta suerte, el derecho deja de ser concebido como un conjunto de principios abstractos. *Das Recht ist nicht bloßer Gedanke, sondern lebendige Kraft.* El derecho no es puro pensamiento, sino fuerza vital. Adviértase el enfrentamiento del pensamiento de Ihering respecto de la ciencia jurídica que predominaba a mediados de la pasada centuria, para la cual la función del jurista se reducía a una mera ordenación de los conceptos presentes en las normas. Aquí, por el contrario, se vincula al derecho con el mundo de la vida y, dentro de la óptica positivista de la época, se enfatiza la relación entre derecho y realidad social, postulando la necesidad de una interpretación sociológica de las diversas instituciones.

Todo derecho nace de una lucha contra factores que se oponen a su surgimiento, y esto se da no solo en la esfera individual, sino, también, en la colectiva. De esta suerte, el destino del derecho es la confrontación, la lucha. Claro está que, para Ihering, no basta señalar que el derecho sea el producto de una voluntad que se contrapone a otra voluntad. La noción de voluntad debe ser complementada con la noción de interés, que es la que presta su contenido a los actos volitivos. Así, cabría afirmar que un derecho determinado es querido en la medida en que representa un interés que se enfrenta a intereses contrarios.

La lucha consciente para el reconocimiento de los intereses cuya protección jurídica se pretende alcanzar es un deber, no solo de cada individuo, quien ha de defender sus derechos por más nimios que puedan parecer, sino también de la colectividad. La lucha contra la injusticia es, en primer lugar, un deber del individuo para consigo mismo, toda vez que se trata de una norma de la existencia moral; pero también se presenta como un deber para con la sociedad, por cuanto el éxito dependerá de la generalidad del empeño. Trátase de una lucha que nunca finaliza. La idea del derecho hállase siempre en continua mutación; tan es así que lo existente habrá de ceder bien pronto su puesto a un nuevo cambio: *die Idee des Rechts ist ewiges Werden, das Gewordene aber muß dem neuen Werden weichen.* Cabe advertir cómo Ihering acepta el postulado fundamental de la escuela histórica en cuando considera al derecho –en contraposición a las doctrinas jusnaturalistas– como una realidad empírica variable, sujeta a las contingencias del devenir histórico; pero se aparta de ella en lo concerniente a las causas determinantes de ese devenir. Así, en tanto Savigny explicaba la evolución del derecho como resultado espontáneo de las mutaciones del espíritu del pueblo, la teoría de Ihering, dentro de un horizonte positivista al cual no resultaban ajenas las leyes de la evolución biológica afirmadas por Darwin, sostenía la necesidad de una lucha consciente merced a la cual se buscase el reconocimiento jurídico de determinados intereses, cuya variabilidad hallábase determinada por la cambiante realidad social. De esta suerte, la evolución jurídica es explicada, antes que como resultado de las variaciones inconscientes del espíritu del pueblo, como el producto de la lucha emprendida por una voluntad consciente con el fin de obtener el pleno goce, esto es, el reconocimiento y protección de determinados intereses.

Las limitaciones que el horizonte positivista impuso a la doctrina de Ihering se hacen palpables en su intento infructuoso para diferenciar la realidad natural de la propiamente humana, dificultad que se exhibe claramente en las páginas iniciales de su última gran obra, *Der Zweck im Recht,* aparecida en 1877. Allí sostiene que todo cuanto existe en el universo se halla sometido a la ley de causalidad. Consecuentemente, la voluntad también se halla sujeta a ella. Ahora bien, en el mundo de la naturaleza inanimada siempre encontramos una *causa efficiens*: toda modificación en el mundo físico es el resultado de una modificación anterior sobre la base de la cual podemos explicar su existencia. Así, una piedra cae *porque* le han quitado el sostén que la mantenía en su posición originaria. Parejamente, la voluntad también reconoce una causa, si bien, en este caso, trátase de una causa psicológica, de una *causa finalis*, toda vez que la voluntad siempre obra en vista de un fin determinado. El hombre actúa *a fin* de lograr algo. Según Ihering, un acto de voluntad sin causa final resulta tan imposible como el movimiento de una piedra sin causa eficiente. De esta suerte, cabe hablar de una *causalidad psicológica* que se diferencia de la *causalidad mecánica.*

La causalidad mecánica se relaciona con el pasado, con el *quia*; la psicología, por su parte, apunta hacia el futuro, se relaciona con el *ut* de una acción. Ahora bien, Ihering expresa que, no obstante esta distinción, la causa final no implica modificación alguna en el plano de la realidad objetiva: allí lo determinante siempre precede, en orden temporal, a lo determinado. Lo que acontece es que la *razón determinante* pertenece al presente y en ella se encuentra incluida, en forma inmanente, el fin del obrar, que es lo que apunta al futuro. Es preciso distinguir entre una esfera interna y otra externa de la voluntad. Ante todo, resulta claro que no hay querer sin un fin. El querer constituye el proceso interno merced al cual se forma la voluntad. Esta etapa no depende de la causalidad mecánica, sino de la causalidad psicológica: el motivo determinante del querer no es una causa natural, sino un fin que se persigue. Recién cuando la voluntad se haya determinado a la realización de un fin se manifestará externamente y su accionar entrará en el campo de la causalidad mecánica.

A Ihering no le pasa inadvertido que la realidad humana presenta matices que la diferencian de la natural; pero esta intuición no logra su acabada traducción conceptual, toda vez que, fiel al horizonte positivista dentro del cual se mueve su pensamiento, no alcanza a percibir que el obrar humano ha de ser concebido sobre la base de categorías distintas de la de causalidad. En rigor, tanto la causalidad mecánica como la psicológica son, para Ihering, dos géneros de causalidad que entrañan, cada uno de ellos, una diferenciación en la aplicación concreta, pero no en la esencia, de una única ley causal que gobierna todo lo existente. Con ello, la unidad de la visión del mundo propia del positivismo, para el cual la única experiencia posible es la natural, esto es, aquella asequible a nuestros sentidos, permanece incólume. Y es dentro de esta visión de la realidad que Ihering insertará su concepción historicista de los cambios sociales, al sostener que la persecución del fin es aquello que los moviliza.

Los fines perseguidos por cada individuo se enlazan en las relaciones interindividuales, al igual que en las relaciones que se establecen entre los individuos y el Estado. Será, precisamente, la función primordial a cargo del organismo estatal compatibilizar y equilibrar esta pluralidad de intereses merced a las pautas imperativas que dicte. Ahora bien, para Ihering no hay fines inmutables. La realidad social no reconoce reposo. Los distintos grupos que conforman una sociedad varían en la medida en que su poder aumente o disminuya, lo que explica que el orden normativo que reconoce y protege sus intereses no es ajeno a la mutabilidad histórica. Como se ha sostenido, la noción de fin no es, para Ihering, una noción *a priori*, sino que se halla firmemente arraigada en el mundo de la experiencia vital.

Para Ihering, la ciencia del derecho no puede reducirse a un análisis lógico y abstracto de las normas jurídicas. El intento de constituir a la jurisprudencia en una matemática del derecho lleva a desconocer su contenido verdadero. De allí que afirme que la vida no es de los conceptos, sino que, por el contrario, los conceptos existen para la vida. El jurista no ha de ceñirse, por tanto, a las necesidades racionales de un sistema lógico, sino a los requerimientos de la realidad social.

La noción de fin juega, dentro de su teoría, un papel protagónico. No es posible concebir una acción que no apunte a un fin determinado. *Keine Handlung ohne Zweck.* No hay acción sin fin. Por ello, las diversas instituciones solo serán correctamente comprendidas e interpretadas en la medida en que las vinculemos con las motivaciones determinantes de su creación. En suma, el surgimiento y evolución de las diversas instituciones jurídicas no responde a una necesidad lógica, conceptual, ni tampoco a impulsos innatos ni a caprichos del legislador, sino que es el producto de fuerzas vitales que operan en el seno de la sociedad. De allí la importancia que la historia reviste para el derecho, dado que, merced a ella, podemos percibir las etapas pretéritas de la humanidad, reconstruyendo los motivos prácticos, esto es, los fines, que se tuvieron en mira en el momento en que cada institución hacía su aparición en el escenario social.

Al cumplirse un siglo de la desaparición del jurista que hoy nos convoca, he creído oportuno reseñar brevemente las ideas directrices de su concepción histórica. En ella encontramos muchas de las líneas generales del pensamiento actual. Ante todo, la vinculación entre el orden jurídico y la sociedad que es regida por este, tema estrechamente relacionado a la necesidad de comprender el proceso que, partiendo del mundo de la vida, lleva a la elaboración de las teorías científicas. Sus audaces planteos determinaron cambios irreversibles en la ciencia del derecho, constituyendo una etapa esencial en el nacimiento de las modernas concepciones jurídicas. Si bien muchas de sus construcciones conceptuales pueden considerarse perimidas y han sido superadas, al haber develado aspectos de la realidad jurídica hasta entonces ignorados, se ha hecho acreedor a nuestro reconocimiento como uno de los grandes maestros de la filosofía del derecho.

# VIII. EL INFLUJO DE LAS IDEAS FILOSÓFICAS EN LA REVOLUCIÓN FRANCESA*

Hablar acerca de las influencias filosóficas operantes en el movimiento revolucionario francés de 1789 implica introducirnos en la mente de sus protagonistas, develar las ideas sobre la base de las cuales pensaban y actuaban, poner al descubierto su concepción del mundo, esto es, su peculiar modo de aprehender la realidad y las vías radicales que intentaban seguir para lograr su transformación. En esa época, el racionalismo moderno, que alcanzara sus primeras sistematizaciones a comienzos del siglo XVII, había trascendido el reducido núcleo de filósofos y científicos, para transformarse en una creencia compartida por la mayor parte de la sociedad. Ello explica el poderoso impulso transformador que caracteriza el período. Trátase de lograr una ordenación puramente racional de la vida social, dentro de la cual los principios que han de regirla puedan ser deducidos unos de otros, ateniéndose a las leyes lógicas que rigen el desenvolvimiento de la pura razón. De allí el impulso decisivo que recibe el proceso de secularización, el descrédito en que caen las antiguas tradiciones, a las cuales se ve como resabios de épocas pretéritas que es necesario superar. De esta suerte, el legislador se fijará como meta la sanción de constituciones escritas, de códigos de diversa naturaleza, atenidos, todos ellos, a las leyes que presiden una sistematización lógica y coherente de las diversas relaciones humanas.

Dentro del reducido espacio concedido a la presente exposición y dejando de lado otros aspectos de la problemática filosófica que caracteriza al período, intentaré esclarecer la noción de ley que sirvió de susten-

* Palabras pronunciadas el 7 de diciembre de 1989 en el Museo Social Argentino, en ocasión del homenaje a la Revolución Francesa celebrado en su bicentenario, el que fue organizado por dicha institución y por la Asociación Argentina de Derecho Comparado. Publicadas originariamente en "Anuario de Filosofía Jurídica y Social", nº 9, Abeledo-Perrot, Buenos Aires, 1989, p. 311-320.

to a las reformas legislativas que tuvieron lugar a fines del siglo XVIII y comienzos del siglo XIX.

Sabido es que, hacia fines de la Edad Media, las convicciones del hombre europeo entraron en profunda crisis. De esta suerte, los siglos XV y XVI asisten a la implantación de una nueva concepción del mundo. Los cimientos sobre los cuales se había edificado la existencia europea entran en crisis y el hombre, valido de su razón, intenta asentar su nueva cosmovisión en principios indubitables, que puedan proporcionarle base segura para su existencia. El tema de Dios se aleja paulatinamente del horizonte intelectual y, en su reemplazo, hombre y naturaleza se muestran como fértiles campos abiertos a la indagación. Es la época en que se constituyen las modernas ciencias físico-matemáticas; es la edad en que impera el humanismo. Típica del período es la actitud de Montaigne, quien goza en una morosa visión de su propia persona y cuyos ensayos, sin plan preconcebido, se guían por los caprichos de su imaginación. Física y matemáticas se enlazan estrechamente: Galileo dirá que el gran libro de la naturaleza se encuentra escrito en caracteres matemáticos y Newton logrará dar formulación matemática a la ley de gravitación, que no solo preside los movimientos de los cuerpos terrestres, sino también el desplazamiento de la materia cósmica.

Adviértase la profundidad del cambio operado. El físico de la Antigüedad intentaba aprehender la esencia de las cosas; su pensamiento se insinuaba en la entraña misma de la realidad material, cuya íntima naturaleza procuraba iluminar. En cambio, la física moderna es producto de una renuncia: el científico soslaya el problema propuesto por la esencia del universo y su actitud se dirige a descubrir las leyes que gobiernan el movimiento de los cuerpos, las que son traducidas en fórmulas matemáticas. Anteriormente, la naturaleza era considerada en forma global, como producto divino; ahora, los diversos procesos naturales van a ser separados de su contexto y serán descriptos eludiendo toda referencia a las cualidades sensibles que se muestran en la experiencia cotidiana. Merced a la formulación matemática, la validez de la ley obtenida será extensiva a todo el universo. De esta suerte, el vario mundo circundante, pleno de colores y sonoridades, ante el cual se extasiaban los filósofos y humanistas del Renacimiento –recuérdese, entre otros, el caso de Giordano Bruno– va a ser reemplazado por una naturaleza exenta de connotaciones cualitativas, cuya descripción se logrará sobre la base de leyes obtenidas por la paciente observación del comportamiento regular de los objetos, todo ello debidamente matematizado.

Dentro de este horizonte, la obra de Hugo Grocio, *De jure belli ac pacis,* publicada en 1625, puede considerarse, con justicia, como la primera formulación acabada de la ciencia jurídica moderna. El derecho deja de ser entendido como algo existente con independencia del hombre y sus principios pasan a ser deducidos de la naturaleza racional y sociable de este. El derecho natural ya no va a ser una vía merced a la cual las comunidades humanas participan de un ordenamiento cósmico, sino que, por primera vez, pasará a ser concebido como una técnica específica que asegura la pacífica convivencia y cuya fuente se encuentra en el mismo individuo y no en la voluntad divina. Grocio distingue entre un *jus voluntarium* esencialmente mutable, toda vez que sus preceptos dependen de la voluntad creadora, que puede ser tanto humana como divina, y un *jus naturale*, constituido por los principios que la recta razón demuestra son conformes a la naturaleza sociable de los hombres y al que considera ajeno a toda posible variación. Empleando una fórmula corriente entre los autores escolásticos que se oponían al voluntarismo, sostendrá que este *jus naturale* subsistiría aun en caso de que Dios no existiera o que no se ocupara de las cosas humanas, *et haec quidem quæ jam diximus, locum aliquem haberent etiamsi daremus, quod sine summo scelere dari nequit, non esse Deum, aut non curari ab eo negotia humana.* De esta suerte, el derecho se independiza de la teología. Ya no va a ser considerado como un ligamen a través del cual el hombre participa en una realidad a la que es ajeno, sino que se constituye como algo que le es propio, como un conjunto de preceptos deducibles racionalmente de su naturaleza social. Y es precisamente el racionalismo geometrizante que campea en toda la obra de Grocio, lo que puede destacarse como rasgo peculiar de ella.

Para Grocio, el derecho se funda en la razón y deben descartarse todos los datos suministrados por la experiencia histórica. Solo puede realizarse ciencia jurídica partiendo de los principios del derecho natural, únicos aptos para ser considerados por la razón humana, al no hallarse sujetos a variación alguna. El derecho pierde su vinculación con Dios, por cuanto su validez no depende de la existencia de este, y tórnase autosuficiente sobre la base de la evidencia que le aseguran la coherencia y necesidad de sus principios. Grocio destaca el parentesco que guarda su método con el empleado por los matemáticos y señala que así como estos consideran las figuras haciendo abstracción de los cuerpos, él separa su pensamiento, al estudiar el derecho, de cualquier hecho individual y contingente. De esta suerte, ingresamos en plena etapa racionalista. El hombre cobra fe ilimitada en la razón, a la que considera medio apto para insinuarse en la entraña misma de la realidad y captar las notas que la caracterizan. Estos principios filosóficos serán compartidos por los grandes juristas de fines del siglo XVII y principios del XVIII, como Samuel Pufendorf y Christian Thomasius.

La estrecha vinculación entre ley y principios racionales se hace presente, asimismo, en los *Elementa iuris naturæ et gentium* de Johan Gottlieb Heinecke, aparecidos en 1730, donde se establece que "el derecho natural es el conjunto de leyes que Dios ha promulgado al género humano por la recta razón. Si se lo desea considerar en tanto que ciencia, la jurisprudencia natural será la manera práctica de conocer la voluntad del legislador supremo, tal como ella se expresa por la recta razón, y de aplicarlo a todos los casos específicos que puedan presentarse". Adviértase que el derecho natural se vincula a la divinidad en la medida en que esta se adecue a la razón, con lo cual se evidencia la distancia que nos separa de las escuelas voluntaristas de fines de la Edad Media.

Algunos años más tarde, en 1748, Jean Jacques Burlamaqui, en sus *Principes du droit naturel*, desarrolla las mismas tesis y no duda en afirmar: *L'on entend par loi naturelle une loi que Dieu impose á tous les hommes, et qu'ils peuvent découvrir et connaître par les seules lumiéres de la raison, en considerant avec attention leur nature et leur état.* A continuación, agrega que *le droit naturel est le systeme, l'assemblage ou le corps de ces mémes lois.* El pasaje es suficientemente claro: si bien se adjudica, en última instancia, la autoría del derecho natural a Dios, no deja de aclararse que las leyes que lo constituyen resultan cognoscibles merced al auxilio de la sola razón, en la medida en que esta se atenga a la naturaleza del hombre. El proceso de secularización continúa su avance, dado que los principios jurídicos supremos no son verdades reveladas, sino conocimientos que podemos adquirir merced al uso apropiado de nuestra razón.

Ahora bien, posiblemente sea en los escritos de Gaetano Filangieri donde el ideal iluminista se presente en toda su amplitud. En tal sentido, en su obra *Della scienza della legislazione* nos ofrece, con extrema claridad, la visión de cómo el europeo entendía, hacia fines del siglo XVIII, el papel que el legislador había de cumplir dentro de la organización social y política de la comunidad. Ante todo, el derecho se exhibe como instancia reformadora de la vida humana. El jurista debe dejar de lado la confusión, el caos propio de los distintos ordenamientos históricos, que se presentan como conjuntos abigarrados y desordenados de preceptos originados en tiempos y ámbitos sociales diversos y ha de reducir los hechos a una unidad sistemática. Así, deberá partirse de definiciones seguras y deducir los distintos principios que han de conformar el derecho político, civil, comercial, penal, etcétera, es decir, todo el orden normativo que rige la sociedad. De esta suerte, los sabios legisladores, educados en los principios filosóficos, habrán de ser los consejeros de los príncipes, los ministros de la verdad, que inspirarán la acción desarrollada por estos. Filangieri se veía a sí mismo como una suerte de apóstol del nuevo evangelio de la razón y sus escritos llegan a nosotros envueltos en el aura emotiva que despiertan sus expresiones: "Simple e infalible naturaleza, más contemplo tu plan y más aborrezco el de los hombres, más busco de seguir tus preceptos y más contento estoy de alejarme de los de ellos". Es que la naturaleza encuéntrase presidida por las leyes de la razón en tanto que el ordenamiento humano hállase sujeto a múltiples arbitrariedades. Los abogados y jueces deberán convertirse en discípulos de la ley natural y, en la medida en que ello ocurra, el amor a la humanidad reemplazará a los egoísmos y el mundo alcanzará la felicidad.

Veamos ahora cómo este ideal se hace presente en la obra de dos de los máximos representantes del pensamiento filosófico-político francés del siglo XVIII. Me refiero, como es obvio, a Montesquieu y Rousseau. El primero sienta las bases ideológicas del constitucionalismo francés, en tanto del segundo proceden las grandes líneas del pensamiento filosófico que los revolucionarios de 1789 intentaron llevar a la práctica.

Para Montesquieu, las leyes son las relaciones necesarias que derivan de la naturaleza de las cosas. Este es el sentido más amplio de la palabra "ley" y es aplicable tanto a Dios como a los ángeles, al hombre, a los restantes animales. Montesquieu no duda en afirmar que existe una razón primitiva y que las diversas leyes son las relaciones en que se hallan los distintos seres con ella y entre sí.

Entre el universo y Dios se establecen relaciones. La divinidad actúa de conformidad a leyes: crea el mundo y lo conserva sobre la base de ellas. Aun los movimientos de la materia inanimada se realizan siguiendo leyes invariables y, en tal sentido, se dan relaciones establecidas de modo constante: *chaque diversité est uniformité, chaque changement est constance* (cfr. Montesquieu, *De l'esprit des lois,* Garnier, Paris, 1962, p. 6). Aun los seres inteligentes pueden obedecer a leyes que no han sido hechas por ellos: antes de que existieran estos seres dichas leyes eran posibles. De allí que podamos hablar de relaciones de equidad anteriores a las leyes positivas y que, posteriormente, las exteriorizan. Al igual que el mundo físico, el humano hállase sujeto a leyes que, por su naturaleza, son invariables; pero, en este último caso, los hombres no siempre las obedecen, debido a que cada persona exhibe una naturaleza limitada, sujeta al error, y, por otra parte, tratándose de seres libres, no siguen en forma constante las determinaciones de las leyes primitivas.

De esta *raison primitive* derivan, como puede advertirse, un conjunto de leyes invariables. El hombre, como ser físico, se encuentra sujeto a ellas, al igual que los restantes cuerpos; pero, en tanto ser inteligente, puede violarlas. Así, puede en cualquier instante olvidar a su creador, no obstante lo cual Dios lo llama a través de las leyes de la religión; puede olvidarse de sí mismo, pero los filósofos le recuerdan sus deberes merced a las leyes de la moral; finalmente, siendo el hombre un ser sociable por naturaleza, puede olvidar a sus semejantes, pero los legisladores le reclaman el cumplimiento de sus deberes por medio de las leyes políticas y civiles.

Ahora bien, con anterioridad a estas leyes, Montesquieu considera las leyes de la naturaleza, esto es, aquellas que derivan únicamente de la constitución de nuestro ser y que se exhiben, en toda su pureza, no bien consideremos al hombre en el estadio previo al establecimiento de las sociedades. La primera de estas leyes naturales consistiría en el deseo de mantener la paz, derivado de la timidez inherente al hombre primitivo y del sentimiento de su propia debilidad. En segundo lugar, encontraríase la tendencia a buscar alimentos con que sustentarse; la tercera ley estaría dada por el deseo sexual, nacido del encanto que hombre y mujer hallan en sus recíprocas diferencias; y, como última ley natural, se señala el deseo de vivir en sociedad.

Según destaca Montesquieu, no bien el hombre se organiza en sociedad, la situación varía fundamentalmente: desaparece el sentimiento de debilidad, la igualdad anterior se desvanece y comienza un estado de guerra entre los distintos individuos. Ha de señalarse, en primer lugar, el estado de guerra que se suscita entre diversas naciones; pero también, dentro de cada sociedad, los particulares adquieren conciencia de su propia fuerza y, deseando cada uno obtener para sí las mayores ventajas, se enciende la discordia interna. De estos estados de guerra nacen las diversas leyes entre los hombres. Así, el derecho de gentes atiende a las relaciones entre los diversos pueblos; las relaciones entre los gobernantes y los gobernados son regidas por el derecho político; y, finalmente, el derecho civil regula las relaciones que los ciudadanos entablan entre sí.

Importa destacar que, para Montesquieu, la razón humana constituye una ley general, uniforme, que gobierna a todos los pueblos, por lo cual las leyes políticas y civiles de cada nación pueden ser concebidas como casos particulares, que aplican los principios generales y abstractos de esa razón única. En tal sentido, ha de distinguirse entre esa ley racional única y las diversas leyes positivas, que son propias de cada pueblo individualmente considerado y que varían de uno a otro, atendiendo a una serie de factores, entre los cuales no deja de señalar el clima del país, la calidad de su territorio, su amplitud, el género de vida llevado por sus habitantes, la religión, los hábitos, etcétera. Este conjunto de factores y las relaciones que se entablan entre ellos dan lugar a lo que Montesquieu denomina *esprit des lois,* que es, justamente, la materia de su magna obra. Es, precisamente, en el prefacio de esta que expresa: *J'ai posé des principes, et j'ai vu les cas particulieres s'y plier comme d'eux-mêmes, les histoires des toutes les nations n'en étre que les suites, et chaque loi particulière liée avec une autre loi ou dépendre d'une autre plus générale* (Montesquieu, op. cit., p. 1). De esta suerte, si bien Montesquieu se asoma al problema de la variabilidad histórica de las instituciones jurídicas, permanece dentro del planteo general del pensamiento iluminista, al sostener que el carácter mutable de los diversos preceptos jurídicos puede reducirse a un conjunto de leyes necesarias y racionales, que se obtienen partiendo deductivamente de ciertos principios, de modo análogo a lo que ocurre con las leyes que determinan el movimiento de los cuerpos físicos. Así, partiendo de la observación empírica de las diversas legislaciones positivas, descubre un principio único, una *raison primitive,* de donde derivar, en última instancia, todas las leyes.

Si ahora pasamos a Rousseau, veremos que el carácter abstracto y genérico de la ley es acentuado. Las leyes son aquí concebidas como expresiones de la voluntad general y, en tal sentido, reconocen su única fuente en ella. Un célebre pasaje de *Du contrat social* expresa en forma clara y sin ambigüedades esta doctrina: *Quand je dis que l'objet des lois est toujours général, j'entends que la loi considère les sujets en corps et les actions comme abstraites, jamais un homme comme individu ni une action particulière* (cfr. Rousseau, *Du contrat social ou principes du droit politique*, Garnier, Paris, 1962, p. 259). Hasta tal punto ello es así, que no duda en afirmar que todo aquello que se refiere a un objeto individual no pertenece al poder legislativo: *toute fonction qui se rapporte à un objet individuel n'appartient point à la puissance législative* (Rousseau, op. cit., p. 259). Ahora bien, esta voluntad general, única fuente de las leyes, es el lugar de encuentro entre las voluntades particulares y la voluntad de la sociedad en su conjunto. No puede identificarse la voluntad general con la voluntad de todos, no nos hallamos frente a una simple suma aritmética. Muy por el contrario, la voluntad general es la voluntad de cada individuo en la medida en que coincida con la voluntad de los otros individuos en cuanto miembros de una única sociedad. La sociedad, según Rousseau, solo resulta posible si existe algún punto acerca del cual todos los intereses particulares coinciden. De allí que la voluntad general puede ser caracterizada como aquella que se refiere al interés común, en tanto que la voluntad de todos no pasa de ser una suma de las diversas voluntades particulares. *On doit concevoir par là que ce qui généralise la volonté est moins le nombre des voix que l'intérêt commun qui les unit: car, dans cette institution chacun se soumet nécessairement aux conditions qu'il imposse aux autres* (Rousseau, op. cit., p. 255).

Las conclusiones que se derivan de esta original concepción revisten particular importancia. En primer lugar, Rousseau señala que, al ser expresión de la voluntad general, la ley no puede ser injusta, toda vez que nadie es injusto hacia sí mismo. Pero, además, las leyes se presentan como garantía de mi propia libertad. En efecto, en la medida en que nos sometemos a ellas, permanecemos libres, por cuanto, no siendo las leyes más que registros de nuestra voluntad, y encontrándose esta representada en la voluntad general al obedecer las leyes estoy obedeciendo, en última instancia, a mi propia voluntad. En cambio, cuando se obedece a un hombre determinado y no a la ley que ha concurrido a formar, estoy obedeciendo a una voluntad ajena. En tal sentido, la ley se exhibe dotada de un contenido ético, como expresión de una voluntad que trasciende el contenido de un mero querer individual y subjetivo.

La finalidad de todo sistema legislativo ha de radicar, según Rousseau, en asegurar la libertad y la igualdad, siendo esta última condición necesaria para la existencia de aquella. Pero estos objetivos generales han de ser alcanzados mediante leyes que respeten la características propias de los países que han de regir, las relaciones que nacen, tanto de las situaciones locales como del carácter de los habitantes. De allí que cada pueblo haya de poseer instituciones jurídicas propias de su idiosincracia (Rousseau, op. cit., p. 269-270).

Como puede advertirse, tanto en Montesquieu como en Rousseau se hace presente cierta ambigüedad cuando intentan precisar sus respectivas nociones de ley. Ambos participan de una visión cartesiana, racionalista, de la realidad, y por tanto no dejan de considerar a las leyes como expresiones de una racionalidad que ha de gobernar la sociedad humana; pero ambos, asimismo, perciben la diferencias existentes entre diversas naciones, y ello les lleva prestar atención al condicionamiento empírico de la obra legislativa. Evidentemente, durante la segunda mitad del siglo XVIII, la influencia del pensamiento empírico inglés se hizo ostensible en la restantes naciones europeas, especialmente en Francia, y ello contribuyó a morigerar el rígido y acabado racionalismo que caracterizara a la centuria anterior; no obstante lo cual los pensadores a que acabo de referirme elaboran sus teorías sobre el horizonte proporcionado por una razón que propone una explicación *more geometrico* de la realidad social.

Si hojeamos las páginas de la *Encyclopedie*, en el artículo *Loi* leemos lo siguiente: *La loi, en général, est la raison humaine, en tant qu'elle gouverne tous les peuples de la terre; et les lois politiques et civiles de chaque nation ne doivent être que les divers cas particuliers où s'applique cette raison humaine.* El pasaje es singularmente esclarecedor. La ley es la razón humana; pero trátase de una razón única invariable, que gobierna a todos los pueblos, y las diversas legislaciones no son concebidas más que como simples aplicaciones de esta razón genérica. En suma, la fuente en que debe buscar su inspiración el legislador es una razón universal y abstracta, que elude las contingencias propias del devenir histórico. Este es el horizonte dentro del cual se moverán los revolucionarios de 1789.

# IX. LOS SUPUESTOS DEL PENSAMIENTO JURÍDICO EN LOS PAÍSES DE HABLA INGLESA*

Al referirse a la Edad Moderna en sus lecciones de filosofía de la historia universal, Hegel no puede dejar de destacar, con cierto asombro, el caso de Inglaterra, país dotado de una fuerte singularidad, que presenta características que lo diferencian de las restantes naciones europeas a las que engloba bajo la denominación genérica de *mundo germánico.* Así, nos dice que a partir del momento en que es conquistado por Guillermo de Normandía, este país goza del singular privilegio de estar ocupado exclusivamente consigo mismo[1]. Y más adelante, refiriéndose al derecho inglés, destaca que en él no se encuentra ningún principio universal, ningún pensamiento determinante. Inglaterra es considerada como el país de la particularidad, de los derechos totalmente concretos[2]. Evidentemente, este apego de la mentalidad inglesa a las singularidades que ofrece la experiencia, esta consideración no sistemática de la realidad, no podía dejar de suscitar en un pensador como Hegel, proclive a las altas abstracciones de la metafísica, un sentimiento en el cual se mezclaban el interés y cierto sentido crítico, que lo llevaba a hablar del atraso en que se hallaba el derecho privado inglés. "Los principios abstractos y universales no dicen nada a los ingleses, ni les pasan de los oídos", manifiesta con un dejo de ironía[3].

* Conferencia pronunciada el 30 de septiembre de 1987 en el Colegio de Abogados de la Ciudad de Buenos Aires, inaugurando el ciclo sobre *El reciente pensamiento jurídico anglosajón,* organizado por la Sección Teoría General de la Asociación Argentina de Derecho Comparado. Publicada originariamente en "Anuario de Filosofía Jurídica y Social", nº 7, Abeledo-Perrot, Buenos Aires 1987, p. 9-45.

[1] Cfr. G. W. F. Hegel, *Lecciones sobre la filosofía de la historia universal,* Alianza Editorial, Madrid, 1982, p. 606.

[2] Cfr. Hegel, op. cit., p. 677-678.

[3] Hegel, op. cit., p. 699.

El pensamiento inglés tiene una raíz empírica e inductiva. Nos encontramos ante un pueblo amante de sus tradiciones, con una especial idoneidad para captar las facetas individuales y peculiares que presentan los diversos fenómenos, con cierto desdén por las abstracciones, que tienden a ser eludidas. Maitland, el gran representante de la escuela histórica del siglo pasado, dotado de una fina sensibilidad literaria que le permitía forjar frases que luego pasaron al acervo común, decía, refiriéndose al comportamiento inglés, que este se caracterizaba por seguir tropezando a su manera empírica y, finalmente, a través de sucesivas equivocaciones, llegar a la sabiduría: *stumbling forward in our empirical fashion, blundering into wisdom.*

Indudablemente, una mentalidad tan singular no podía dejar de producir un derecho fuertemente individualizado. De esta suerte, el mundo occidental se dividió en dos grandes tradiciones jurídicas: la de los países romanistas, que reconocen en la ley la fuente primordial del derecho, e Inglaterra y los restantes países anglosajones, en los cuales el derecho es, ante todo, una elaboración jurisprudencial que reconoce su origen en las antiguas costumbres. En el primer caso, se parte de normas generales y, a través de un proceso deductivo, se llega a las normas individualizadas que son de aplicación a los casos concretos. En cambio, el magistrado británico parte del caso individual, sirviéndose de él para inferir el principio general que ha de ser aplicado. Trátase de dos mentalidades distintas, de dos perspectivas diversas para encarar la realidad jurídica.

La filosofía jurídica anglosajona no puede ser correctamente comprendida si no se parte del conocimiento del derecho dentro del cual el pensador se mueve, de esa realidad ante la cual se maneja, por cuya naturaleza inquiere, cuyos principios intenta develar. Sin esta base, difícilmente podamos comprender los problemas que los juristas se plantean, las soluciones que avanzan, el tipo de razonamientos que ponen en juego. En esta oportunidad me ocuparé, exclusivamente, del derecho inglés, no porque piense que el derecho estadounidense carezca de interés, sino porque ha sido en Inglaterra, durante los largos siglos de su historia, donde se han ido forjando las instituciones y formas conceptuales esenciales de lo que ha dado en llamarse sistema del *common law.*

En pocos derechos como en el inglés podrá verse una compenetración tan íntima entre su realidad actual y su historia. A tal punto ello es así, que más que afirmar que el derecho inglés *tiene* historia en el sentido de que reconoce antecedentes pasados que explican sus instituciones presentes, podríamos decir que este derecho *es* historia, esto es, que gran parte de su acervo pasado se encuentra vigente, continúa operando en la actualidad. Así, es corriente en las sentencias de nuestros días que se invoquen precedentes que ofrecen una antigüedad de siglos; cuando se intenta explicar una determinada institución, las referencias históricas resultan ineludibles; y la persistencia de la tradición torna aconsejable que los juristas prácticos, para la correcta comprensión de los casos a resolver, tengan un conocimiento profundizado de la historia del derecho.

Suele citarse un caso que ofrece un ejemplo muy notorio del influjo del espíritu tradicional en la vida jurídica inglesa. En 1818, Abraham Thornton fue acusado de homicidio y, consiguientemente, se le inició un proceso criminal. El acusado arrojó al acusador un guante de desafío, retándolo a un duelo judicial. Este tipo de argumentación tratábase de una supervivencia medieval que desde hacía cinco siglos no era utilizada; pero como para los ingleses las leyes no pierden su vigencia por el desuso ni por los cambios jurisprudenciales, el juez se halló en una situación embarazosa, toda vez que no podía exigir la realización del duelo en contra de la voluntad del acusador. Tal circunstancia llevó a que este, finalmente, desistiera de la demanda. Fue necesaria la posterior sanción de una ley para derogar la norma medieval[4].

En todo caso, la base histórica y el apego de los juristas británicos a sus tradiciones se hace muy sensible al visitante extranjero que contemple en los juicios las formalidades que se observan, las vestimentas de jueces y abogados –pelucas, togas, peluquines–, y que recorra los *Inn* de la ciudad de Londres, contemplando sus viejos edificios, esas arcadas y galerías gastadas por el tiempo, los antiguos comedores donde aún se reúnen los *barristers,* las viejas capillas, entre las que se destaca la de *Inner Temple,* que data de la Edad Media y es custodiada por la congregación de juristas en virtud de una disposición proveniente de tiempos de Jacobo I.

Por ello, nada mejor para introducirnos en este sistema jurídico que bosquejar, en términos generales, su origen y evolución. Ello nos permitirá comprender las bases sobre las cuales se asienta un pensamiento tan peculiar, que en las últimas décadas se ha desarrollado de tal suerte que, por la riqueza y profundidad de sus planteos, se torna en un dato ineludible dentro de las tendencias filosófico-jurídicas de nuestro tiempo.

* * *

Durante la segunda mitad del siglo v, una serie de tribus germanas –anglos, sajones, jutios– fueron estableciéndose en Inglaterra y desalojando a

[4] Cfr. Gustav Radbruch, *El espíritu del derecho inglés,* Revista de Occidente, Madrid, 1958, p. 22-23.

los primitivos britanos, quienes se replegaron en la región de Gales y en la Bretaña continental. Así, fue constituyéndose un conjunto de pequeños reinos, cuya organización social y jurídica se basó en las costumbres imperantes en cada uno de ellos.

Las primeras leyes escritas que han llegado a nosotros fueron dictadas por Etelberto, rey de Kent, hacia el año 600. En ellas, ya es dable advertir un rasgo peculiar de la legislación de este monarca, que la singulariza frente a las restantes legislaciones de los pueblos germanos asentados en el continente: mientras estas aparecen escritas en latín, las leyes de Etelberto, al igual que todas las que dictaran los monarcas anglosajones, utilizan el dialecto cotidiano. Tal vez la necesidad de un derecho escrito fue sentida en esa época, por vez primera, al contacto de la misión de Agustín, quien, en 597, convirtió el reino al cristianismo, ayudándose, para ello, en la circunstancia de que la reina Bertha, mujer de Etelberto, era de origen franco y participaba de esa creencia. Aún en nuestros días, las murallas de Canterbury, capital de Kent, conservan la puerta a través de la cual, según tradición, la reina se dirigía a la pequeña iglesia de St. Martin, ubicada fuera del recinto amurallado, a fin de cumplir con sus plegarias diarias[5]. Se ha deslizado la posibilidad de que alguna colección de cánones haya servido de modelo a ese primer cuerpo de leyes. En tal sentido, un siglo más tarde, Beda afirmará que Etelberto puso sus leyes por escrito inspirándose en el ejemplo de los romanos, *iuxta exempla Romanorum*[6].

La actividad legislativa de los monarcas anglosajones se desarrolla a partir de esa época. Así, entre los sucesores de Etelberto, podemos mencionar a Hlothar y Eadric, quienes nos han dejado un cuerpo de leyes que data de 680, aproximadamente, y Wihtraed, quien dicta sus leyes hacia el año 700. La actividad legislativa no se reduce al reino de Kent y, de esta suerte, hacia 690, Ine, rey de Wessex, también publica un conjunto de leyes. Poseemos, asimismo, referencias de unas leyes dictadas por Offa, rey de Mercia, fallecido en 756, cuyo texto no ha llegado hasta nosotros.

5 Acerca de la conversión de los ingleses al cristianismo y de los primeros pasos de la Iglesia en este país, puede consultarse la obra de Dorothy Whitelock, *The Beginnings of English Society*, Harmondsworth, Penguin Books, 1981, p. 155-188. Ver, asimismo, John Blair, "The Anglo-Saxon Period (c. 440-1066)", en *The Illustrated History of Britain,* editado por Kenneth O. Morgan, Oxford University Press, 1986, p. 67-71.

6 La misión de Agustín y la influencia de su prédica en la corte de Etelberto es materia de un minucioso relato por parte de Beda. Cfr. Bede, *A History of the English Church and People,* Penguin Books, Garmondsworth, 1979, p. 66-107.

Ahora bien, estas leyes encuéntrase lejos de constituir ordenamientos legales similares a nuestros códigos modernos, que pretenden legislar las instituciones básicas de la sociedad. Muy por el contrario, trátase de disposiciones que norman aspectos circunstanciales de la vida jurídica del reino y cuyo papel puede ser correctamente comprendido sobre la base del derecho consuetudinario local que le sirve de fondo[7]. Así, por ejemplo, en el comienzo de las leyes de Wihtraed leemos: "En el reinado del más clemente rey de los hombres de Kent, Wihtraed, se reunió una convención deliberativa de los grandes hombres: estuvo Birhwald, Arzobispo de Bretaña, el mencionado rey y el Obispo de Rochester, de nombre Oybmund; y todos los grados de la Iglesia de aquella provincia hablaron en unión con el obediente pueblo. Allí los grandes hombres decretaron estas leyes (*dooms*) con el beneplácito de todos y las añadieron a las leyes consuetudinarias de los hombres de Kent"[8]. Podemos advertir cómo las leyes no provienen únicamente del arbitrio del rey, sino que este las adopta consultando el parecer de las personalidades del reino, y, además, que no componen un conjunto autónomo, sino que constituyen una serie de normas específicas que se agregan al derecho consuetudinario local. Casi dos siglos después, Alfredo el Grande, dentro de idéntico espíritu tradicionalista, se reconoce, al dar sus leyes, heredero de la tradición anterior, especialmente de la legislación de Ine, Offa y Etelberto[9].

[7] En tal sentido, Frederick Pollock no duda en afirmar: *Like all written laws, the Anglo-Saxon dooms have to be interpreted in the light of their circumstances. Unluckily for modern students, the matters of habit and custom which they naturally take for granted are those of which we now have least direct evidence. A large part of them is filled by minute catalogues of the fines and compositions payable for manslaughter, wounding and other acts of violence* [...] *On the whole the Anglo-Saxon written laws, though of priceless use to students of the times, need a good deal of circumspection and careful comparison of other authorities for using them aright. It is altogether misleading to speak of them as codes, or as if they were intented to be a complete exposition of the costumary law* (cfr. F. Pollock, "English Law before the Norman Conquest", en *The Expansion of the Common Law,* Stevens and Sons, London, 1904, p. 148). Entre los diversos estudios consagrados al derecho anglosajón, pueden verse, para una visión de conjunto, F. W. Maitland, *The Constitutional History of Britain,* Cambridge University Press, 1977, p. 1-6 y 39-47; y Dorothy Whitelock, op. cit., p. 134-154.

[8] Cfr. F. W., Maitland, op. cit., p. 8.

[9] *(Int. 49.9) Then I, King Alfred, gathered them together and ordered to be written many of the ones that our forefathers observed those that pleased me; and many of the ones that did not please me I rejected with the advice of my councillors, and commanded them to be observed in a different way. For I dared not presume to set down in writing at all many of my own, since it was unknown to me what would please those who*

Como señalé anteriormente, estas leyes no pretendían cubrir todas las situaciones conflictivas que pudieran darse en el seno de la vida social, sino tan solo aquellas materias a las cuales el monarca asignaba una importancia mayor. Así, se buscaba, en primer lugar, la preservación de la paz, razón por la cual se forzaba a quien hubiese sufrido una injuria o a su familia a no tomar represalias, y aceptar una compensación monetaria que era cuidadosamente regulada, asignando una tarifa especial a cada parte del cuerpo que pudiese ser lesionada. También se multaba a quienes no cumpliesen sus deberes públicos, tales como ayudar en la persecución de ladrones y asesinos, etcétera. Pero respecto del régimen de las herencias, contratos, propiedad, nada se establecía, quedando regulados todos estos aspectos por el derecho consuetudinario local.

A partir de Alfredo el Grande y a lo largo de los siglos X y XI, se da una nutrida actividad legislativa por parte de diversos reyes anglosajones –Edward el Mayor, Aethelstan, Edmundo, Edgardo y Ethelred– la cual desemboca, finalmente, en las leyes dictadas por Canuto, monarca danés que reinó entre 1017 y 1035, las que testimonian una acentuada evolución jurídica y abren camino al derecho feudal. El principio de personalidad de las leyes es reemplazado por el principio de la ley territorial, si bien el derecho permanece siendo local, diverso en las distintas regiones, no obstante haberse logrado la unidad política.

* * *

La conquista normanda de 1066 abre un nuevo período de la historia inglesa y tendrá un influjo determinante en la evolución de su derecho; pero sería erróneo suponer que el antiguo derecho anglosajón fue desplazado totalmente por el nuevo derecho normando. Ante todo, Guillermo el Conquistador pretendió reinar sobre Inglaterra como sucesor de Eduardo el Confesor y, en tal sentido, señaló explícitamente la supervivencia del derecho anterior: "Esto yo deseo y ordeno: que todos se sujeten y observen la ley del rey Eduardo en lo que respecta a las tierras y a todas las otras cosas con estas adiciones que yo he establecido para el

*should come after us. But those which I found either in the days of Ine, my kingsman, or of Offa, king of the Mercians, or of Aethelberht (who first among the English people received baptism), and which seemed to me most just, I collected herein, and omitted the others* (cfr. *Alfred the Great. Asser's "Life of King Alfred" and Other Contemporary Sources,* traducido con una introducción y notas por Simón Keynes y Michel Lapidge, Penguin Books, Harmondsworth, 1984, p. 164). Puede verse, en dicha edición, un extracto de las leyes de Alfredo, p. 163-170.

bien del pueblo inglés"[10]. Por su parte, Enrique I, al ascender al trono en 1100, expresa: "Yo les entrego nuevamente el derecho del rey Eduardo con todas las mejoras merced a las cuales mi padre lo mejoró por el consejo de sus barones"[11]. Es preciso advertir que no poseemos ninguna ley emanada de Eduardo el Confesor, lo cual nos lleva a concluir que las referencias que tanto Guillermo el Conquistador como Enrique I hacen a la legislación de este monarca, significan una referencia al antiguo derecho anglosajón vigente con anterioridad a la conquista normanda. De esta suerte, podemos advertir, nuevamente, el sentido tradicionalista y conservador que presidirá la íntegra historia del derecho inglés.

La conquista normanda llevó al país una experiencia administrativa centralizadora, que se refleja en el carácter del feudalismo que se instala en Inglaterra por ese entonces. Los señores normandos, encontrándose en un país ocupado, cuyos habitantes les eran desconocidos y que, incluso, hablaban una lengua distinta de la de ellos, sintieron la necesidad de permanecer estrechamente unidos a su rey, y ello explica el carácter fuertemente centralizado del feudalismo inglés, que lo diferencia de la organización feudal de los países continentales europeos de su tiempo. Guillermo I, al dividir las tierras entre sus seguidores, tuvo especial cuidado en asegurar su supremacía sobre todos ellos, razón por la cual no constituyó ningún feudo poderoso que pudiese implicar un peligro para su poder. Este carácter centralizador va a ser un elemento esencial, que explica el rápido desenvolvimiento del *common law,* esto es, del derecho común o *comune ley,* como se lo denominaba en el dialecto normando. A partir de esta época, el *common law,* el derecho común a todo el reino, irá desarrollándose paulatinamente a expensas de las costumbres locales.

Ahora bien, esta transformación no se opera bruscamente, sino que sigue la línea de lento autodesenvolvimiento que caracteriza toda la historia inglesa, en la cual unas instituciones van surgiendo de otras, sin cortes, imponiendo leves variaciones que aspiran a conservar el espíritu tradicional.

La división de Inglaterra en *shires* es anterior a la conquista normanda y responde, en la mayoría de los casos, a los reinos que tuvieron existencia independiente con anterioridad a la unificación política de la isla; en otros, una extensa región fue subdividida en *shires* siguiendo el ejemplo de la organización existente en los antiguos reinos. Cada *shire*

[10] Cfr. F. W. Maitland, op. cit., p. 7.

[11] Cfr. F. W. Maitland, op. cit., p. 8.

tenía su corte de justicia, denominada *shire moot,* presidida por el *ealdorman,* que era designado por el rey y la asamblea nacional. Con posterioridad, el título de *ealdorman* dio origen al de *earl* y el oficio tendió a convertirse en hereditario[12]. El *shire moot* se reunía dos veces por año y estaba integrado por todos los hombres libres del *shire.* También formaba parte de esta asamblea el *sheriff,* que representaba a la autoridad real y defendía sus intereses.

Con la conquista normanda no desaparece el *shire moot;* pero se dan transformaciones que acentúan el poder real sobre el ejercido por el *earl,* quien tradicionalmente era el caudillo, el jefe principal de la región. El *shire* se transforma en *county* y el título de *earl,* si bien es hereditario y entraña, en muchas ocasiones, la posesión de vastas extensiones territoriales, pierde gran parte de su poder político frente a los *sheriffs* que, en su carácter de funcionarios de la corona, serán, en última instancia, los verdaderos gobernantes de los *counties* y presidirán la *county court,* sucesora del *shire moot.* Estas *county courts* hallábanse integradas por los terratenientes libres, con lo cual la propiedad de la tierra se transformó en requisito esencial para ingresar a la asamblea, siguiendo el principio feudal de acuerdo con el cual todos los derechos públicos reconocen su origen en la posesión de aquella. De más está decir que las *county courts,* presididas por el *sheriff,* jugaron un papel político importante para limitar el poder de las cortes feudales: ante la declaración formulada por un interesado en el sentido de no obtener justicia en el tribunal del señor feudal, el monarca podía ordenar la intervención del *sheriff* y derivar el caso hacia la *county court.* Este tribunal recién perderá gradualmente su importancia, como veremos, ante el desarrollo posterior de las cortes reales.

Con anterioridad a la conquista normanda, cada *shire* se encontraba dividido en los llamados *hundreds*, siguiendo una tradición que se remonta a la época de las invasiones germánicas. En aquellos tiempos, las tribus se dividieron, atendiendo a necesidades militares, en grupos de cien guerreros que, al afincarse en las islas británicas, dieron origen a los *hundreds.* Así, en Leicestershire hubo cinco *hundreds;* en Cambridgeshire, dieci-

[12] En tal sentido, Dorothy Whitelock expresa que, *sometimes in the eighth century ealdormen belong to the family that had ruled the province as kings before its absorption into a larger kingdom. Most often they were drawn from the king's thanes. Their office was not hereditary, but it became usual in he tenth century to choose ealdormen from a few outstanding families, and the same ealdormanry frequently remained in one family for more than one generation* (cfr. Whitelock, op. cit., p. 78). Al respecto, puede verse, asimismo, Maitland, op. cit., p. 39-40.

siete; en Kent, sesenta y tres. En algunas regiones, como Yorkshire y Lincolnshire, el distrito tomó el nombre de *wapentake* en lugar de la tradicional designación de *hundred.* Posiblemente, dicho nombre responda al hecho de que, en las antiguas asambleas, los guerreros expresaban su conformidad golpeando sus armas. Cada *hundred* tuvo su propio tribunal, el *hundred moot,* luego llamado *hundred court,* que se reunía doce veces por año y cuyas funciones, según parece, consistían en actuar como una suerte de primera instancia judicial antes de que el interesado pudiese presentarse al *shire moot*[13].

Con posterioridad a la conquista normanda, fueron adquiriendo cada vez mayor relevancia las cortes de los señores feudales (*manorial courts*), que se reunían en el *hall* de los respectivos castillos y aplicaban las costumbres locales en todos los conflictos vinculados con la tenencia de tierras. Las *manorial courts,* al igual que las *shire courts* y las *hundred courts,* basaban sus decisiones en las costumbres de la región, sin que existiera un derecho unificado para todo el reino. Estas cortes fueron perdiendo gradualmente su competencia, durante los siglos XII y XIII, a raíz de la progresiva concentración del poder judicial en la esfera de las cortes reales.

Las cortes reales, en las cuales fue elaborándose el *common law,* el derecho común a toda Inglaterra, comenzaron teniendo una competencia muy restringida. La intervención real quedaba reducida a casos excepcionales, cuya importancia manifiesta resultaba evidente dentro de la organización social y política de la época. Así, la *Curia regis* aparece como un cuerpo en el cual el rey, asistido por los grandes del reino y sus servidores más próximos, dicta las normas que han de ser obedecidas por todos los súbditos. Ahora bien, de la *Curia regis* van a ir desprendiéndose, a partir del siglo XII, diversos cuerpos de funcionarios, con su competencia individualizada, que cobran una relativa autonomía. Así se origina el Parlamento y diversas cortes de justicia que acompañan al rey en sus viajes y finalmente se instalan, en forma definitiva, en Westminster[14].

[13] Cfr. Maitland, op. cit., p. 44-46. Al respecto, y destacando la función cumplida por los *hundreds*, Dorothy Whitelock sostiene: *In the tenth century there appears to have been a reorganization by which the land was divided into areas called "hundreds" (except in the northern Danish counties, where the term used is "wapentake"), which had a court that met every four weeks, while above this there was a shire-moot, which met twice a year. A law of Cnut's suggests that appeal can be made from the hundred to the shire, for it forbids recourse to self-help until justice has been refused three times in the hundred and once in the shire* (cfr. Whitelock, op. cit., p. 137-138).

[14] Cfr. Doris Mary Stenton, *English Society in the Early Middle Ages*, Penguin Books, Harmondsworth, 1985, p. 22. Más adelante, señalando la importancia de los

Estas intervienen, en un comienzo, en tres tipos de causas: las que interesan a las finanzas reales, las que se refieren a la propiedad inmobiliaria y las concernientes a los asuntos criminales cuya gravedad es susceptible de poner en peligro la paz del reino. De esta suerte, nacieron la corte del *Exchequer,* la *Court of Common Pleas* –cuyos jueces, según nos relata la *Gesta' Heinrici II,* debían *audire omnes clamores regni*– y la *Court of King's Bench,* cuya designación aludía a la circunstancia de que, en principio y atento a la importancia de los asuntos tratados, los jueces deliberaban en presencia del monarca. La competencia de estas cortes, excepcional en un comienzo, fue expandiéndose paulatinamente, de suerte que, al finalizar la Edad Media, podría decirse que eran las únicas instancias judiciales existentes, toda vez que los tribunales locales, al igual que los feudales, habían desaparecido.

Ahora bien, estas cortes reales tuvieron en su inicio, tal como destacamos, una competencia reducida, excepcional. Recurrir a ellas constituía un privilegio. Quien deseaba comparecer antes estos tribunales debía dirigirse al canciller, para que este expidiera un *writ* que habilitase a las cortes reales para entender en el caso. Podía, asimismo, solicitarse directamente, por medio de una querella, de una *billa,* dirigida a los jueces, que estos entendiesen en la disputa, para lo cual habían de desarrollarse argumentaciones que convencieran a los magistrados de la justicia del pedido. Claro está que ni el canciller ni los jueces podían aceptar libremente la intervención de las cortes reales. Como dijimos, estas tenían una jurisdicción excepcional, lo que explica que los *writs* eran acordados *brevis decursus*, esto es, automáticamente, en casos muy especiales, y estos casos fueron aumentando lentamente: en 1227 existían cincuenta y seis fórmulas modelos; en 1832 solo llegaban a setenta y seis.

En esta lenta expansión fueron utilizadas distintas vías. Entre ellas, podemos recordar el *Statute of Westminster II*, de 1285, que autorizó al canciller a expedir *writs in consimili casu*, cuando una petición guardaba estrecha semejanza con otras anteriores que hubiesen tenido favorable acogida. Otro camino, como vimos, consistía en presentarse directamente a las cortes reales exponiendo detalladamente el caso y solici-

jueces reales en la configuración del *common law*, dice: *The regular appearance of royal judges made it worthwhile to use the writs which initiated suits before them. The work of these judges, whether they were sitting in what was by this date called the Bench at Westminster, or were itinerant in the shires, was creating a new source of income for the Crown and adding very considerably to the work of the Exchequer. More important than the financial aspect of their work was their influence on the common law of England which they were daily making in their courts* (op. cit., p. 46-47).

tando a los jueces que, en atención a las características de este, quisieran entender en la acción. Estas acciones nuevas, en las cuales los jueces reales admitieron su competencia, recibieron el nombre de acciones *super casum* o acciones *on the case,* y su número fue experimentando un lento crecimiento[15].

La forma de cada acción encontrábase detalladamente regulada y dependía de cada *writ.* Aun las acciones *super casum* que, como vimos, eran las admitidas directamente por los propios jueces, regulaban su procedimiento siguiendo las pautas fijadas para el *writ* que se estimase más vinculado con la materia debatida. El interés primordial del querellante consistía en que se admitiese la competencia de las cortes reales para entender en su demanda y, una vez logrado esto, continuar un procedimiento extremadamente formalista hasta llegar a la decisión final. Ello explica la prevalencia cobrada por el derecho procesal frente al derecho sustantivo, de fondo. Las reglas relativas a los derechos y obligaciones de cada individuo tuvieron, dentro del *common law*, un desarrollo tardío. Los juristas ingleses concentraron su interés en las cuestiones procesales, a tal punto que Henry Maine pudo sostener, acertadamente, que el derecho inglés se presentaba como una secreción escapada por los intersticios del procedimiento. Ello explica que, a fines del siglo XII, Glanvill expusiera el derecho inglés trazando un cuadro de los diversos *writs* que hacían admisible el procedimiento ante las cortes reales y que análoga tesitura adoptara Bracton en los inicios de la centuria siguiente. Incluso los *Year Books*, que entre 1290 y 1536 hacen la crónica del derecho inglés, no es raro que omitan la solución dada a los diversos litigios, centrando siempre su atención en cuestiones de procedimiento.

Si prestamos atención a la génesis y desenvolvimiento de la doctrina de los contratos podremos ver, en el caso de una institución jurídica fundamental, cómo ella se va conformando lentamente en estrecha vinculación con la transformación de las diversas instancias procesales. En un comienzo, esta materia era exclusiva competencia de los tribunales eclesiásticos, comerciales o municipales. Solo merced a un desenvolvimiento gradual, se logró la paulatina admisión de la materia contractural ante las cortes regias de Westminster. Para ello, se utilizaron diversos subterfugios. En primer lugar, el *writ of detinue*, merced al cual se hace

[15] Una sintética visión acerca de la competencia asignada a las cortes reales y su progresiva expansión puede verse en René David, *Les grands systèmes de droit contemporains,* Dalloz, Paris, 1978, p. 325-328. Para un desarrollo más amplio, puede consultarse Adriano Cavanna, *Storia del diritto moderno in Europa,* Giuffrè Editore, Milano, 1979, p. 495-522.

comparecer al depositario, al locatario, a quien ha tomado algo en préstamo, etcétera; pero no en virtud de un contrato incumplido, sino porque mantiene la posesión de una cosa ajena sin justo título. También se recurrió al *writ of debt*: aquí nos hallamos ante el caso de una persona que, mediante un documento escrito con ciertas formalidades, se ha obligado a ejecutar una promesa; la comparecencia ante el tribunal se basa en que esa persona ha reconocido formalmente ser deudora, pero se está lejos de indagar si esa manifestación escrita entraña un real consentimiento, un contrato previo. Hubo otros *writs* merced a los cuales se fueron llenando vacíos procesales en la materia; pero, indudablemente, el desarrollo del derecho contractual inglés se dio a través de la evolución de un *writ* específico, el *writ of trespass*, que en sus orígenes asumía las notas de una acción penal ante un hecho violento, violatorio *vi et armis* del orden público y de la paz real. La violencia en cuestión podía haber sido ejercida contra la persona del actor (aprisionándolo, provocándole lesiones corporales, etcétera), contra una cosa mueble, o contra un inmueble, violando los confines de una propiedad. Así, en este último caso, se citaba a la persona acusada *ostensurus quare vi et armis clausum ipsius a* [...] *fregit et blada sua ibidem crescentia falcavit* [...] *et alia enormia ei intulit ad gravem damnum ipsius A et contra pacem nostram*[16]. Cabe destacar que las fórmulas empleadas no siempre se ajustaban a los hechos reales, toda vez que, muchas veces, la violación de los límites del inmueble no se hacía en forma violenta ni se empleaban armas. Esto señala una evolución en el *writ of trespass*: las cortes de Westminster comienzan a examinar la posibilidad de resarcimiento ante un hecho que, a pesar de no haber sido violento, justificase un tratamiento análogo al del *trespass*. Esta extensión fue realizada muy cautamente y un uso más generalizado de ella recién lo hallamos hacia fines del siglo XV. Se comenzó sancionando los casos de cumplimiento defectuoso (*misfeasance*), esto es, aquellos en que el contratante había ejecutado mal un contrato, circunstancia que había derivado en un daño a la persona o a un bien de la contraparte. La primera aparición de una acción de esta naturaleza se remonta al año 1309 y se refiere al caso de un locador acusado de no haber custodiado con la debida diligencia los bienes de su huésped, que habían sido robados. Otra de las primeras controversias por las cuales se hizo lugar al *trespass on the case* se suscitó ante la demanda de una persona cuyo caballo había muerto por negligencia del veterinario. Todos estos casos se consideraron como actos ilícitos causantes de

[16] Cfr. Cavanna, op. cit., p. 517.

un daño, con lo cual el punto de vista adoptado era netamente extracontractual. Tuvo que pasar un siglo para que comenzara a ser reconocida la validez jurídica del acuerdo entre partes en los casos de non *feasance*, esto es, de incumplimiento contractual. En ello jugó un papel relevante la llamada acción de *assumpsit*, que se originó en el *King's Bench* a comienzos del siglo XVI. En el *writ* respectivo, se expresaba que el citado había asumido una determinada obligación que, al no haber sido cumplida o al haberlo sido en forma defectuosa, había ocasionado un daño al actor. Aquí nos enfrentamos con una típica acción por daño que ya es de naturaleza contractual, no delictual: el demandado no ha respetado las reglas convenidas con la contraparte y ello constituye el fundamento de la demanda. Podemos dar como ejemplo el caso de una persona citada *ostensurus quare cum idem B ad dextrum oculum ipsius A... bene et competender curandum* [...] *pro quadam pecuniœ summa prœ manibus soluta assumpsisset, idem B curam suam circa oculum praedictum tam negligenter et improvide apposuit, quod idem* A *defectu ipsius B visum oculi totaliter amisit, ad damnum ipsius* A *viginti librarum ut dicit*[17].

Claro está que la acción de *assumpsit* conservaba características propias del antiguo *writ of trespass* y, de esta suerte, si bien podía obtenerse a través de ella el resarcimiento del daño ocasionado, no resultaba viable exigir el cumplimiento de la obligación contractual originaria. Con ello, puede advertirse en qué medida la perspectiva extracontractual del antiguo *writ of trespass* se encuentra presente y actuante en la nueva acción de *assumpsit.* Hasta tal punto las formas del antiguo derecho condicionan el desenvolvimiento posterior que, aun en nuestros días, el *common law*, ante un incumplimiento contractual, no reconoce otra sanción que el resarcimiento, debiendo recurrir quien desee obtener la ejecución forzada a la vía de la *equity.*

Ahora bien, es preciso recalcar que la acción de *assumpsit*, en un comienzo, solo fue viable en aquellos casos en que el demandado hubiese asumido expresamente la obligación de efectuar el comportamiento a que se obligaba mediante contrato. La situación solo varió a partir de 1602, cuando, en el célebre *Slade's case,* se resolvió que todo contrato ejecutivo implica por sí un *assumpsit*, por considerarse que todo acuerdo lleva implícita la obligación de ejecutar lo prometido. Así, como una derivación del *assumpsit*, tuvo su origen lo que se denominó *indebitatus assumpsit.*

[17] Cfr. Cavanna, op. cit., p. 519.

El breve desarrollo que acabamos de efectuar acerca del desenvolvimiento del derecho inglés en materia contractual, nos permite advertir claramente cómo las formas de acción se encuentran en el origen de las categorías jurídicas inglesas y contribuyen, en modo decisivo, a dar forma al peculiar perfil que asume este sistema de derecho. Nada más alejado de un desenvolvimiento de las instituciones siguiendo pautas puramente racionales. Aquí imperan las sinuosidades de la experiencia que va siendo adquirida, paulatinamente, en la práctica tribunalicia. Al respecto, Maitland decía, acertadamente, que las formas de acción, no obstante haber sido abolidas, aún gobiernan desde sus tumbas el desarrollo del derecho inglés[18]. Así, las peculiaridades históricas que acabamos de destacar explican que en la noción inglesa de contrato solo hallen cabida aquellos contratos que, hasta mediados del siglo XIX, habían sido sancionados por la acción de *assumpsit*, no estando incluidos ni los contratos a título gratuito ni los contratos de *bailment*, tales como el depósito, el préstamo de uso, etcétera, en los cuales ha de restituirse una cosa de la cual el demandante ha continuado siendo propietario.

* * *

El *common law* había ido desarrollándose en estrecha dependencia de un procedimiento riguroso y formal, no obstante lo cual, como tuvimos oportunidad de destacar, se había convertido en un instrumento flexible y maleable, que permitía dar un adecuado tratamiento jurídico a las diversas necesidades y controversias de la sociedad. De esta suerte, durante el siglo XIII, había logrado una notable expansión, merced a la sutil multiplicación de variados mecanismos procesales. Ahora bien, a partir del siglo XV comienza a perder esta potencialidad creadora: el sistema se esclerosa y va fijándose en formas y esquemas rígidos. El *common law* se va consolidando en un número definido de acciones y fórmulas que no admiten nuevas ampliaciones en el campo de su aplicación. Así es como cada vez se torna más dificultosa la obtención de *writs* innovadores. La tendencia predominante de las cortes reales se vuelca hacia la utilización de los remedios procesales en uso y solo en casos muy excepcionales una nueva acción obtiene su reconocimiento. Esta situación, agravada por la progresiva declinación y desaparición

[18] Cfr. F. W. Maitland, *Forms of Action at Common Law*, Cambridge University Press, 1948, p. 2.

de las jurisdicciones locales, provocó la necesidad de buscar nuevas vías para asegurar el desarrollo jurídico de la comunidad[19].

La tradición medieval que veía en el rey a la fuente de toda justicia, abrió camino a nuevas soluciones. Quienes no podían obtener justicia de las cortes reales porque su caso no era contemplado por el *common law,* al igual que quienes no se encontraban conformes con la solución dada por los mencionados tribunales, podían dirigirse al rey para que resolviese conforme a la conciencia y sobre la base de un ideal ético más alto que los principios jurídicos que regían los tribunales ordinarios. A partir del siglo XIV, los recursos directos ante el *King's Council* se fueron haciendo más frecuentes. Las presentaciones se efectuaban ante el canciller, funcionario eclesiástico de gran importancia, que era el confesor y director de conciencia del monarca, y quien, en caso de juzgarlo viable, remitía la petición al rey, quien resolvía el caso en el seno de su Consejo. Ahora bien, ante el número creciente de solicitudes y la difícil situación política por la que atravesaba el país, envuelto en la Guerra de las Dos Rosas, el Consejo fue delegando estas funciones en el canciller. De esta suerte, durante el siglo XV, el canciller se fue constituyendo en un juez autónomo, que resolvía los casos planteados directamente, en nombre del rey y del Consejo, conforme a principios de equidad que introducían modificaciones en el derecho escrito que aplicaban las cortes reales. Así surgió la *Court of Chancery,* como un nuevo desprendimiento del *King's Council.* Si bien el canciller no podía imponer a las cortes del *common law* una solución determinada, sus poderes eran

19 Refiriéndose a este período, Paul Vinogradoff nos dice que *towards the middle of the fourteenth century, the common law was in danger of becoming entangled in professional technicalities and losing touch with the social requirements of the nation. The free handling of legal institutions, the creative power of leading judges in framing and developing rules of law, began to degenerate; the rigid framing of the writs and the sophistic methods of pleading hampered the great progressive movement which had given birth to the remarkable jurisprudence of the Courts of Henry III and of Edward I. The "actions on the case" inaugurated by the Statute Westminster II had not quite borne the fruits which might have been expected from this form of procedure. lt was at this critical period that the Court of Chancery came forward with fresh impulses, under the influence of the foreing learning of Canon and of Roman Law, and supported by the recognition of conscience as one of the sources of legal action* (cfr. Paul Vinogradoff, *Common-sense in Law,* Aamo Press, New York, 1975, p. 215-216). Acerca del nacimiento de la *equity,* puede consultarse, entre otras obras, F. W. Maitland, op. cit., p. 222-226; Pollock, op. cit., p. 67-70. Para una visión panorámica de las condiciones sociales de la época, S. T. Bindoff, *Tudor England,* Penguin Books, Harmondsworth, 1983; John Guy, "The Tudor Age (1485-1603)", en *The Oxford Ilustrated History of Britain,* op. cit., p. 223-285.

ejercidos en un vasto campo, constituido no solo por los innumerables casos no tutelados por el *common law*, sino también por la posibilidad de suspender, a petición de parte, la ejecución de una sentencia ya dictada y sustituirla por una decisión suya considerada más equitativa. Ahora bien, en la medida en que las intervenciones de la *Court of Chancery* se fueron haciendo más frecuentes, los jueces del *common law* comenzaron a temer que la *equity* redujera su competencia en términos tales que las cortes reales pudieran desaparecer. Así quedó planteado un conflicto entre ambas jurisdicciones. Los jueces del *common law* se consideraron defensores de la tradición jurídica del país, señalando sus nexos con las antiguas costumbres del reino y su independencia frente al poder de la corona.

El siglo XVI fue testigo del rápido desarrollo de la *Court of Chancery*. El canciller, desde que el cardenal Thomas Wolsey fuera destituido en 1529, ya no fue un funcionario eclesiástico, sino que se buscó, casi siempre, a un jurista de renombre. Piénsese que el cargo fue ocupado por personalidades del relieve de Thomas More y Francis Bacon. Los principios procesales aplicados por la *Court of Chancery*, inspirados en gran parte en el derecho canónico, presentaban gran diferencia con los que regulaban el desarrollo de las acciones en las cortes del *common law*. Los Tudor, con su política absolutista, hallaron en la nueva jurisdicción de la *equity* un camino apropiado para la ampliación de las prerrogativas reales. Así, el procedimiento empleado por la *Court of Chancery* era escrito, secreto, asumía formas inquisitorias; diferenciándose, como puede advertirse, del seguido por las tradicionales cortes de Westminster, en el que se utilizaba el *jury*, con audiencias públicas. Se pretendió dar primacía al derecho romano, inspirador de las normas del derecho canónico, cuyos principios resultaban, en muchos casos, adecuados para fundamentar la política absolutista preconizada por monarcas como Enrique VIII, María e Isabel I. Así, en el *Digesto*, se hallaban diversas expresiones que secundaban la teoría del poder absoluto del monarca: *Princeps legibus solutus est. Quod principi placuit, legis habet vigorem.* Cabe recordar que, en las universidades de Oxford y Cambridge, Enrique VIII nombró un cuerpo de profesores, los *regii profesores*, encargados de enseñar las materias vinculadas al derecho romano, con lo cual se intentó ampliar el influjo de las doctrinas y procedimientos continentales en el seno de la vida jurídica inglesa[20].

[20] Sobre las relaciones entre el common *law* y el derecho romano puede consultarse Paul Vinogradoff, *Roman Law in Medieval Europe,* Speculum Historiale, Cambridge,

El conflicto planteado entre la *Court of Chancery* y las tradicionales cortes del *common law* no tardó en transformarse en un conflicto político. El advenimiento de los *Stuart* y la oposición parlamentaria a la política absolutista de estos monarcas llevó a que las disputas entre la jurisdicción del *common law* y la jurisdicción de la *equity* se convirtieran en una verdadera batalla en la cual los partidarios del *common law*, unidos al Parlamento, se presentaron como defensores de la legalidad y de la tradición jurídica del reino frente a la voluntad arbitraria del monarca.

Le correspondió a Sir Edward Coke, desde su cargo de *Chief justice* de la *Court of Common Pleas,* convertirse en la voz más autorizada entre los defensores del *common law.* El 10 de noviembre de 1612, Jacobo I citó a los jueces a su corte con el fin de resolver un conflicto suscitado entre la *Court of Common Pleas* y un tribunal real de reciente creación, cuyos fallos se apartaban de los principios del *common law.* En dicha sesión, el Arzobispo de Canterbury, fundándose en las Sagradas Escrituras, sostuvo que los jueces no eran más que delegados del rey, por lo cual este podía juzgar, por sí o por sus delegados, según quisiera, cualquier causa. Coke, oponiéndose a esta teoría, afirmó que las causas civiles y penales debían ser juzgadas por las cortes y no por el rey, y que aquellas debían ajustarse en sus sentencias a las leyes y costumbres del reino. Como Jacobo I advirtiera que las leyes se fundan en la razón y que él se encontraba dotado de tanta razón como la que pudieran tener los jueces, Coke replicó que el monarca había recibido de Dios la razón natural, pero no el conocimiento de las leyes del reino; y, a continuación, agregó que las causas concernientes a la vida, la herencia, los bienes y las fortunas de los súbditos no habían de ser decididas de acuerdo con la razón natural, sino según la razón y la lógica convencional de las leyes, que requieren una gran experiencia y un estudio profundizado para conocerlas. Jacobo I se mostró ofendido por la réplica de Coke, a la que consideró traición, puesto que ella implicaba sostener que el monarca debía estar sujeto a los imperativos legales. A su vez, Coke rebatió esta afirmación, citando una frase de Bracton según la cual el rey se encuentra por encima de los hombres, pero por debajo de Dios y de las leyes: *Rex non debet esse sub homine sed sub Deo et lege*[21].

---

1968, p. 97-118; P. Koschaker, *Europa y el derecho romano,* Editorial Revista de Derecho Privado, Madrid, 1955, p. 307-318.

[21] En su informe sobre la sesión, Coke expresaba: *Then the King said that he thought the law was founded upon reason, and that he and others had reason as well the judges: to which it was answered by me that true it was, that God had endowed his Majesty with excellent science, and great endowments of nature; but his Majesty was*

De esta suerte, Coke se convirtió en un campeón de la teoría que afirmaba la limitación legal de los poderes del soberano. Los jueces, sostenía, debían fallar según las leyes y no de conformidad con los deseos del poder político. Aun cuando, hacia 1616, su defensa de estos principios lo llevó a perder su cargo de magistrado, su actuación puede ser ubicada entre los antecedentes más conspicuos que abrieron camino al reconocimiento de que el poder del Estado debe ser limitado y subordinado al orden jurídico.

La disputa entre las cortes de Westminster y la *Court of Chancery* fue resuelta, finalmente, por Jacobo I, quien estableció que, en caso de conflicto, debía prevalecer la *equity* sobre el *common law.* Sin embargo, la situación derivó hacia un equilibrio entre ambas jurisdicciones. La *Court of Chancery,* con extrema prudencia, no intentó nuevos avances sobre la competencia adjudicada a las cortes del *common law.* A su vez, la *equity* fue sufriendo un progresivo anquilosamiento, similar al que, en épocas anteriores, le fuera deparado al *common law.* Se entró, de esta suerte, en un período de estabilización. Los cancilleres se dedicaron a desarrollar los remedios procesales ya existentes antes que a crear nuevas vías de acción; sus decisiones se inspiraron en precedentes, con lo cual el sistema se fue cerrando sobre sí mismo; los aspectos jurídicos concluyeron teniendo preeminencia sobre los morales, que habían sido determinantes en los orígenes de esta jurisdicción.

A principios del siglo XVII, John Selden había atacado el sistema de la *equity,* manifestando que, respecto al derecho, poseemos una medida cierta, la cual resulta confiable, en tanto que la equidad se presenta como hecha a la medida de la conciencia del canciller, lo que es lo mismo que pretender convertir en medida de longitud al pie del canciller ocasional. *What an uncertain measure would this be!*, exclamaba. A fines de dicha centuria, Lord Nottingham, nombrado *Lord Keeper* en 1673 y

---

*not learned in the laws of his realm of England, and causes which concern the life, or inheritance, or goods or fortunes of his subjects, are not to be decided by natural reason, but by the artificial reason and judgement of law, which law is an art which requires long study and experience before that a man can attain to the cognizance of it; and that the law was the golden met wand and measure to try the causes of the subjects and which protected his Majesty in safety and peace; with which the King was greatly offended and said that then he should be under the law, which was treason to affirm, as he said: to which I said that Bracton saith, quod Rex non debet esse sub homine, sed sub Deo et lege* (Case of Prohibitions del Roy, 1612; conference between King James I and the Judges of England. Cfr. Coke, *Reports*, XII, p. 63). Sobre el punto, y destacando la relevancia de la célebre sesión, ver: Maitland, op. cit., p. 268-269; Roscoe Pound, *The Spirit of the Common Law*, Marshall Jones Company, Francestown, 1921, p. 60-84.

posteriormente *Lord Chancellor*, realizó una tenaz tarea para organizar la *Court of Chancery* y, en tal sentido, ha sido reconocido como padre de la *equity*. A mediados del siglo XVIII, Blackstone reconocía que las cortes de *equity* constituían un sistema ligado por reglas fijas y precedentes[22]. En la centuria siguiente, Lord Eldon, canciller entre 1806 y 1827, expresó en cierta oportunidad: "Yo no puedo admitir que las opiniones jurídicas de esta Corte pudieran ser cambiadas por cada juez sucesivo. Cuando deje este puesto, nada podría ser más doloroso para mí que el pensamiento de haber hecho alguna cosa que justificase el reproche de que la jurisprudencia equitativa de esta Corte cambia como el pie del canciller". De esta suerte, la *equity* concluyó convirtiéndose en un conjunto de múltiples casos y principios que dieron lugar a un sistema paralelo al del *common law*. Lo que en un comienzo fue ideado como correctivo del derecho inglés, terminó transformándose en parte integrante de él[23].

En 1873, las *Judicatory Acts*, que entraron en vigor dos años más tarde, derogaron el sistema secular de las formas de acción, las que fueron reducidas a un tipo de acción único, el *writ of summons*. El interesado cesó de tener que escoger entre *writs* diversos, con lo cual el proceso se simplificó. Ello dio origen a que los juristas comenzaran a prestar una atención creciente al derecho de fondo e intentasen ir sistematizando las diversas soluciones y principios del orden jurídico inglés. En nuestros días, las formas se han simplificado: el proceso se inicia con el *writ*, en el cual el canciller, en nombre de la reina, cita al demandado para que se allane a las pretensiones del actor o, en caso contrario, comparezca ante el juez a justificar su comportamiento. La concesión del *writ* es mecánica: basta llenar un formulario impreso, pagar una tasa y enviar el documento a la Oficina Central de la Corte Suprema o a uno de los diversos registros de distrito esparcidos por el interior del país.

Las reformas procesales de 1873-1875 implicaron, asimismo, una nueva organización judicial centralizada, toda vez que desapareció la distinción entre cortes del *common law* y cortes de *equity*. A partir de entonces, todas las jurisdicciones inglesas resultaron competentes para aplicar tanto uno como otro sistema, cuyas características formales, por otra parte, habían ido cobrando rasgos marcadamente similares. Los jueces de *equity* se inspiraron en las soluciones dadas por sus antecesores y esta evolución institucional llevó a que el Parlamento asumiese la

22 Cfr. Maitland, op. cit., p. 466.

23 Cfr. René David, op. cit., p. 338-340.

función innovadora que tuvo a su cargo, en las centurias precedentes, el canciller.

Ahora bien, las profundas transformaciones sociales ocurridas durante los siglos XIX y XX han llevado a un auge legislativo ignorado por épocas anteriores. El triunfo de las ideas democráticas, con la consiguiente necesidad de reformas jurídicas y el racionalismo transformador, que no fue ajeno la influencia de pensadores como Bentham y los filósofos utilitaristas, se tradujo en un incremento considerable de la actividad legislativa, a través de la cual resultaba viable programar rápidas modificaciones de la realidad social, cuyo acelerado ritmo resultaba imposible concebir dentro de las pautas jurídicas tradicionales. Así, la progresiva socialización del derecho, que cobró renovado impulso a partir de la Primera Guerra Mundial y que desplazó en muchos campos la concepción predominantemente liberal que anteriormente rigiera –piénsese en la legislación laboral y en la organización de los sistemas de seguros sociales–, abrió nuevas vías a la multiplicación de leyes y reglamentaciones administrativas.

Los ingleses han visto tradicionalmente al derecho legislado, al *statute law*, como algo secundario, donde no se deben buscar los principios generales del derecho, y cuya función se reduce a precisar o rectificar, en casos específicos, esos principios sentados a través de la labor llevada a cabo por los jueces. Las leyes emanan del Parlamento, poder soberano cuyas potestades son controladas por la opinión pública, lo cual resulta efectivo tratándose de un pueblo profundamente democrático y respetuoso de sus tradiciones. Pero la aplicación que de estas leyes hacen los tribunales es literal y restrictiva, toda vez que la ley no es considerada como una vía normal de manifestación del derecho, sino como algo correctivo, excepcional. El derecho inglés es de base jurisprudencial. De allí que sea corriente que, en vez de citar el texto de una ley, se citen las sentencias que aplican esa ley. Para el jurista inglés, es más fácil contemplar la ley a través de la sentencia, la regla legal a través de la regla jurisprudencial[24].

Ahora bien, en nuestros días la proliferación de leyes y reglamentaciones administrativas ha llevado a que el *statute law* vaya constituyéndose en un nuevo sistema complementario del *common law*. Las nuevas

[24] Cfr. René David, op. cit., p. 393. Sobre el papel actual de la ley dentro del sistema del *common law*, contiene útiles precisiones el artículo de Julio C. Cueto Rúa, *La ley en el mundo contemporáneo*, publicado en "Anuario de Filosofía Jurídica y Social", nº 6, Abeledo-Perrot, Buenos Aires, 1986, p. 243-263.

jurisdicciones administrativas se encuentran bajo el contralor del Poder Judicial; pero este contralor, en muchos casos, se ejerce en forma restringida, puesto que la revisión no llega a la materia de fondo, sino que se reduce a los procedimientos administrativos. El papel relevante que la ley ha asumido en varios aspectos vitales, tales como la seguridad social, el derecho del trabajo y, en general, el derecho económico, se presenta como un nuevo desafío para los juristas, que no atinan a desprenderse de la concepción jurisprudencial tradicional, y que explica, en gran medida, la crisis por la cual atraviesa actualmente la ciencia del derecho británico.

* * *

El conocimiento de la evolución histórica del *common law* nos habilita para comprender los rasgos fundamentales del pensamiento jurídico anglosajón. Hemos visto el papel protagónico que en él ha jugado la jurisprudencia. Pero la raíz empírica del pensamiento inglés, su dirección eminentemente práctica, no debe llevar a que ignoremos el importantísimo papel que la razón ha jugado en él. Si bien es cierto que el derecho inglés se fue constituyendo por medio de las diversas sentencias que se dictaban para resolver los innumerables casos que se iban presentando ante las cortes reales, ello no implica que los jueces sujetasen sus resoluciones a meras consideraciones ocasionales, inspirándose en su propia conciencia como si fuesen magistrados de *equity.* Antes bien, se buscaba una solución acorde a la razón y para llegar a ella se extraía su fundamento de otras sentencias más antiguas, asegurando, de esta suerte, la coherencia entre las diversas soluciones dadas. Así se llegaba a los antecedentes más remotos y, en última instancia, a una costumbre inmemorial, en la cual se hacía residir el fundamento verdadero del orden jurídico. Podríamos decir que, para el inglés, el *common law* rige desde tiempo inmemorial y la función que van cumpliendo los jueces en forma paulatina reside en ir exteriorizando, en alumbrar, en volver explícitos sus principios. Incluso las leyes que se fueron dictando a lo largo de la historia no conforman, como hemos visto, un sistema autónomo frente al *common law*, sino que lo integran y en él hallan su fundamento.

Los jueces del *common law* siempre se han guiado por pautas racionales, para lo cual han buscado en las anteriores sentencias y no en un mero arbitrio carente de reglas, los principios generales que iban a aplicar. Por ello, cuando ante un caso concreto no hallaban ningún precedente ni ninguna costumbre que pudiese ser directamente aplicada, buscaban una solución que no entrase en colisión con las reglas de derecho aceptadas y reconocidas como tales. Ello nos hace comprensible que los *Year Books* califiquen al *common law* como "perfección de la razón" y que Coke nos manifieste que la razón es la vida del derecho y que el *common law* no es otra cosa que razón.

Ahora bien, esta razón jurídica a la cual se refería Coke no era una razón abstracta, invariable, cuyos principios fueran válidos en todo tiempo y lugar, tal como pensaban Grocio y los jusnaturalistas de la Europa continental, sino una razón operante en la historia, transformadora, que se iba manifestando en el estudio de los sucesivos casos singulares. Los jueces, por medio de sus sentencias, iban conformando el derecho inspirados en un ideal de racionalidad; pero esta razón no era algo supraempírico y ahistórico, sino algo que iba perfeccionándose en la historia. Tratábase de una razón inmersa en el flujo temporal, que iba extrayéndose de los precedentes, de las costumbres inmemoriales. Por ello, Coke replicaba a Jacobo I destacando que la razón empleada por los juristas no es la *natural reason* presente en cada conciencia individual, cuyos principios son válidos y reconocibles para todas las personas, sino una *artificial reason*, producto del largo estudio y de la experiencia que se va adquiriendo merced a la consideración de los variables casos concretos que la vida del derecho presenta[25]. Para Coke, nadie puede, valido de su propia razón individual, aspirar a ser más sabio que la ley, puesto que esta representa la perfección de la razón. Si la razón es la vida del derecho, no se trata de una razón individual existente en la conciencia de toda persona, sino de la razón colectiva, que es patrimonio de los juristas del *common law*.

Esta íntima vinculación entre razón y *common law* también la hallamos expuesta en la obra de William Blackstone, para quien los jueces no crean derecho, sino que declaran un derecho preexistente. Su tesis, como puede observarse, no es, en líneas generales, diversa a la sostenida tradicionalmente por los juristas británicos. Puesto a resolver un caso, el juez debe recurrir a las sentencias anteriores y buscar, en ellas, las que resolvieron un caso análogo al planteado. Una vez hallado este precedente, debe extraer de él la norma general sobre la base de la cual el juez anterior resolvió la cuestión; norma general que, evidentemente, preexistía a la solución dada en ese entonces y que también servirá de

[25] Esta distinción entre *natural reason* y *artificial reason* fue expuesta por Coke en la célebre sesión del 10 de noviembre de 1612, al manifestar que, *causes which concern the life, or inheritance, or goods or fortunes of his subjects are not to be decided by natural reason, but by the artificial reason and judgement of law* (cfr. Coke, *Reports*, XII, p. 65).

fundamento a la nueva sentencia que debe dictar. Estos principios generales, que no son creados por los jueces, preexisten en las costumbres, en los comportamientos que vienen reiterándose desde tiempo inmemorial. Para Blackstone, el *common law*, esto es, el derecho no escrito y que, por tanto, no reconoce su fuente en leyes dictadas por el Parlamento, se origina en el uso prolongado e inmemorial aceptado por todo el reino, y recuerda, al respecto, la definición que Aulo Gelio daba del derecho no escrito, como aquel que se manifiesta en las costumbres y es sancionado por el consenso tácito y no escrito de los hombres, *tácito et iliterato hominum consensu et moribus expressum*[26].

El único modo existente para probar que un principio determinado constituye una norma del *common law* consiste en la comprobación de que esa regla ha sido observada regularmente, esto es, de que se trata de una costumbre. Ahora bien, las sentencias judiciales son la prueba más certera de que existe tal costumbre y de que ella forma parte del *common law*. De allí que Blackstone califique a los jueces de oráculos vivientes. Son ellos los que deben decidir de conformidad con el derecho del reino y sus decisiones deberán sustentarse en la experiencia y en el estudio, en el comercio habitual y prolongado con las sentencias judiciales de sus predecesores[27]. En suma, para Blackstone, el *common law* hállase constituido por las costumbres inmemoriales del reino; pero estas costumbres serán reconocidas por tales en la medida en que hayan sido declaradas y aplicadas por los jueces en sentencias precedentes. Así, el reconocimiento judicial de una costumbre tiene carácter obligatorio para los jueces futuros, quienes habrán de aceptarla en todos aquellos casos que ofrezcan notas similares. Solo pueden señalarse dos excepciones a esta regla: por un lado, aquellos casos en los que la aplicación del precedente resulte contraria a la razón; por el otro, cuando entre en colisión con la ley divina. Pero Blackstone aclara que, aun en estos casos, los jueces no pretenden crear derecho, sino depurar al viejo derecho de una aplicación errónea de sus principios[28]. Para Blackstone, una sentencia contraria a la razón o manifiestamente injusta no constituye un derecho malo, sino que, lisa y llanamente, no es derecho: nos hallamos ante una determinación judicial errónea de la costumbre establecida del reino. Lo que se consideraba costumbre inmemorial no era, en realidad, tal.

[26] Cfr. Blackstone, *Commentaries on the Laws of Englands,* t. 1, Bancroft-Whitney Co., San Francisco, 1925, p. 63-64.

[27] Cfr. Blackstone, op. cit., p. 69.

[28] Cfr. Blackstone, op. cit., p. 70.

En Blackstone hallamos, al igual que en Coke, la noción de un derecho que no puede dejar de ser racional sin perder su carácter jurídico. Vimos cómo Coke nos hablaba del *common law* como de la razón llevada a su perfección; Blackstone, por su parte, no logra concebir un derecho que esté en contradicción con los principios racionales. Pero en Blackstone el derecho asume un carácter orgánico. No nos enfrentamos a una razón abstracta e inmutable, sino a una razón que se manifiesta en las costumbres del reino, que conserva las huellas del pasado sin dejar de adaptarse a las necesidades presentes. El *common law* guarda semejanza con esos castillos medievales que han sido acondicionados de tal forma que, en nuestros días, pueden ser habitados. Sus viejas murallas, sus torres almenadas, sus *halls* y galerías que conservan antiguos trofeos y obras de arte en las cuales continúa aleteando el espíritu de otras épocas, se ofrecen a nuestra admiración aunque no presenten utilidad práctica ninguna; pero, dentro de la vieja estructura, existen ciertos compartimentos que han sido especialmente acondicionados y donde es posible llevar una vida que responda a las exigencias de comodidad propias del tiempo presente.

Enfrentada a esta corriente que asimila los preceptos del *common law* a los de la razón, se encuentra otra que ha ejercido un profundo influjo en la teoría jurídica y que halla en la autoridad la fuente de validez de las normas de derecho. Dentro de esta línea, que reconoce su antecedente en Hobbes, se hallan Jeremy Bentham y John Austin.

Ya en el siglo XVII, Hobbes había enfrentado la postura asumida por Coke y, en una de sus últimas obras, *A dialogue between a philosopher and a student of the common law of England*, había objetado la doctrina que fundaba la validez del derecho en la razón. Allí, a la opinión del jurista, partidario de la doctrina de Coke, que afirma que el alma del derecho es la razón, se contrapone la opinión del filósofo, quien arguye que no es la sabiduría, sino la autoridad, la que crea la ley. *It is not wisdom, but authority that makes a law*[29]. Dentro de su concepción, Hobbes sos-

[29] Análoga concepción se halla expuesta en el célebre pasaje del *Leviathan,* donde se da una definición de la ley como mandato de la autoridad: *Law in general, is not Counsell, but Command; nor a Command of any man to any man; but only of him whose Command is addressed to one formerly obliged to obey him. And as for Civill Law, it addeth only the name of the person Commanding, which is Persona Civitatis, the Person of the Commonwealth. Which considered, I define CivilL Law in this manner. Civil law, is to every subject, those Rules, which the Commonwealth that Commanded him, by Word, Writing, or other sufficient Sign of the Will, to make use of, for the Distinction of Right, and Wrong; that is to say, of what is contrary, and what is not contrary to the Rule* (cfr. Hobbes, *Leviathan,* Penguin Books, Harmondsworth, 1978, p. 312).

tiene que la ley es el mandato que aquel o aquellos que ostentan el poder dirigen a sus súbditos, proclamando públicamente y con claridad qué es lo que cada uno puede hacer o qué es lo que debe evitar. Si no fuese la autoridad, sino la razón, la que otorgase validez a una ley, siempre cabría hallar algún pretexto para desobedecerla, toda vez que se podría invocar que ella es contraria a la razón. Para Hobbes, el fundamento de validez de la ley no es posible encontrarlo en su contenido sino en su origen, en su procedencia del poder soberano. Y es precisamente este poder el que, por encima de las diversas opiniones, dispone qué debe ser tenido por ley; único medio, según Hobbes, para asegurar eficazmente el mantenimiento de la paz y el orden del reino. De esta suerte, su concepción jurídica se halla estrechamente enlazada con su postura política partidaria del gobierno absoluto.

La despiadada crítica a la que Bentham sometió, a comienzos del siglo XIX, al *common law*, constituye la antesala de su concepción reformista del derecho, que lo llevó a presentarse como decidido partidario del movimiento codificador, en ese entonces en pleno auge dentro de los sistemas jurídicos de la Europa continental. Se ha destacado, precisamente, que la obra de Bentham contiene una de las más completas defensas del ideal codificador, no obstante ser inglés y, en cuanto tal, ajeno a la tradición racionalista continental. En Bentham hallamos un indudable influjo de las doctrinas iluministas, que lo llevan a criticar acerbamente a un orden jurídico que, como el inglés, es un producto histórico cuyas instituciones han ido conformándose consuetudinariamente, por obra de jueces, fuera de las estrictas leyes que rigen el puro razonamiento lógico.

El derecho solo puede alcanzar su máxima eficacia en la medida en que sea cierto y cognoscible. La voluntad del gobernante alcanzará su realización efectiva si las disposiciones jurídicas que dicte son conocidas por los súbditos, y estos solo se sentirán seguros en tanto las normas que regirán su comportamiento sean ciertas, esto es, permitan prever, con claridad, por anticipado, las consecuencias de sus actos futuros. Para Bentham, el *common law* no reúne ninguna de estas exigencias, toda vez que es un derecho basado en las decisiones judiciales, un *judge made law*. Y, como todo derecho creado por jueces, resulta incierto e imprevisible: se trata de un conjunto de normas retroactivas, creadas *ex post facto*, luego que el acto que ha de ser regulado ya se ha producido. Bentham asemeja el modo en que los jueces ingleses van creando las normas del *common law* y habituando a los súbditos a obedecerlas, al modo en que un perro es enseñado por su dueño a comportarse de cierta manera: los comportamientos no queridos obtienen por resultado golpes propinados por el amo y, de esta suerte, el perro se va habituando, instintivamente, a evitarlos. De la misma manera que el juez sanciona actos luego que estos han sido realizados, el dueño golpea a su perro castigando un comportamiento determinado sin previo aviso de que este no es el deseado por él. Este modo de creación jurídica ha determinado que el *common law* se exhiba como un orden normativo inconexo, imprevisible, en el cual, no existiendo certeza alguna, los derechos de los individuos encuéntranse perpetuamente amenazados. Por ello, Bentham propone una reforma radical del orden jurídico inglés: el reemplazo del derecho judicial por el *statute law*, el derecho legislado, y la sistematización de este merced a códigos que le otorguen la certeza y cognoscibilidad de que carecen las disposiciones del *common law*. Estos códigos se constituirían en instrumentos imprescindibles para la realización práctica del principio de su ética utilitaria: la máxima felicidad del mayor número[30].

Adviértase que, al reducir el derecho al derecho legislado, Bentham, al igual que Hobbes, pasa a concebirlo como un mandato del legislador. Pero este mandato debe hallarse inspirado en una razón abstracta e intemporal, que organice lógicamente la materia jurídica. No es casual que los proyectos de códigos que elaborara no fuesen dirigidos a una nación determinada, sino a *all nations professing liberal opinions*, esto es, a todas aquellas naciones que, profesando principios liberales, se pro-

[30] En su obra *An Introduction to the Principles of Morals and Legislation,* Bentham se refiere al principio de utilidad y su necesaria sistematización por parte del orden jurídico, en los siguientes términos: *Nature has placed mankind under the governance of two sovereign masters, pain and pleasure. It is for them alone to point out what we ought to do, as well as to determine what we shall do. On the one hand the standard of right and wrong, on the other the chain of causes and effects, are fastened to their throne. They govern us in all we do, in all we say, in all we think: every effort we can make to throw off our subjection, will serve but to demonstrate and confirm it. In words a man may pretend to abjure their empire: but in reality he will remain subject to it all the while. The principle of utility recognises this subjection, and assumes it for the foundation of that system, the object of which is to rear the fabric of felicity by the hands of reason and of law. Systems which attempt to question it, deal in sounds instead of sense, in caprice instead of reason, in darkness instead of light* [...] *An action then may be said to be conformable to the principle of utility, or, for shortness sake, to utility, (meaning with respect to the community at large) when the tendency it has to augment the happiness of the community is greater than any it has to diminish it. A measure of government (which is but a particular kind of action, performed by a particular person or persons) may be said to be conformable to or dictated by the principle of utility, when in like manner the tendency which it has to augment the happiness of the community is greater than any which it has to diminish it* (cfr. J. Bentham, *An Introduction to the Principles of Morals and Legislation*, The Athlone Press, London, 1970, p. 11-13).

pongan como meta lograr la máxima felicidad del mayor número de sus habitantes. En Bentham nos hallamos lejos de aquella concepción de la razón atenida a los variables datos de la experiencia que se encontraba en la base de las teorías jurídicas de Coke y Blackstone.

Bentham fue, esencialmente, un filósofo político, cuyas concepciones acerca del derecho fueron expuestas como un instrumento destinado a servir de apoyo a sus proyectos de reforma social. En cambio, su discípulo Austin fue un puro teórico. Su obra, recoleta y de escasa difusión en su tiempo, estaba destinada a perdurar y a convertirse en el punto de partida de una de las direcciones del pensamiento jurídico anglosajón más difundidas en la segunda mitad de nuestro siglo. Me refiero, como es obvio, a la escuela analítica. Austin, al igual que Bentham, considera que el derecho es un mandato. Ahora bien, este mandato, que emana del soberano, se refiere a la conducta general de los súbditos y es compulsivo, en el sentido de que el incumplimiento de la obligación establecida trae aparejado que se aplique una sanción al infractor[31]. Por soberano, se entiende al poder supremo al cual de hecho se presta acatamiento en una sociedad política. Ello implica que todo derecho es derecho positivo, esto es, emana de un legislador determinado, de una voluntad empírica y, en tal sentido, nada puede afirmarse *a priori* acerca del orden jurídico. Pero si esto es así, ¿cómo puede elaborarse una ciencia del derecho general, independiente de los condicionamientos propios de la variable realidad empírica? Austin inspira su pensamiento en la teoría de los juristas germanos de comienzos del siglo XIX, con las que estaba familiarizado a raíz de un viaje de estudios a Alemania. Allí había entrado en contacto con la escuela histórica del derecho y, especialmente, con la obra de su máximo representante, Savigny. Como es sabido, el advenimiento de la escuela histórica se había traducido en una profunda revolución dentro de la ciencia jurídica alemana. Una teoría del derecho tal como la imperante en los siglos XVII y XVIII, centrada exclusivamente en la razón y en los principios lógicos deductivos, merced a los cuales se elaboraban sistemas aplicables a todo tiempo y lugar, fue reemplazada por otra, que consideraba al derecho como un dato empírico y en la cual la noción de sistema adquirió un carácter orgánico, adscripto a cada sociedad individualmente considerada. Lo que importa destacar es que, para Savigny, cada orden jurídico posee sus propios principios rectores, a los cuales la ciencia debe aprehender a fin de exhibir, sobre la base de ellos, la conexión interna y la afinidad existente entre los distintos conceptos y

[31] Cfr. Austin, *The Province of Jurisprudence Determined*, George Weidenfeld & Nicolson Ltd., London, 1954, p. 9-15.

proposiciones jurídicas. Ahora bien, Austin recibió, asimismo, el influjo de otro movimiento científico difundido en ese entonces, cuyo principal representante era Nikolaus Falk, profesor en la universidad de Kiel, quien ensayó fundamentar una postura intermedia entre la escuela del derecho natural, que no se refería a un derecho real sino a un derecho pensado tal como debería ser, y la escuela histórica que presentaba el inconveniente de que, refiriéndose a derechos históricos, esto es, singulares y variables por naturaleza, no ofrecía un basamento estable para el desarrollo de la ciencia jurídica, con lo cual esta corría el riesgo de convertirse en un mero saber pragmático. Falk advirtió que, aparte de los principios jurídicos que son propios de cada ordenamiento empírico y, de esta suerte, varían en la medida en que consideremos órdenes normativos diversos, existen otros principios de naturaleza invariable, que no son producto de razonamientos *a priori* sino que, por el contrario, son susceptibles de ser obtenidos inductivamente, partiendo de los diversos derechos que se dan en la realidad histórica. Toda regulación jurídica se da sobre la base de ciertas relaciones humanas. La ciencia del derecho estudia estas relaciones determinando su estructura lógica y extrayendo un conjunto de verdades permanentes, que se dan siempre, con independencia de las contingencias históricas. "La teoría del derecho solo puede constituirse, por tanto, –sostiene Falk– por el desarrollo analítico de conceptos dados y por la relación lógica entre ellos. Estas proposiciones jurídicas que componen el contenido de la teoría general del derecho surgen por un análisis estrictamente lógico de aquellos hechos que se dan en toda sociedad civil, y de aquí se deduce el carácter de generalidad que revisten las verdades jurídicas así halladas"[32].

Valido de esta armazón conceptual, Austin elaboró su propia concepción del derecho. Tomó de la escuela histórica la noción de sistema, pero en su teoría ya no se consideró a este como principio ordenador de un derecho histórico determinado, sino que la noción de sistema perdió su carácter orgánico y se transformó en una noción formal, entendida como estructura permanente que se encuentra presente en todo orden jurídico. La ciencia del derecho tiene como objeto de estudio el derecho positivo, esto es, el derecho tal como se da en la historia, el que constituye el mandato de una autoridad soberana reconocida por deter-

[32] Nikolaus Falk, *Juristische Encyclopädie auch zum Gebrauch bei academischen Vorlesungen,* Kiel, 1821, p. 90. Cfr. Felipe González Vicen, "Sobre los orígenes y supuestos del formalismo en el pensamiento jurídico contemporáneo", en *Estudios de filosofía del derecho,* Facultad de Derecho de la Universidad de La Laguna, Santa Cruz de Tenerife, 1979, p. 153.

minada comunidad. Pero este derecho puede ser estudiado desde dos perspectivas. La primera de ellas, a la que Austin denomina *jurisprudencia particular*, estudia el contenido del orden jurídico, destacando sus peculiaridades, sus notas distintivas respecto a los otros ordenamientos jurídicos. En cambio, la segunda perspectiva, correspondiente a la *jurisprudencia general*, se atiene a la estructura del derecho, esto es, a los conceptos que aparecen necesariamente en todo ordenamiento jurídico positivo. Para Austin, existen conceptos y principios que no son privativos de este o aquel derecho, sino de todo orden jurídico, trátese del que rija a una comunidad primitiva o del que regule a una sociedad que haya alcanzado los más altos niveles de civilización. Esta *jurisprudencia general* no se refiere a la materia del derecho, que es eminentemente variable, sino que es una ciencia formal analítica. Mediante el análisis, se intenta descubrir el sistema de conceptos formales que se hallan presentes en todo derecho. Ahora bien, cabe destacar que, para Austin, esta *jurisprudencia general* no es una ciencia *a priori*, independiente de la experiencia; muy al contrario, los conceptos que maneja son extraídos, merced al análisis, de la propia experiencia jurídica, y para ello juegan un papel relevante las comparaciones que puedan establecerse entre los diversos derechos históricos.

El análisis que hemos efectuado del pensamiento de estos juristas clásicos ha puesto al descubierto ciertas características que confieren a todos ellos un aire familiar. Perteneciendo a una misma tradición que reconoce un desarrollo ininterrumpido desde los inicios del medioevo, ninguno de ellos puede eludir su acatamiento a los datos proporcionados por la experiencia. La raíz empírica de la filosofía inglesa es un rasgo que se mantiene a lo largo de su historia. En tal sentido, hemos podido advertir que pensadores iusnaturalistas como Coke y Blackstone, que fundamentaban el derecho en la razón, concebían a esta como asentada en la historia, con lo cual perdía el carácter abstracto e inmutable que ostentara en el pensamiento de los filósofos continentales de los siglos XVII y XVIII y asumía una connotación empírica y maleable en manos de los jueces que, como oráculos del derecho, declaraban lo que era conforme a esa razón y, de tal suerte, iban introduciendo variantes en ella, si bien cautamente, atento su espíritu conservador y respetuoso de las tradiciones. A comienzos del siglo XIX, las técnicas legislativas aconsejadas por el afán reformador de Bentham no fueron instrumentadas por el derecho inglés y, si bien el número de leyes se fue incrementando, no se sancionaron códigos que ordenasen racionalmente la materia jurídica. Las diversas leyes fueron concebidas como apéndice de un derecho que, en su conjunto, continuó siendo jurisprudencial y consuetudinario. Finalmente, el caso de Austin nos exhibe a un pensador que, deseando determinar analíticamente los conceptos que se hallan presentes en todo derecho, no atina a desprenderse de los datos proporcionados por la experiencia, sosteniendo que tales conceptos pueden ser alcanzados mediante la comparación entre los diversos derechos positivos.

En la actualidad, como señalamos anteriormente, el derecho anglosajón encuéntrase sujeto a grandes mutaciones que, evidentemente, no pueden dejar de reflejarse en el pensamiento iusfilosófico. De esta suerte, hallamos multitud de direcciones, que van desde posturas analíticas de inspiración racionalista hasta corrientes de pensamiento que explican la realidad jurídica merced a un análisis económico de ella, sin olvidar los tradicionales análisis sociológicos y las posturas que subrayan el papel que juegan las ideologías en el desenvolvimiento de la vida social. Se trata de un panorama rico y variado, que exhibe una notable profundidad en sus planteos, los cuales se hacen presentes dentro del marco de un horizonte cuyas pautas esenciales se encuentran fijadas por el tipo de mentalidad que hemos intentado caracterizar.

# X. ETAPAS DE LA EVOLUCIÓN DE LA FILOSOFÍA JURÍDICA ARGENTINA*

La Sección Teoría General, que cumple, en estos días, el décimo aniversario de su creación, ha creído oportuno organizar unas jornadas dedicadas al pensamiento filosófico-jurídico argentino, donde se tracen las grandes líneas de su evolución histórica y se analicen con mayor detenimiento las diversas nociones que, acerca del derecho, alentaron la labor cumplida por destacados juristas en las distintas etapas de ese desarrollo. Abrigamos así la esperanza de lograr un mayor esclarecimiento de la situación actual, contribuyendo a la comprensión de las diversas vertientes de pensamiento que fueron conformando el horizonte jurídico y filosófico dentro del cual nos movemos.

La concepción jurídica vigente en nuestras tierras durante la dominación hispánica respondió a una noción teocrática, inspirada en el espíritu de la Contrarreforma, que llevó a distanciar nuestro pensamiento filosófico y científico de las ideas y teorías que, a partir del siglo XVI, impusieron en Europa una nueva visión del mundo, dando origen a las modernas ciencias de la naturaleza y al despertar de nuevas teorías filosóficas. España trasladó a sus colonias una enseñanza inspirada en las nociones de una escolástica decadente, cuyo espíritu creador habíase agotado y que, luego del último florecimiento representado por el pensamiento de Francisco Suárez, no había logrado exhibir ninguna figura notable. A tal punto había llegado la decadencia, que Rafael Altamira, refiriéndose, en su *Historia de España,* a la vida educativa del siglo XVIII, no deja de señalar el estado crítico de las universidades españolas,

* Conferencia pronunciada el 3 de diciembre de 1990 en la Academia Nacional de Derecho y Ciencias Sociales, inaugurando las jornadas organizadas por la Sección Teoría General de la Asociación Argentina de Derecho Comparado en ocasión de cumplirse el décimo aniversario de su creación. Publicada originariamente en "Anuario de Filosofía Jurídica y Social", nº 10, Abeledo- Perrot, Buenos Aires, 1990, p. 91-124.

expresando que "las veinte universidades existentes en España arrastraban, en su mayoría, una vida lánguida y penosa. La disminución del número de alumnos, las escasas rentas de muchas de ellas, la dura competencia que les hacían los colegios de jesuitas y otras causas ya apuntadas, habían reducido su acción considerablemente. Pero lo más grave en la esfera universitaria era la decadencia de los estudios mismos, cuyo sistema libresco, memorista, cuyo espíritu estrecho, lleno de preocupaciones y rutinas, no se prestaba en lo más mínimo a impulsar la investigación científica. Cristalizado el saber en fórmulas tradicionales tan poco se cuidaban los profesores de los progresos de su siglo que, en 1781, la biblioteca de la Universidad de Alcalá contaba, entre 17.000 volúmenes, solo unos 50 expresivos de las doctrinas corrientes en otros países. No solo las ciencias naturales y físicas estaban descuidadas, sino que aun la teología y la filosofía habían caído en el agotamiento y la vulgaridad más grande"[1]. Fácil resulta comprender que si esta situación se daba en las universidades españolas, la organización de los estudios llevada a cabo en los establecimientos americanos no podía exhibir un panorama más promisorio.

En el campo jurídico, la concepción del derecho que servía de sustento a la legislación imperante hundía sus raíces en la escolástica medieval. Ello explica que no existiese una neta separación entre las esferas de la moral y del derecho y que el legislador se inspirase en una concepción metafísica que rehuía la fijación de límites a la potestad legislativa, la cual, sujeta a principios éticos inmutables, aspiraba a regular no solo los comportamientos externos sino aun la conciencia íntima del individuo. En tal sentido, la *Novísima Recopilación* expresaba: "La ley ama y enseña las cosas que son de Dios y es fuente y enseñamiento y maestría de derecho y de justicia y ordenamiento de buenas costumbres y guiamiento del pueblo y de su vida". El ordenamiento jurídico hallábase vinculado, de esta suerte, a un dogma religioso que, en última instancia, servía de basamento a sus disposiciones. De allí que la primera de las leyes de la *Recopilación* estatuyera: "Y mandamos a los naturales y espa-

[1] Rafael Altamira, *Historia de España y de la civilización española*, t. IV, Barcelona, 1911, p. 323. Cfr. José Ingenieros, *La evolución de las ideas argentinas, I. La Revolución*, Rosso y Cía., Buenos Aires, 1918, p. 32-35. Para un cuadro general de las ideas de la época, puede verse, asimismo, José Ingenieros, *Las direcciones filosóficas de la cultura argentina*, Eudeba, Buenos Aires, 1963, p. 11-19, y la ya clásica obra de Alejandro Korn, *Influencias filosóficas en la evolución nacional*, reeditada, con estudio preliminar de Gregorio Weinberg, bajo el título *El pensamiento argentino*, Nova, Buenos Aires, 1961, p. 26-73.

ñoles y otros cualesquiera cristianos de diferentes provincias y naciones, estantes o habitantes en los dichos nuestros reinos y señoríos, islas y tierras firmes que regenerados por el santo sacramento del bautismo hubiesen recibido la santa fe, que firmemente crean y simplemente confiesen el misterio de la Santísima Trinidad, Padre, Hijo y Espíritu Santo, tres personas y un solo Dios verdadero, los artículos de la Santa Fe y todo lo que tiene, enseña y predica la santa madre Iglesia Católica Romana y si con ánimo pertinaz y obstinado errasen y mueren endurecidos en no tener y creer lo que la santa madre Iglesia tiene y enseña, sean castigados en las penas impuestas por derecho, según y en los casos que en él se contienen".

El centro de la incipiente vida académica llevada a cabo en nuestro territorio durante el período de la dominación hispánica estuvo ubicado en la ciudad de Córdoba. Allí los jesuitas fundaron, en 1613, un seminario que, diez años más tarde, merced al breve pontificio dado por Gregorio XV en agosto de 1623, se convirtió en universidad. Durante los primeros años de su funcionamiento, la reciente institución se gobernó por reglas consuetudinarias, hasta que, en 1664, el visitador de la provincia del Paraguay, padre Antonio Rada, le dio sus primeras constituciones escritas, donde se reglaba minuciosamente la vida universitaria, desde las atribuciones conferidas a los diversos funcionarios, hasta la forma en que debían organizarse los actos públicos. La enseñanza impartida se daba en dos Facultades: la de Artes y la de Teología. En la Facultad de Artes se enseñaba, siguiendo la doctrina aristotélica, la lógica, la física y la metafísica, otorgándose los títulos de bachiller, licenciado y maestro. La Facultad de Teología, por su parte, hallábase autorizada para conferir también el título de doctor, exigiéndose, a quienes optaban por él, cuatro años de estudio, dos de pasantía y la aprobación de cinco exámenes, los cuatro primeros dedicados a la Virgen y el último a San Ignacio. Los libros utilizados eran la *Suma Teológica* de Santo Tomás de Aquino y el *Libro de Sentencias* de Pedro Lombardo[2].

La enseñanza rutinaria difundida en los claustros cordobeses hallábase condicionada por una escolástica carente de capacidad creadora, que había quedado reducida a autores en quienes la verdadera vocación filosófica habíase apagado. En tal sentido, Vicente Fidel López señala

[2] Una detallada referencia acerca de la evolución filosófica cumplida en nuestro territorio durante el período de la dominación hispánica puede hallarse en el libro de Guillermo Furlong, *Nacimiento y evolución de la filosofía en el Río de la Plata, 1536-1810*, Kraft, Buenos Aires, 1952.

que "en los dos siglos que los jesuitas dirigieron la enseñanza en Córdoba, no produjeron sus aulas un solo literato de nota, un solo escritor clásico: ni más que algunos teólogos, es decir, razonadores de lo que nadie sabe ni entiende, y ellos menos que cualquier otro. La cosa es natural, porque la Compañía da una *educación sin ideales*, por lo mismo que carece de la noción de la patria y de las libertades del espíritu"[3]. Por su parte, el deán Gregorio Funes, que se formó en las aulas de la universidad cordobesa, destacaba que "es preciso confesar que estos estudios se hallaban corrompidos con todos los vicios de su siglo. La lógica, o el arte de raciocinar, padecía de notables faltas. Obscurecidas las ideas de Aristóteles con los comentos bárbaros de los árabes, no se procuraba averiguar el camino verdadero que conduce a la evidencia del raciocinio. La dialéctica era una ciencia de nociones vagas y términos insignificantes, más propia para formar sofistas que para discurrir con acierto. La metafísica presentaba fantasmas que pasaban por entes verdaderos. La física llena de formalidades, accidentes, quididades, formas y cualidades ocultas, explicaba por estos medios los fenómenos más misteriosos de la naturaleza". Claro está que el despiadado análisis efectuado por el deán cordobés no deja de señalar que estos defectos, lejos de reconocer un origen vernáculo, eran resultado del espíritu prevaleciente en las universidades españolas de ese tiempo: "Esta universidad nació y se crió exclusivamente en las manos de los antiguos regulares de la Compañía de Jesús, quienes la establecieron en su colegio, llamado el Máximo, de la ciudad de Córdoba. Este cuerpo religioso, acaso el más celoso de su gloria, miraba las letras y la educación pública como uno de los más poderosos medios de adquirirla. Debióse a su diligente esmero que se mirase como uno de los establecimientos literarios más acreditados en la América del Sur. Los vicios que hemos indicado, lejos de servir de obstáculo a esa celebridad, fueron los que más la engrandecieron. No hay que extrañarlo: este era el título en que por estos tiempos fundaban su derecho a la fama las mayores universidades de la Europa. Como los caballeros andantes, dice Condillac, corrían de torneo en torneo peleando por hermosuras que no habían visto, así los escolásticos pasaban de escuela en escuela disputando sobre cosas que no entendían"[4].

[3] Vicente F. López, *Historia de la República Argentina*, t. I, G. Kraft, Buenos Aires, 1913, p. 219.

[4] Cfr. Mariano de Vedia y Mitre, *El deán Funes*, G. Kraft, Buenos Aires, 1954, p. 50-51. Por su parte, Ricardo Zorraquín Becú, refiriéndose a la cultura filosófica y jurídica de la época, no deja de resaltar "el estancamiento de la doctrina, de la enseñanza y de la legislación a lo largo de los siglos XVII y XVIII. El derecho hispánico no supo

El primer profesor que enseñó filosofía en Córdoba fue el jesuita Juan de Albiz, cuyo curso tuvo lugar en el año 1614. Parece ser que las clases se dictaron sobre la base del *Comentario a la lógica de Aristóteles*, obra que había sido escrita en México por el jesuita Antonio Rubio. Pero el más destacado de los filósofos de este período fue, indudablemente, el padre Domingo Muriel, que llegó a nuestro país en 1748 y permaneció en él hasta 1764, año en que fue enviado como procurador a Madrid y a Roma. La última parte de su vida transcurrió en Italia, publicando en Venecia, en 1791, sus *Rudimenta iuris naturæ et gentium*, que constituye, indudablemente, el más enjundioso tratado de filosofía jurídica publicado por un profesor que hubiese dictado clase en nuestras tierras[5]. En esta obra, es notable advertir la novedad de muchos de sus planteos, sobre los cuales no dejaron de influir doctrinas modernas como la de Grocio, Heinecio y otros autores de la época. Claro está que, en mi opinión, resultan fundadas las dudas de Ricardo Rojas respecto a que sus cursos cordobeses se basasen en el pensamiento expuesto por el libro de 1791[6]. Piénsese que Muriel había abandonado el país en 1767, esto

---

evolucionar al compás de las necesidades nuevas. Salvo en algunos aspectos de la organización gubernativa, los demás siguieron los rumbos establecidos al principio de la Edad Moderna. En la época de Carlos IV, y aun posteriormente, se utilizaban todavía los comentarios del siglo XVI, y los jurisconsultos empleaban el sistema de la glosa para ilustrar los textos legales. Mientras que en Francia, por ejemplo, el derecho y la doctrina se modernizaban, en España se mantenían aferrados a la sistemática antigua. Y es significativo recordar que al mismo tiempo que se sancionaba el Código Civil de Napoleón (1804), España volvía a reunir desordenadamente sus leyes vetustas en la Novísima Recopilación de 1805, elaborada con el mismo criterio de la Nueva" (cfr. Ricardo Zorraquín Becú, *Historia del derecho argentino*, Abeledo-Perrot, Buenos Aires, 1988, p. 256).

[5] La obra ha sido traducida al castellano bajo el título *Elementos de derecho natural y de gentes* por el presbítero Ciríaco Morelli, profesor de la Universidad de Córdoba del Tucumán, Biblioteca del Centenario, La Plata, 1911. Cabe destacar que el nombre Ciríaco es un helenización de Domingo, en tanto que Morelli representa una italianización de Muriel. Una visión panorámica de la vida y obra de este autor puede hallarse en el libro de Rosa Ana Castro de Cabanillas, *Domingo Muriel. Un filósofo del derecho en la Córdoba del siglo XVII*, Córdoba, 1983.

[6] En tal sentido, Ricardo Rojas expresa: "No sabemos si las ideas expuestas en su libro fueron exactamente las mismas de su cátedra en Córdoba. Probablemente no lo fueron. El régimen de disciplina universitaria, eclesiástica y colonial hubieran oprimido su pensamiento antes de 1766, cuando estaba en América; pero después de 1767, expulsado de España, decepcionado de su patria, con la Compañía de Jesús ya disuelta, con la Revolución Francesa ya comenzada (1791), sin duda se atrevió a escribir todo su pensamiento demoledor" (cfr. Ricardo Rojas, *Historia de la literatura argentina*, t. IV, G. Kraft, Buenos Aires, 1960, p. 384).

es, más de veinte años antes de publicar sus *Rudimenta,* y que este libro apareció en Italia luego del movimiento revolucionario francés de 1789 y en medio de una atmósfera que había contribuido a derribar muchas de las barreras que se oponían, en ciertos medios, a la divulgación del nuevo espíritu filosófico del enciclopedismo.

Las últimas décadas del siglo XVIII testimonian, en nuestro país, la creciente divulgación del pensamiento de la Ilustración. Los escritos de Montesquieu, Voltaire y Rousseau comenzaron a circular junto a las obras de Filangieri, Beccaria, Grocio, Pufendorf y Wolf. No eran desconocidas las ideas de Galileo, Descartes y Newton[7]. Parejamente, circulaban los libros de pensadores españoles que, como Feijoo, Jovellanos y Campomanes, habían recibido el influjo de las ideas modernas. Claro está que no puede fijarse un límite demarcatorio preciso entre el predominio de la Escolástica y el de las nuevas ideas que iban introduciéndose; pero resulta notorio el influjo cada vez mayor de estas durante los últimos años de la centuria. Un ejemplo bien claro lo tenemos en el caso de Victorián de Villava, fiscal de la Audiencia de Charcas, quien, en sus *Apuntamientos para la Reforma del Reino*, de 1797, consideraba que una nación no puede estimarse culta "sin geografía, sin aritmética, sin matemática, sin química, sin física, sin lenguas madres, sin historia, sin política en las universidades, y sí solo con filosofía aristotélica, con leyes romanas, cánones, teología escolástica y medicina peripatética". El resultado de tal planificación lleva, según nuestro autor, a que "los filósofos salen de la escuela sin ideas de verdadera física y metafísica; los legisladores con unos principios de jurisprudencia romana mal digerida, que les aprovecha poco o nada para el desempeño de los oficios de judicatura y de política". Villava no deja de señalar que los profesores no tienen una dotación adecuada y que los jóvenes se incorporan a la universidad careciendo de conocimientos necesarios. Para la solución de estos males, propone una reforma general de la educación, acentuando la enseñanza de las matemáticas y de las ciencias naturales. No deja de postular, asimismo, reformar el estudio de las leyes sobre la base de "buenos códigos civil y criminal". Fácil resulta detectar, en este escrito, pautas fundamentales del pensamiento ilustrado, que van desde la importancia concedida a las ciencias matemáticas y físicas, hasta la idea racionalis-

[7] Me he ocupado de la filosofía que sirve de basamento al movimiento revolucionario francés de 1789 y, especialmente, de la idea de ley que se encarna en la obra legislativa producida durante este período en mi artículo *El influjo de las ideas filosóficas en la Revolución Francesa*, publicado en "Anuario de Filosofía Jurídica y Social", nº 9, Buenos Aires, 1989, p. 311-320; ahora incluido en el presente volumen p. 143-152

ta de codificación[8]. El mismo espíritu propio del iluminismo racionalista puede hallarse en la *Instrucción circular para el mejor y más breve despacho de la formación de las causas criminales,* redactada en 1788 por Benito de la Mata Linares, regente de la Audiencia de Buenos Aires, donde se destaca la necesidad de *método* y *orden* en la administración de justicia del virreinato[9]. También se exhibe dicho espíritu en el intento de codificar el derecho minero por parte de Pedro Vicente Cañete, quien procuraba, según lo expresa el informe del gobernador intendente de Potosí, don Francisco de Paula Sanz, al elevar el correspondiente proyecto en 1794, "un plan particular, metódico, instructivo y raciocinado de toda la obra con declaración de todos los principios más esenciales del sistema y la separación conveniente de las ordenanzas nuevas que sirven de fundamentales, distinguiéndolas de las derivativas y de otras relativas a las leyes generales de nuestros códigos nacionales, con explicación del espíritu y de la razón de cada providencia".

Los hombres que llevaron a cabo el movimiento revolucionario de 1810 hallábanse imbuidos por el espíritu de la Ilustración. Pretendían conformar la nueva Constitución del país inspirándose en principios racionales, excluyendo todo aquello que representase conformidad con las costumbres y tradiciones forjadas durante la dominación hispánica. En tal sentido, un artículo publicado el 8 de noviembre de 1811 por la "Gaceta de Buenos Aires", no duda en calificar a las leyes de Indias de "leyes arbitrarias degradantes a todos los americanos", en tanto que Bernardo de Monteagudo, en *Mártir o libre* correspondiente al 13 de abril de 1812, las considera "el código más tirano y humillante de cuantos han dictado los déspotas del Asia", sindicándolas como "leyes arbitrarias que promul-

[8] Cfr. Ricardo Levene, *Vida y escritos de Victorián de Villava*, Instituto de Investigaciones Históricas de la Facultad de Filosofía y Letras, Buenos Aires, 1946; ídem, *Ensayo histórico sobre la Revolución de Mayo y Mariano Moreno*, t. I, Peuser, Buenos Aires, 1960, p. 65-94, especialmente p. 89-92; Víctor Tau Anzoátegui, *La codificación en la Argentina (1810-1870). Mentalidad social e ideas políticas*, Imprenta de la Universidad, Buenos Aires, 1977, p. 59-60. Este último autor no deja de destacar que Villalva se inspiraba en "una nueva concepción cultural y educativa que desdeñaba el pensamiento especulativo de la escolástica y acentuaba la necesidad de la instrucción en las denominadas ciencias prácticas o útiles", añadiendo que "su desdén hacia la jurisprudencia romana y la inclinación codificadora lo acercaba a las fuentes racionalistas" (cfr. V. Tau Anzoátegui, op. cit., p. 60).

[9] Un análisis profundizado de esta obra puede verse en el trabajo de José M. Mariluz Urquijo, *La instrucción circular para el mayor y más breve despacho de la formación de las causas criminales (1788). Proyectada por el regente Benito de la Mata Linares*, publicado en "Revista del Instituto de Historia del Derecho", nº 12, Buenos Aires, 1961, p. 174 y siguientes.

gó la usurpación"[10]. De allí que se pensase que el orden legal existente había de ser suplantado por otro que, inspirado en la filosofía política del Iluminismo, se ajustase a las pautas fijadas por las leyes de la razón.

Dentro de este ambiente, hubo de ejercer profunda influencia el pensamiento de Rousseau, a punto tal que Mariano Moreno no dudó en hacer publicar una traducción del *Contrato social,* en cuyo prólogo, destacando la importancia de la obra, señalaba que la instalación del gobierno provisorio había producido una feliz revolución en las ideas, si bien "los efectos de esta favorable disposición serían muy pasajeros si los sublimes principios del derecho público continuasen misteriosamente reservados a diez o doce literatos, que sin riesgo de su vida no han podido hacerlos salir de sus estudios privados". De allí la importancia de reimprimir aquellos libros de política "que se han mirado siempre como el catecismo de los pueblos libres". Entre ellos, Moreno no duda en conferir el primer lugar al *Contrato social* de Rousseau, a quien califica de "hombre inmortal, que formó la admiración de su siglo, y será el asombro de todas las edades"; y agrega que "fue quizá el primero, que disipando completamente las tinieblas, con que el despotismo envolvía usurpaciones, puso en clara luz los derechos de los pueblos, y enseñándoles el verdadero origen de sus obligaciones, demostró las que correlativamente contraían los depositarios del gobierno". Así, "los pueblos aprendieron a buscar en el pacto social la raíz y único origen de la obediencia, no reconociendo á sus xefes como emisarios de la divinidad". Moreno termina destacando el "gran beneficio que traxo á la tierra este libro inmortal, que ha debido producir á su autor el justo título de legislador de las naciones"[11].

Lo dicho explica la importancia concedida a la ley como fuente primordial del orden jurídico y la cantidad de proyectos de Constitución que hallamos durante la primera década de nuestra vida independiente. Así, el Estatuto de 1815 expresa: "Todo hombre en el Estado debe primero sumisión completa a la ley, haciendo el bien que ella prescribe y huyendo el mal que prohíbe. Obediencia, honor y respeto a los magistrados y funcionarios públicos, como ministros de la ley, y primeros ciudadanos". Adviértase que el respeto debido a los magistrados y funcionarios deriva del carácter de ministros de la ley que ellos ostentan. Parejamente, unos pocos años más tarde, la Constitución de 1819 prescribirá: "Ninguna autoridad del país es superior a la ley: ellas mandan, juzgan

[10] Cfr. Bernardo Monteagudo, *Escritos políticos,* Talleres Gráficos Argentinos, L. J. Rosso, Buenos Aires, s/f, p. 121.

[11] Cfr. Mariano Moreno, *Escritos*, t. II, Ediciones Estrada, Buenos Aires, 1956, p. 301-305.

o gobiernan por la ley; y es según ella que se les debe respeto y obediencia". La concepción jurídica racionalista no puede dejar de ser percibida y, si alguna duda cupiera acerca de su presencia, baste recordar que el manifiesto del Congreso Constituyente, al sancionar esta última Constitución, afirmaba que no se ha intentado adaptarla "al clima, a la índole y costumbres de los pueblos", dado que en un Estado que exhibe tal diversidad de esos elementos, ello hubiese resultado imposible; por el contrario, se ha buscado su acomodación a "los principios generales de orden, de libertad, y de justicia, que siendo de todos los lugares, de todos los tiempos, y no estando a merced de los acasos, debían hacerla firme e invariable". No puede presentarse en forma más clara la dependencia de estos cuerpos legales respecto a la concepción jusnaturalista moderna, basada en principios ajenos a las contingencias propias de la experiencia histórica.

La década de 1820 asiste al predominio del racionalismo jurídico. A la influencia de los filósofos de la Ilustración, se suma, durante este período, la ejercida por la Ideología, escuela sensualista cuyas doctrinas, enfrentadas a la tradición escolástica rioplatense, fueron conocidas a través de sus principales representantes, como Antonio Destutt de Tracy y Pedro Cabanis. En esta doctrina se inspiraron los más importantes filósofos del período: Juan Crisóstomo Lafinur, Juan Manuel Fernández de Agüero y Diego Alcorta. También ejercieron influjo considerable las ideas políticas de Benjamín Constant y la obra de Jeremías Bentham, cuyo liberalismo utilitario no fue ajeno a la obra reformadora asumida por Bernardino Rivadavia.

En 1821 fue creada la Universidad de Buenos Aires, en cuya cátedra de derecho civil enseñó Pedro A. Somellera. Sus cursos se inspiraron en los principios filosóficos de Bentham, intentando inculcar en sus alumnos la mentalidad reformista propia del pensador inglés[12]. La cátedra de derecho natural y de gentes fue desempeñada por Antonio Sáenz,

[12] En las páginas iniciales de su curso, expresaba Somellera, bajo la inspiración del "incomparable Bentham" –como lo califica–: "El objeto de este trabajo será presentar los verdaderos principios de utilidad y conveniencia que sirvan para la formación de nuestras leyes, para su inteligencia y aplicación" (cfr. Pedro Somellera, *Principios de derecho civil dictados en la Universidad de Buenos Aires*, Buenos Aires, 1824, p. 4). Adviértase cómo se acentúan los tópicos de "utilidad" y "conveniencia", esenciales para el pensador inglés. Sobre Somellera, puede verse Agustín Pestalardo, *Historia de la enseñanza de las ciencias jurídicas y sociales en la Universidad de Buenos* Aires, Imprenta Alsina, Buenos Aires, 1914, p. 44-50; Tau Anzoátegui, *La codificación*, op. cit., p. 105-106. Para una ubicación de la obra de Bentham dentro del desenvolvimiento histórico del derecho inglés, puede consultarse mi artículo *Los supuestos del pensamiento jurídico*

y en sus lecciones, a las cuales no resultan ajenas las doctrinas de Grocio, Puffendorf, Wolf y Heinecio, entre otros, se hicieron presentes los ideales jurídicos y políticos del pensamiento ilustrado[13].

Hacia 1830 se produce una profunda renovación espiritual en nuestro ambiente. Vicente Fidel López, en las páginas de su *Autobiografía*, recuerda la conmoción que produjo la Revolución Francesa de ese año, que despertó un interés creciente por los autores pertenecientes al movimiento romántico, "en el que aprendimos a pensar a la moderna, y a escribir con intenciones nuevas y con formas novísimas". Con cierta nostalgia, recuerda: "Nadie hoy es capaz de hacerse una idea del sacudimiento moral que este suceso produjo en la juventud argentina que cursaba las aulas universitarias. No sé cómo produjo una entrada torrencial de libros y autores que no se habían oído mencionar hasta entonces. Las obras de Cousin, de Villemain, de Quinet, Michelet, Jules Janin, Merimée, Nisard, etcétera, andaban en nuestras manos produciendo una novelería fantástica de ideas y de prédicas sobre escuelas y autores, románticos, clásicos, eclécticos, sansimonianos. Nos arrebatábamos las obras de Víctor Hugo, de Saint Beuve, las tragedias de Casimir Delavigne, los dramas de Dumas y de Víctor Ducange, George Sand, etcétera. Fue entonces que pudimos estudiar a Niebuhr y que nuestro espíritu tomó alas hacia lo que creímos las alturas. La 'Revue de Paris', donde todo lo nuevo y trascendental de la literatura francesa de 1830 ensayó sus fuerzas, era buscada como lo más palpitante de nuestros deseos"[14].

Ante la ola del pensamiento romántico, los ideales racionalistas puros, que pretendían conformar un orden jurídico y social sobre la base de principios lógicos, sin sujetarse a las pautas dadas por la experiencia y la

*en los países de habla inglesa*, publicado en "Anuario de Filosofía Jurídica y Social", nº 7, Buenos Aires, 1987, p. 9-45; ahora incluido en este volumen, p. 153-184.

[13] En idéntico sentido, dice Tau Anzoátegui, refiriéndose a la obra de Sáenz, enseña: "Aunque matizaba algunos juicios, enervaba otros y sustentaba opiniones propias, el bagaje intelectual de la obra de Sáenz –si nos atenemos a sus citas–, se apoyaba en la doctrina de los antiguos Grocio y Puffendorf y en los más modernos Wolf, Vattel y Heinecio. Pero no siempre la cita indicaba acatamiento a la doctrina... Aunque mencionaba hechos de la historia española, era total su silencio sobre la escuela del siglo XVI. En suma, estas lecciones reflejan la gravitación, en este caso moderada, que ejercían las nuevas corrientes que penetraron bajo la luz de la Ilustración" (cfr. Víctor Tau Anzoátegui, *Las ideas jurídicas en la* Argentina, Editorial Perrot, Buenos Aires, 1977, p. 41). Puede consultarse, asimismo, Pestalardo, op. cit., p. 39-44. El curso de Antonio Sáenz fue reeditado por el Instituto de Historia del Derecho de la Universidad de Buenos Aires; Sáenz, Antonio, *Instituciones elementales sobre el derecho natural y de gentes*, Buenos Aires, 1939.

[14] Vicente Fidel López, *Evocaciones históricas,* El Ateneo, Buenos Aires, 1929, p. 39.

historia, fueron perdiendo el imperio que exhibieran en las décadas precedentes[15]. En los periódicos de la época pueden rastrearse los indicios de la nueva mentalidad. Así, en "El Clasificador" o "El Nuevo Tribuno", de los días 13 y 15 de julio de 1830, se critica a publicistas que son sindicados como "charlatanes", sosteniendo: "Hay, por desgracia de la ilustración, escritores públicos que, sin distinguir circunstancias ni tiempos, quieren ensartar en toda ocasión las doctrinas generales y las verdades teóricas que han aprendido de memoria en algunos librotes"; en "El Lucero", del 13 de octubre de 1832, se ataca a "esa multitud de teorías abstractas de que pocas veces pueden hacerse aplicaciones útiles en el curso de los negocios humanos"; la "Gaceta Mercantil" del 17 de noviembre de 1834 combate el error en que incurren todos aquellos que se atienen exclusivamente a un aparato de principios y teorías sin vinculación alguna con la realidad. Incluso no faltan coplas alusivas al tema; ejemplo de ello es *El Gaucho*, del 25 de agosto de 1833, donde se aconseja:

*Conservemos las teorías*
*para tiempos sosegados*
*pues estas de nada sirven*
*si estamos amenazados.*

En 1837, un grupo de jóvenes se reunió, en torno a Esteban Echeverría, en el Salón Literario que funcionó en la librería de Marcos Sastre. Entre ellos, se destacaban Juan Bautista Alberdi, Juan María Gutiérrez y Vicente Fidel López. Imbuidos de la mentalidad romántica en boga, intentaron develar los principios rectores de la nacionalidad, criticando el rígido racionalismo de sus antecesores. Echeverría predicaba que "cada pueblo, cada sociedad, tiene *sus leyes o condiciones peculiares de existencia*, que resultan de sus costumbres, de su historia, de su estado social, de sus necesidades físicas, intelectuales y morales, de la naturaleza misma del suelo donde la providencia quiso que habitase y viviese perpetuamente [...] Hacer obrar a un pueblo en contra de *las condiciones peculiares de su ser como pueblo libre* es malgastar su actividad, es desviarlo del progreso, encaminarlo al retroceso. En conocer esas condiciones y utilizarlas consiste la ciencia y el tino político del verdadero estadista"[16].

[15] Para un cuadro general de la mentalidad social y de las ideas jurídicas predominantes en esta época, puede verse el fundamental trabajo de Víctor Tau Anzoátegui, *La codificación en la Argentina*, op. cit., p. 131-192.

[16] Cfr. Esteban Echeverría, "Ojeada retrospectiva sobre el movimiento intelectual en el Plata desde el año 37", incluida en la recopilación de trabajos del autor publicados

Fue, precisamente, en 1837 que apareció el *Fragmento preliminar al estudio del derecho,* donde Alberdi, siguiendo las doctrinas de la escuela histórica de Savigny, tal como habían sido expuestas en Francia por Lerminier, nos ofrece un esbozo de filosofía jurídica que constituye, sin duda, la primera obra orgánica que acerca de nuestra materia se publica en el país. El influjo de la escuela histórica es patente en este libro, cuyo autor confiesa: "Abrí a Lerminier, y sus ardientes páginas, hicieron en mis ideas, el mismo cambio que en las suyas había operado el libro de Savigny. Dejé de concebir al derecho como una colección de leyes escritas. Encontré que era nada menos que la ley moral del desarrollo armónico de los seres sociales; la constitución misma de la sociedad, el orden obligatorio en que se desenvuelven las individualidades que lo constituyen"[17]. De allí que el derecho sea concebido como "un elemento vivo y continuamente progresivo de la vida social"[18], con lo cual su estudio no puede dejar de destacar sus conexiones con esta. Una cosa es un conjunto de leyes y otra es el derecho: las leyes, para Alberdi, no son más que una imagen imperfecta y muchas veces desleal del derecho que alienta en el seno del organismo social. Precisamente, la función de la filosofía jurídica ha de consistir en develar el espíritu de las leyes, el cual solo será alcanzado en la medida en que vinculemos a estas con la sociedad de donde emanan. En tal sentido, Alberdi no duda en afirmar que "saber el espíritu de las leyes, es saber lo que quieren las leyes; y para esto es menester saber de dónde salieron, qué misión tienen, a qué conducen"[19].

Claro está que estas ideas propias del historicismo jurídico se vinculan, en Alberdi, con otras muy caras al racionalismo iluminista, que no deja de influir en nuestro autor. Así, al preguntarse cuál es el espíritu de todas las leyes escritas de la tierra, contesta: "La razón, ley de las leyes, ley suprema, divina, es traducida por todos los códigos del mundo. Una y eterna como el sol es móvil como él: siempre luminosa a nuestros ojos, pero su luz, siempre diversamente colorida. Estos colores diversos, estas fases distintas de una misma antorcha, son las codificaciones de los diferentes pueblos de la tierra: caen los códigos, pasan las leyes, para dar paso a los rayos nuevos de la eterna antorcha"[20]. El legis-

---

bajo el título *Dogma socialista y otras páginas políticas*, Ediciones Estrada, Buenos Aires, 1956, p. 18-19.

[17] Cfr. Alberdi, *Fragmento preliminar al estudio del derecho,* Imprenta de la Libertad, Buenos Aires, 1837, p. 1-2.

[18] Alberdi, op. cit., p. 3.

[19] Alberdi, op. cit., p. 4-5.

[20] Alberdi, op. cit., p. 5.

lador ha de hallarse, por tanto, muy atento a las condiciones específicas de la sociedad para la cual dicta sus normas. En un párrafo de meridiana claridad, Alberdi expresa: "La naturaleza no se plagia jamás, y no hay dos cosas idénticas bajo el sol. Es universal y eterna en sus principios, individual y efímera en sus formas o manifestaciones. Por todas partes, siempre la misma y siempre diferente; siempre variable y siempre constante. Es pues necesario distinguir lo que hay en ella de esencialmente variable, y lo que hay de esencialmente invariable, para no empeñarse en hacer invariable lo variable y variable lo invariable [...] Se comprende que los principios son humanos y no varían; que las formas son nacionales y varían. Se buscan y abrazan los principios, y se les hace tomar la forma más adecuada, más individual, más propia. Entonces se cesa de plagiar, se abdica lo imposible y se vuelve a lo natural, a lo propio, a lo oportuno. Tal es la edad de la verdadera emancipación, el verdadero principio del progreso. Tal es la edad que América meridional parece querer tocar ya"[21].

En ese año de 1837 apareció, asimismo, la tesis de Manuel J. Quiroga de la Rosa, titulada *Sobre la naturaleza filosófica del derecho.* Aquí el historicismo se diluye en el seno de un pensamiento en el cual confluyen diversos filósofos de la época, como Cousin y Lerminier, que le sirven como vía para entrar en contacto con el pensamiento kantiano. La presencia del sistema elaborado por el filósofo germano, a quien no duda en calificar como "glorioso revolucionario"[22], es notoria y se halla en la base de su concepción jurídica. De allí que señale que "el derecho no es más que la medida justa y natural de una voluntad libre en su relación con otra voluntad libre"[23].

Las tendencias eclécticas, que ya se insinuaban en los pensadores románticos, conquistaron el predominio a mediados de la centuria. Su presencia resulta indudable en Vicente Fidel López, quien, en su curso de derecho romano, vinculaba el historicismo al pensamiento racionalista. Así, no dejaba de manifestar que "aunque el particular objeto de

[21] Alberdi, op. cit., p. 10-11.

[22] Cfr. Manuel J. Quiroga de la Rosa, *Tesis sobre la naturaleza filosófica del derecho,* Imprenta de la Libertad, Buenos Aires, 1837, p. 4.

[23] Quiroga de la Rosa, op. cit., p. 31. Recuérdese que para Kant el derecho es el conjunto de las condiciones por medio de las cuales el arbitrio de uno puede acordarse con el arbitrio de otro según una ley universal de libertad: *Das Recht ist also der lnbergriff der Bedingungen, unter denen die Willkür des einem mit der Willkür des anderen nach einem allgemeinen Gesetze der Freiheit zusammen vereinigt werden kann* (cfr. Kant, *Metaphysik der Sitten*, Félix Meiner Verlag, Hamburg, p. 34-35).

este curso no sea la enseñanza del derecho romano, sino la exposición en conjunto y filosófica de los principios absolutos que constituyen la justicia de sus leyes, es indispensable que trate, aunque sea con breves rasgos, de la manera con que el pueblo romano, por el trabajo interno de sus propias libertades, ha podido llegar a crear ese monumento imperecedero de la justicia civil que se nos ofrece en el conjunto de sus leyes y procedimientos"[24]. Cabe advertir cómo, para López, la vertiente racionalista, que lo lleva a afirmar que "las reglas del derecho romano son el resultado de los trabajos que la razón universal ha hecho sobre el derecho"[25], ha de ser balanceada por el estudio histórico que exhibe "como es que la justicia y sus leyes deben salir del ejercicio de las libertades populares"[26]; esto es, del desenvolvimiento dinámico de la vida social.

El mismo planteo se formulaba, en 1859, Nicolás Avellaneda, al sostener que "los sistemas son siempre incompletos: falso es que el derecho no tenga más vida que la vida de los pueblos; falso que no pueda modificarse de otra manera sino por las transformaciones sucesivas que estos sufren en su marcha; y hay error manifiesto en desligarlo de aquellos principios eternos que constituyen su esencia, como es quimérica y absurda la escuela racionalista despreciando lo que el Derecho tiene de individual, de variable, y meciéndose en los delirios de una legislación cosmopolita, igualmente perfecta, igualmente filosófica para todos los países. Pero unid ambos sistemas, suprimiendo lo que tienen de exclusivo y repelente, y hallaréis la verdad. El elemento histórico y el filosófico contribuyen a la formación del Derecho: el uno lo liga a la realidad, al mundo material de los hechos; el otro lo eleva a la región de las ideas, siempre progresivas, siempre en marcha"[27].

Hacia 1880 nos hallamos en pleno predominio del positivismo. La visión del mundo imperante hállase dominada por la ley de causalidad, merced a la cual se intenta comprender no solo la realidad natural, sino también la vida humana, tanto en sus aspectos individuales como sociales. El científico debe atenerse a los datos aportados por la experiencia sensible. Las teorías de Comte, Spencer y Darwin son las que influyen en mayor medida en los juristas de las últimas décadas del siglo. Ernesto Quesada no ha dejado de señalar el profundo cambio que la recepción del

[24] Cfr. Vicente Fidel López, *Curso de derecho romano bajo un plan nuevo*, Buenos Aires, 1872, p. 8.

[25] V. Fidel López, op. cit., p. 147.

[26] V. Fidel López, op. cit., p. 8.

[27] Cfr. Nicolás Avellaneda, *Escritos y discursos,* t. I, Buenos Aires.

evolucionismo spenceriano representó para las ciencias sociales. En tal sentido, expresa que "antes primaba el método exacto y matemático de las ciencias abstractas, partiendo de axiomas y deduciendo lógicamente sus consecuencias, de manera que los hechos no eran considerados sino como efectos complejos de fuerzas específicas, de antemano definidas y que actuaban con sujeción a fórmulas dinámicas rígidas; ahora, si bien se admite que la naturaleza entera, como todos los fenómenos observables, es en realidad el resultado de tales acciones, en cambio aquel método, fecundo en casos aislados, no da la explicación del conjunto de fenómenos ni permite apreciar la totalidad de las cosas que pueblan el universo, pues las reglas matemáticas no tienen la flexibilidad que requiere el estudio de los problemas complejos". Adviértase que, para Quesada, el método lógico y matemático no resulta apropiado, dada su rigidez, para el análisis de lo natural y social; ello explica la necesidad de encarar un nuevo método para estudiar estas regiones de la realidad. De allí que, en el mismo estudio, nuestro autor argumente: "La naturaleza y la vida se estudian hoy desde un punto de vista dinámico, a la par que estático, y con un criterio eminentemente histórico, en la aceptación lata del término, introduciendo, en nuestro juicio, sobre el conjunto, un sano elemento filosófico de conjeturas y de especulación, para llenar, con la primera, los vacíos que por doquier encontramos en nuestros conocimientos científicos; y para investigar, con el segundo, los principios generales que explican la diversidad inmensa de los fenómenos estudiados"[28].

La importancia acordada por Quesada a los principios generales que explican la diversidad de los fenómenos no hace más que traducir la concepción positivista de ciencia, donde la noción de leyes generales e invariables jugaba un papel protagónico. Así, Comte había señalado que la ciencia consiste en coordinar los hechos sirviéndose de leyes y, sin dejar de reconocer la importancia de la experiencia asequible a los sentidos, afirmaba que el espíritu positivo tiende a ir aumentando el dominio de la racionalidad sobre la mera experiencia de los fenómenos observados, privilegiando, de esta suerte, la previsión de los fenómenos sobre su exploración inmediata. Parejamente, la noción de ley cumplía un papel fundamental dentro del evolucionismo de Spencer, quien definía a la filosofía como el conocimiento en su más alto grado de generalidad. Para el pensador inglés, de un conjunto de observaciones aisladas se va pasando a generalizaciones cada vez más comprensivas, hasta llegar a la formulación de proposiciones universales.

[28] Cfr. Ernesto Quesada, *Herbert Spencer y sus doctrinas sociológicas*, en "Revista de la Universidad de Buenos Aires", año IV, t. VII, 1907, p. 173-174.

En 1884 comenzó a funcionar, en la Universidad de Buenos Aires, la cátedra de filosofía del derecho[29]. La prematura muerte de su primer titular, Juan Carlos Gómez, a los pocos meses, llevó a ella a Wenceslao Escalante, quien la ocupó entre 1884 y 1912, año de su fallecimiento. La influencia ejercida por este distinguido catedrático a lo largo de casi tres décadas fue determinante en la orientación de los estudios, y sus *Lecciones de filosofía del derecho* se constituyeron en el texto que sirvió para orientar a los estudiantes durante este período. Escalante fue uno de los pensadores más importantes de la época, hallándose atemperada la influencia que sobre él ejercieron las corrientes positivistas por la impronta del krausismo. Concebía a la filosofía del derecho como "la ciencia de los principios fundamentales y leyes superiores del derecho en todas sus ramas"[30]. Acorde con esta definición, asignaba a la parte racional y teórica de la disciplina, esto es, a la que se ocupa de los principios fundamentales del derecho, el iluminar, conforme a los principios absolutos de la moral, cómo deben ser las relaciones posibles de la conducta humana en cada caso, sin preocuparse de cómo son o han sido efectivamente en la práctica[31]. La segunda parte de la materia, referida a las leyes superiores del derecho, considera a este como "fenómeno social, vivo y tangible", y, en cuanto tal, forma parte de la evolución íntegra de la sociedad. Ahora bien, Escalante advierte que no ha de suponerse que "el estudio de la evolución del derecho es una exposición *in extenso* de su historia; no es la historia del derecho, sino sus leyes de evolución sucesiva y de coordinación simultánea, su filosofía, lo que pertenece a nuestra materia"[32]. Así, la historia del derecho solo suministra los datos empíricos sobre los cuales, merced a la inducción, han de fijarse las leyes que rigen el proceso de la evolución jurídica. Escalante afirma-

[29] Útiles precisiones acerca de la enseñanza de la filosofía del derecho durante el período positivista pueden hallarse en Agustín Pestalardo, op. cit., p. 245-252; y Abelardo Levaggi, *El cultivo de la historia jurídica en la Universidad de Buenos Aires*, Editorial Perrot, Buenos Aires, 1977.

[30] Cfr. Wenceslao Escalante, *Lecciones de filosofía del derecho*, Buenos Aires, Imprenta Europea de M. A. Rosas, 1901, p. 3.

[31] Escalante manifiesta que la parte racional y teórica de la filosofía del derecho "no se preocupa del hecho mismo que concreta y desenvuelve en la vida real de las relaciones jurídicas, sino que armada solo de los principios absolutos y racionales de la moral, recorre con su antorcha e ilumina todas las relaciones posibles de la conducta humana, estableciendo cómo *debe ser* en cada caso, sin preocuparse mucho de lo *que es y ha sido* en la práctica. A esta parte es a la que se refiere nuestra definición al hablar de los *principios fundamentales del derecho*" (cfr. W. Escalante, op. cit., p. 9).

[32] Cfr. W. Escalante, op. cit., p. 11.

ba que, descubriendo esas leyes, podríamos fundar inducciones para el porvenir. Adviértase cómo, en este planteo, hállanse presentes una serie de nociones de clara raigambre positivista. Me refiero al papel destacado asignado a los datos provenientes de la experiencia –en este caso específico, de la historia–, al papel protagónico que se asigna a la inducción para la formulación de las leyes y a la importancia conferida a estas como elementos que nos permiten predecir el porvenir.

La orientación impresa por Escalante a los estudios encuéntrase presente en la obra de sus sucesores. La historia fue concebida como una cantera de materiales empíricos cuya finalidad consistía en dar apoyo a las leyes de la evolución que iban aprehendiéndose a través de un método inductivo. Así, Carlos F. Melo, refiriéndose a la cátedra de Historia de las Instituciones Jurídicas, que había sido fundada por Escalante, afirmaba, destacando el predominio de los factores evolutivos: "El fundador de esta cátedra la llamó y la hizo denominar en el plan de estudios, 'Filosofía del derecho'. Y lo es, en verdad, si se piensa que tiende a mostrar cómo nacen, se desarrollan, se transforman y mueren, sobreviviéndose, las formas jurídicas"[33]. En la sesión de la Facultad de Derecho del 15 de julio de 1914, Antonio Dellepiane diferenciaba la *evolución de las instituciones* de la *historia jurídica*, acotando: "Lo uno era historia y lo otro evolución. Esta implica hacer el estudio comparativo de los hechos sociales y de él aprehender las causas que dan la razón de ser de las leyes"[34]. Por su parte, Mario Sáenz, al inaugurar el curso de 1919, destacaba la importancia del estudio histórico del derecho, "mediante el cual procuramos penetrar en los orígenes del fenómeno jurídico, conocer las formas sucesivas que ha revestido y sigue revistiendo en el tiempo, establecer sus relaciones con los otros fenómenos sociales, y determinar las leyes que regulan su evolución"[35].

La ciencia jurídica positivista contó en la Argentina con prestigiosos cultores; pero tal vez, desde el punto de vista estrictamente filosófico, la figura de Carlos Octavio Bunge sea la de mayor relieve. Su libro *El derecho. Ensayo de una teoría integral*, representa, en este punto, el aporte más original efectuado al tema que hoy nos convoca. Para Bunge, la palabra *ética* es un término genérico, abarcativo tanto de la moral

[33] Cfr. A. Levaggi, op. cit., p. 48.

[34] Cfr. "Revista de la Universidad de Buenos Aires", año XI, c. XXVI, 1914, p. 344.

[35] *Historia de las instituciones jurídicas (ciencia del derecho comparado).* Resumen de algunas conferencias dadas en la Facultad de Derecho de Buenos Aires por el doctor Carlos F. Melo, Buenos Aires, 1921, p. 9. Cfr. Levaggi, op. cit., p. 50.

como del derecho. La ética se presenta como un conjunto de normas o principios a los que se ajusta o ha de ajustarse el comportamiento humano. Bunge destaca que "se denominan, 'éticos', todos los conceptos morales, jurídicos y políticos; todas las ideas referentes a lo bueno y a lo malo, a lo justo y a lo injusto, a lo permitido y a lo prohibido. La ética viene a ser, por tanto, un fenómeno social de carácter marcadamente psicológico, puesto que puede sintetizarse en el *criterium* para juzgar y calificar los actos humanos"[36]. Desde esta perspectiva, la ética es un hecho: trátase de lo que Bunge denomina *ética-fenómeno*. Ahora bien, por otro lado, hallamos una serie de explicaciones y teorías que se refieren a esos conceptos que alientan en el seno de una sociedad. Esto da lugar a lo que Bunge califica de *ética-ciencia*, dentro de la cual se hallan comprendidas todas las escuelas y doctrinas que se han ido elaborando acerca del tema. De esta suerte, cabe distinguir, dentro de la ética, dos partes: la normativa, correspondiente a la ética-fenómeno, y la explicativa, que es la ética-ciencia.

Para captar la esencia del derecho, Bunge sostiene que no debe acudirse a ninguna noción metafísica, sino que, por el contrario, debemos referirnos a la realidad empírica presente y pasada. Ello nos permitirá caracterizar como jurídicas a todas aquellas normas de conducta impuestas por la costumbre, la tradición, las ideas o las leyes, y cuya violación determine una sanción impuesta por el poder público. La norma jurídica, para Bunge, es un hecho social, cuyo carácter distintivo radica en su imposición coactiva por parte del poder público. Ello lo conduce a establecer una relación estrecha e inescindible entre derecho y fuerza. Así, no deja de señalar que "el derecho es una *sistematización de la fuerza*, o sea la *fuerza sistematizada*. Su esencia es la fuerza. Damos este nombre, no solo a la prepotencia física individual, sino también a la social. En su génesis, para que la sanción jurídica exista, es menester que el derecho habiente lesionado tenga de su parte una fuerza mayor que la de quien ataca su derecho. Una vez constituida la sociedad, la fuerza estará en manos del grupo director, que impone el régimen jurídico. En efecto, la condición indispensable para que exista un sistema de dere-

[36] Carlos Octavio Bunge, *El derecho. Ensayo de una teoría integral,* Espasa Calpe SA, Buenos Aires, 1934, p. 7. Para una visión clara y sintética del pensamiento de este autor, puede consultarse, con provecho, el estudio de José María Díaz Couselo, *Carlos Octavio Bunge y la historia del derecho*, en "Revista de Historia del Derecho", nº 16, Buenos Aires, 1988, p. 249-286. También ofrece marcado interés el trabajo de Enrique Martínez Paz, "Carlos Octavio Bunge, filósofo del derecho", incluido como prólogo en Bunge, C. O., *Estudios filosóficos*, Casa Vaccaro, Buenos Aires, 1919, p. 7-18.

cho, estriba en que se aplique regularmente, y esto no es posible si no lo apoya el poder público"[37].

De acuerdo con la concepción de Bunge, el científico del derecho ha de considerar a este como un hecho o fenómeno social, ateniéndose a los datos provenientes de la observación empírica. De allí la importancia que reviste el estudio histórico del derecho, dado que todo fenómeno social es, al mismo tiempo, un fenómeno histórico.

La reacción contra la filosofía positivista se dio en nuestro país con cierto atraso. Podemos advertir que, durante las últimas décadas del siglo pasado, cuando en Europa dicho movimiento ya había entrado en crisis, esa concepción de la realidad hallábase aquí en su apogeo. No obstante, cabe señalar que en un filósofo tan destacado de esta tendencia como es José Ingenieros, ya se insinúa una crítica al positivismo, perceptible, sobre todo, en sus *Proposiciones relativas al porvenir de la filosofía*, donde se afirma la necesidad de la metafísica. En esta obra, no duda en sostener que "la infinita posibilidad de problemas que exceden la experiencia implica la perennidad de explicaciones hipotéticas inexperienciales que constituyen una metafísica, incesantemente variable y perfectible"; y, en otra página del mismo libro, destaca que "donde no llegan las hipótesis experienciales de las ciencias empezarán las hipótesis que la metafísica prolonga en lo inexperiencial [...] la legitimidad de las experiencias inexperienciales llegará a determinarse mediante normas que constituirán la metodología de la metafísica, como una verdadera lógica del saber hipotético inexperiencial"[38].

Con todo, la verdadera renovación filosófica se fue dando, en el plano académico, a través de las cátedras de la Facultad de Filosofía y Letras, que había sido fundada en 1896. Allí fue donde se cumplió la evolución de Rodolfo Rivarola, titular de Ética y Metafísica, quien abandonó su primitiva adscripción a la filosofía de Spencer al descubrir el rico contenido de la ética kantiana. La orientación renovadora de Rivarola fue continuada, con más ímpetu y combatividad, por Alejandro Korn, quien se desempeñaba como titular de Historia de la Filosofía desde 1909 y que suplantó a Rivarola, en 1923, en la cátedra de Gnoseología y Metafísica, y por Coriolano Alberini, titular de Introducción a la Filosofía a partir de 1922. Por esos años, Korn escribía: "El positivismo, con persistencia rutinaria, aun pontifica en la cátedra y en el libro como 'si nada hubie-

[37] Cfr. Bunge, op. cit., p. 322.

[38] Cfr. José Ingenieros, *Proposiciones relativas al porvenir de la filosofía*, Losada, Buenos Aires, 1953, p. 35-43 y 61-78.

ra ocurrido; agotada su misión histórica, todavía vegeta y obstruye por inercia el advenimiento de nuevas orientaciones. Y vive en el santo temor de la filosofía, supuesta enemiga de la ciencia'". Desde su cátedra, recomendaba el estudio de la *Crítica de la razón pura* de Kant, de *Los datos inmediatos de la conciencia* de Bergson y de la *Lógica* de Croce. En cuanto a Alberini, su enseñanza se basaba, principalmente, en los textos de Benedeto Croce, Giovanni Gentile, y de los principales filósofos franceses de la época, como Renouvier y Bergson[39].

A la renovación del ambiente filosófico contribuyó también el viaje que José Ortega y Gasset hizo a nuestro país en 1916, durante el cual dictó una serie de cursos y conferencias que nos pusieron en contacto con el pensamiento europeo más reciente. Francisco Romero recuerda, especialmente, el seminario que dictó en la Facultad de Filosofía y Letras analizando la *Crítica de la razón pura*, al que concurría un grupo de estudiantes y profesores, entre los cuales se encontraban Rodolfo Rivarola y Alejandro Korn. También fue notable, aunque más difusa, la influencia que sobre un amplio sector de la juventud ejerció el pensamiento de Eugenio D'Ors, y que se canalizó a través del Colegio Novecentista, fundado en 1917. No puede silenciarse tampoco la labor cumplida por la Sociedad Kantiana de Buenos Aires, creada en julio de 1929 y constituida por un conjunto de profesores y entusiastas de la filosofía que se agruparon en torno a la figura de Alejandro Korn: allí se discutieron no solo las obras del pensador de Köenisberg, sino también los escritos de los filósofos alemanes más recientes que por ese entonces comenzaron a ser conocidos en nuestro país, tales como Dilthey, Husserl, Hartmann, Heidegger.

En el campo jurídico, el neokantismo, sobre todo en su formulación stammleriana, ofreció el basamento filosófico de la nueva época. Una de las figuras más representativas en esta cruzada renovadora fue la de Alberto J. Rodríguez, profesor de la Universidad de Buenos Aires, quien expuso las falencias de la escuela histórica del derecho, la cual –según su interpretación– derivó hacia una postura sujeta a los avatares de la realidad empírica, sin plantearse en forma cabal el problema del concepto del derecho. Hacia fines de 1925, afirmaba: "La escuela histórica fue infiel a su origen. Nacida del seno del romanticismo y del idealismo, se

[39] Cfr. Francisco Romero, "Indicaciones sobre la marcha del pensamiento filosófico en la Argentina", trabajo incluido en su libro *Sobre la filosofía en América*, Raigal, Buenos Aires, 1952, p. 19-59; especialmente, p. 40-56. Sobre los principales pensadores de este período, puede consultarse el libro de Luis Farré, *Cincuenta años de filosofía en Argentina,* Peuser, Buenos Aires, 1958.

nutrió en el proceso positivista. Su abolengo le señalaba la necesidad de indagar las fuerzas singulares que condicionan derechos; en su lugar trató de coleccionar el material disperso de la fenomenología jurídica. A la concepción antihistórica del racionalismo opuso la idea de una formulación histórica del derecho, pero al propio tiempo dogmatizó la fase inferior de su desarrollo, centralizando la idea del derecho en el derecho empírico [...] La escuela histórica buscó en el tiempo y en el espacio el derecho acaecido. Diríase que llevaba implícito el problema de su concepto. Y tal es el primero que debe abordar una filosofía del derecho asegurada por la crítica, por cuanto forma la base de toda investigación que tienda a establecer su presentación y validez en el transcurso de la historia'"[40]. Según Rodríguez, con Stammler comienza un nuevo momento de la filosofía jurídica, superador de las falencias apuntadas. Por ello, siguiendo las huellas del pensador germano, no duda en afirmar que el derecho es una regla exterior que se exhibe como parte del elemento formal de la vida social. Adoptando la distinción entre materia y forma, sostiene que la primera está constituida por "la actividad de los individuos asociados que tienden a la satisfacción de sus necesidades", en tanto que la segunda se presenta como "la condición de la vida social". De esta suerte, el derecho es concebido como un querer, como un vínculo permanente con fuerza autárquica e inviolable, esto es, como "una voluntad soberana inviolablemente condicionante'"[41].

Enrique Martínez Paz fue, sin duda alguna, el pensador más profundo del neokantismo jurídico argentino. Jurista en la más amplia acepción del término, su labor sobrepasó el campo de la filosofía del derecho, y se distinguió, asimismo, como historiador, civilista y comparatista. Su filosofía siguió, en líneas generales, el pensamiento de Stammler, de quien fue el más ilustre expositor entre nosotros, si bien introduciendo diversas modificaciones de detalle que, en su conjunto, no alcanzaban a conmover su fundamental adhesión al filósofo germano. Según Martínez Paz, el concepto de derecho ha de tener un carácter incondicionado y universal, independiente de la experiencia. "Una noción que procediera de la crítica de los hechos históricos, por extenso y completo que fuera el campo de la observación que le sirve de base, no podría alcanzar sino a revelar las peculiaridades de un momento histórico, sin que nada nos permitiera afirmar que puedan tener una validez permanente [...] El derecho que constatamos por la observación, no puede decirnos otra cosa que

[40] Alberto J. Rodríguez, *De Kant a Stammler*, en "Sagitario", nº 4, año I, La Plata, noviembre-diciembre, 1925, p. 8-25.

[41] Alberto J. Rodríguez, op. cit., p. 24.

lo que el derecho de un pueblo o de una época es, pero sería inhábil para darnos la noción universal que buscamos"[42]. Ahora bien, siguiendo los lineamientos de la filosofía kantiana, Martínez Paz afirma que el concepto es constitutivo del conocimiento y, al igual que Stammler, señala que cumple una función de singular importancia, consistente en permitirnos separar el derecho de la multitud de los otros hechos sociales.

Ante todo, es preciso separar al derecho del mundo de los objetos naturales. Ello se logra sobre la base de la distinción entre causalidad y finalidad, lo que llevará a considerar al derecho como un aspecto de la voluntad. En tal sentido, expresa Martínez Paz: "Por una parte, los hechos se muestran en un orden necesario, encadenados en una relación de antecedente a consecuente, sin espacio alguno libre para la espontaneidad, para la creación; el orden propiamente natural no admite ni siquiera la posibilidad del quebramiento de sus leyes fatales [...] junto a este orden advertimos otro en que el principio de la regularidad de sus leyes no puede ser independiente del fin variable que los hombres persiguen [...] El primero es el orden de los fenómenos físicos, de la causalidad natural, según la que el hecho actual está fatalmente ligado al hecho antecedente, y así prosigue la cadena en su sucesión; el segundo es el orden de los hechos humanos, que suponen una visión, un ideal de perfección hacia el que se tiende, así sea este el equilibrio de los goces de los sentidos o la elevación del hombre por la perfección espiritual"[43]. De esta suerte, el mundo moral cobra su autonomía frente al mundo físico. Adviértase que este pasaje resulta esencial para la comprensión de la nueva filosofía, toda vez que torna patente la ruptura de la visión positivista de la realidad: la categoría de causalidad pierde la universalidad de su aplicación y, frente al mundo natural, en donde impera, se alza el mundo moral, regido por otro principio de ordenación. De allí que Martínez Paz pueda declarar que "el derecho no es una regularidad según reglas fijas e inmutables sacadas de un principio natural, sino una sucesión de normas que tratan de imponer una conducta arreglada para alcanzar un determinado fin; el derecho no es lo que es sino lo que en cada época quiere la co-

[42] Enrique Martínez Paz, *Sistema de filosofía del derecho,* El Ateneo, Buenos Aires, 1940, p. 297. Una visión de la vida y obra de este autor puede hallarse en el trabajo de Sofanor Novillo Corvalán, "Profesor Enrique Martínez Paz", incluido en los *Estudios jurídicos en homenaje al Profesor Enrique Martínez Paz,* publicados por la Asociación Argentina de Derecho Comparado, Perrot, Buenos Aires, 1957, p. 15-32. A los aspectos específicamente filosóficos se refiere Sebastián Soler en su artículo "El aporte de Martínez Paz a la filosofía jurídica", incluido en p. 57-69 de los mencionados *Estudios.*

[43] E. Martínez Paz, op. cit., p. 299.

lectividad que sea; es, en definitiva, un acto de voluntad y se dirige a determinarla"[44].

A continuación, y siguiendo las líneas fijadas por Stammler, se procede a presentar las otras notas caracterizadoras del concepto de derecho. Ante todo, se destaca la vinculatoriedad de la voluntad jurídica: "Unas veces, el fin que se tiene en mira va a caer sobre los otros hombres, realizamos el acto en relación a un socio, a un otro yo que está fuera de mí en la colectividad: el rasgo que distingue a este acto es el de la alteridad; otras veces mi acto se vuelve sobre mí mismo, integra mi propio ser espiritual, lo consolida, su carácter distintivo es, por el contrario, la identidad"[45]. En el primer caso, nos hallamos frente al derecho; en el segundo, ingresamos en el dominio de la moral. Además, el derecho ha de ser diferenciado de la costumbre y esto resulta posible porque siendo una de sus notas características la legitimidad, esto es, la conformidad a su principio esencial, en el caso de la costumbre no hallamos un principio esencial que le sea propio, sino que, por el contrario, se halla subordinada al humor variable de las gentes. Tampoco cabe confundir al derecho con una simple norma arbitraria, dado que "el derecho vive en relación a un sistema de creencias", en tanto que "las normas arbitrarias se acomodan al humor variable del déspota, que resuelve, caso por caso, según las circunstancias de personas, de tiempo, de estados, de sentimientos, sin sujetarse a regla o principio común y permanente"[46].

Hasta aquí, Martínez Paz se ha inspirado en Stammler; pero se aparta de este con respecto a la definición que da del derecho. Considera que la noción del pensador alemán, quien afirma que el derecho es un querer vinculatorio, autárquico e inviolable, es exacta; pero resulta inapropiada por ser simplemente enumerativa, esto es, por no ofrecer "una representación unitaria como exige la síntesis del concepto". De allí que proponga sustituirla por la definición de derecho que aparece en *De Monarchia*, de Dante Alighieri: *Jus est realis et personalis hominis ad hominem proportio, quæ servata hominum servat societatem, et corrupta corrumpit* (el derecho es una proporción real y personal entre hombre y hombre, que observada, conserva la sociedad, y que corrompida, la corrompe). Según Martínez Paz, esta definición caracteriza adecuadamente al derecho en su aspecto formal y, a continuación, acota que "nada anticipa sobre el principio real que lo informa en cada instante de

[44] E. Martínez Paz, op. cit., p. 300.

[45] E. Martínez Paz, op. cit., p. 304.

[46] E. Martínez Paz, op. cit., p. 308.

su existencia, que constituye su aspecto transitorio; es decir, ha fijado el momento universal en la vida de todo derecho"[47].

La influencia de Stammler fue una constante en la enseñanza universitaria argentina hasta comienzos de la década de 1940, cuando la figura de Carlos Cossio pasó a ser elemento esencial en la renovación de nuestra filosofía jurídica. Cossio comenzó su labor docente en la Universidad de La Plata, de la cual fue profesor entre 1934 y 1946, y luego pasó a enseñar filosofía del derecho en la Universidad de Buenos Aires desde 1946 hasta 1956. Ninguna duda cabe de que fue el pensador más influyente que nuestra filosofía jurídica ha dado en lo que va de este siglo. Sus planteos fueron ampliamente comentados, no solo en nuestro país, sino en varios centros académicos del exterior, especialmente latinoamericanos.

Con motivo de su fallecimiento, ocurrido el 24 de agosto de 1987, tuve oportunidad de recordar que "la aparición de Cossio significó un cambio revolucionario en el panorama jusfilosófico argentino. Desde su cátedra de La Plata introdujo la enseñanza sistematizada de la teoría pura del derecho de Kelsen, e hizo conocer en nuestro medio las principales obras del pensador austríaco. Ahora bien, su inquietud espiritual lo llevó a intentar planteos inéditos, que determinaron su progresivo apartamiento de Kelsen. En tal sentido, ejercieron influjo notable sobre su pensamiento Dilthey, Rickert, Husserl, Heidegger, Ortega y Gasset, entre otros. En diversas oportunidades, señaló que la misión de la escuela egológica había consistido, precisamente, en poner al pensamiento jurídico a tono con el nivel filosófico de la época. Así, de Dilthey tomó la necesidad de diferenciar las ciencias del espíritu frente a las ciencias naturales, sosteniendo que en tanto estas explican su objeto, aquellas intentan comprenderlo; Rickert le suministró su visión del mundo de la cultura, cuyos objetos admiten la distinción entre un sustrato material y un sentido espiritual referido a valores; de Husserl tomó la concepción del método fenomenológico y sus investigaciones lógicas se constituyeron en elemento inapreciable para indagar la naturaleza de las normas jurídicas; finalmente, el análisis de la existencia llevado a cabo por Heidegger se encuentra presente en la visión de la vida humana que es propia del planteo egológico"[48].

Como dijimos, Cossio había comenzado siendo un autorizado expositor de la teoría kelseniana. Recuérdese que, para Kelsen, el dere-

[47] E. Martínez Paz, op. cit., p. 310-311.

[48] Cfr. Martín Laclau, *Carlos Cossio (1903-1987)*, publicado en "Anuario de Filosofía Jurídica y Social", nº 7, Buenos Aires, 1987, p. 127-129.

cho era un conjunto sistematizado de normas, y estas eran concebidas como juicios hipotéticos de deber ser. Ahora bien, Cossio, al separarse del maestro vienés, sostuvo que el derecho no era un conjunto de normas, sino el mismo comportamiento humano en interferencia intersubjetiva. Así, en su fundamental obra *La teoría egológica del derecho y el concepto jurídico de libertad,* manifiesta: "Para nosotros, el derecho es vida humana plenaria considerada desde cierto ángulo, o como lo hemos dicho siempre, es la conducta humana en su interferencia intersubjetiva. La norma, que es la significación expresada, es simplemente la representación intelectual de esa conducta como conducta. La norma es el concepto que mienta una conducta declarándola como quien dibuja o predibuja una acción humana. La norma es el pensamiento con el que pensamos una conducta, tal como los conceptos de triángulo y sol son pensamientos con los que el geómetra y el astrónomo piensan su objeto geométrico y su objeto astronómico, sin que haya de creerse que dichos conceptos tienen la cantidad de ángulos o la temperatura que corresponden a los objetos y solo a ellos. Así la norma que representa la conducta no tiene, por ejemplo, la temporalidad de esta"[49]. Y más adelante, destacando la inexorable presencia, dentro del campo jurídico, del problema de los valores que había pretendido ser erradicado de la ciencia jurídica, tanto por el positivismo decimonónico como por la teoría pura de Kelsen, no deja de advertir que "la norma no es un modelo para la conducta, sino una significación de la conducta misma. También es la conducta la que tiene ese sentido estimativo que la norma, a su vez, por de pronto, representa o significa de modo conceptual; sentido estimativo que pertenece al objeto (porque la conducta es un hecho estimativo), de la misma manera que la temperatura del sol pertenece al objeto sol y no al concepto sol, aunque este miente esa temperatura. La norma en sí solo es una significación conceptual (un concepto); una significación de lo axiológico, pero no es una significación ella misma axiológica, que, como un modelo, se ofreciera a la conducta informe para que esta se pliegue o se dirija al modelo para adquirir su valor. El valor está, *ab initio*, en la conducta; y todos los valores jurídicos, desde el orden a la justicia, son valores de conducta y no valores de conceptos, pues esto último solo puede serlo la verdad (no la veracidad, que es valor de conducta)"[50]. Ahora bien, esta adscripción del derecho y de sus valores al campo de la conducta humana, con la reducción de las normas a un mero nivel significativo de

[49] Cfr. Carlos Cossio, *La teoría egológica del derecho y el concepto jurídico de libertad*, Abeledo-Perrot, Buenos Aires, 1964, p. 202.

[50] Cfr. Carlos Cossio, op. cit., p. 203.

la misma, implica radicar al derecho en el mundo de la experiencia, con lo cual la teoría egológica de Cossio se nos exhibe como un elemento fundamental del viraje que experimentó nuestro pensamiento jurídico a mediados de la centuria, cuando se fue abandonando la perspectiva rígidamente racionalista, con su pretensión de reducir lo jurídico al conjunto de preceptos encerrados en códigos y leyes.

Ambrosio L. Gioja fue quien sucedió, en 1956, a Cossio, en la titularidad de la cátedra de filosofía del derecho en la Universidad de Buenos Aires. Adherente, en un comienzo, a la teoría egológica, se separó de ella, y su labor docente, desde la citada fecha hasta su fallecimiento, ocurrido en 1971, estuvo centrada en la exposición de la teoría pura de Kelsen y en una adhesión constante a la fenomenología de Husserl. En sus últimos años, impulsó el estudio de Alf Ross y de Herbert L. Hart. Fue un activo propulsor del pensamiento jusfilosófico, alentando la vocación de un considerable número de investigadores, muchos de los cuales conformaron el grupo de filósofos analíticos que influyeron marcadamente en nuestro mundo universitario de los últimos años[51].

El breve bosquejo que hemos encarado resultaría incompleto si no nos refiriéramos a la labor desarrollada por dos pensadores que tuvieron una influencia considerable en nuestro ambiente. Me refiero a Tomás D. Casares y a Werner Goldschmidt. El primero de ellos desarrolló una labor de singular importancia como difusor, desde un ángulo marcadamente ortodoxo y tradicionalista, del pensamiento tomista, preparando, de esta suerte, el resurgimiento de esta dirección dentro de nuestra filosofía actual. En su libro *La justicia y el derecho* afirma que resulta imposible sostener que el derecho pueda ser tal aun cuando sea injusto, porque, en ese caso, no podría afirmarse que el derecho se perfeccione merced a la justicia. Utilizando las nociones aristotélico-tomistas de materia y forma, acota: "La perfección es un adelantamiento en el proceso de asunción de la materia por su forma propia. Es, pues, un proceso estrictamente intrínseco al ser o realidad de cuya perfección se trata. Ser perfecta una determinada realidad es ser plena y acabadamente lo que la constituye en su especie. Si el derecho puede ser tal, es decir, tener esencia de derecho, estar formalmente en su especie sin ser justo, hacerse justo no sería para él progresar o perfeccionarse, sino ser otra cosa; pasar a ser una realidad distinta al recibir una

[51] Los numerosos escritos de Gioja, muchos de ellos inéditos, fueron publicados luego de su muerte, compilados y prologados por Ricardo Entelman. Cfr. Ambrosio L. Gioja, *Ideas para una filosofía del derecho*, Editado por la Sucesión de Ambrosio L. Gioja, Buenos Aires, 1973.

formalidad nueva, la cual sería la formalidad de la justicia que antes no tenía"[52]. Esto le lleva a sostener que, en última instancia, la justicia no es sino el reconocimiento del derecho, razón por la cual resulta cierta la fórmula tradicional que expresa que el derecho es el objeto de la justicia, habiendo de ser descartada la opinión vulgar que considera, por el contrario, a la justicia como objeto del derecho[53].

Respecto a Werner Goldschmidt, cabe destacar que también él estuvo incluido dentro del entusiasta grupo de investigadores que, en un momento determinado, se aglutinaron en torno a la figura de Cossio. Posteriormente, se separó del grupo y elaboró una teoría trialista que cuenta actualmente con un núcleo importante de seguidores. Su pensamiento ha sido caracterizado como un tridimensionalismo integrado en sentido teísta. Goldschmidt sostiene que el mundo jurídico encuéntrase integrado por tres dimensiones: la conducta, la norma y el valor. La primera es la dimensión sociológica, a la que corresponde, dentro de la ciencia jurídica, la denominada *jurística sociológica*, cuyo horizonte científico general es la sociología. La segunda dimensión es la normológica, a la cual corresponde la *dogmática jurídica*, el estudio del derecho positivo. Por último, a la dimensión axiológica, centrada en la justicia, corresponde la *jurística dikelógica*, cuyo horizonte hállase constituido por la axiología filosófica. La fórmula de integración de este tridimensionalismo puede ser antropocéntrico o teocéntrico. Goldschmidt se pronuncia por esta última y ello le da el punto de partida para elaborar su teoría de la justicia. Solo la justicia divina resulta ser completa y absoluta; en cambio, la justicia humana siempre es relativa. Trátase de una *justicia fraccionada*, que debido a las limitaciones inherentes al hombre solo realiza la justicia en forma parcial. El ideal, según Goldschmidt, consiste en lograr el *desfraccionamiento*, esto es, en realizar la justicia total, y a ello tendemos en nuestra vida jurídica, aun cuando se trate de un ideal que nunca podrá ser logrado en forma acabada[54].

Al cumplirse diez años de la creación de la Sección Teoría General de la Asociación Argentina de Derecho Comparado, nos ha parecido que la mejor manera de conmemorar este acontecimiento consistía en recordar, aunque más no fuese en forma sumaria, la trayectoria de quienes

52 Tomás D. Casares, *La justicia y el derecho*, Abeledo-Perrot, Buenos Aires, 1974, p. 11.

53 Cfr. Casares, op. cit., p. 13.

54 Entre la numerosa obra de Goldschmidt, gran parte de la cual se halla consagrada al derecho internacional privado, podemos mencionar, como libro que sintetiza su pensamiento, la *Introducción filosófica al derecho*, Depalma, Buenos Aires, 1976.

nos han precedido en el cumplimiento de nuestra vocación. Han sido nuestros antecesores quienes abrieron, trabajosamente, el camino que hoy transitamos. A través de su obra se fue cimentando la conciencia jurídica del país. Si, como sostenía Ihering, la fuerza de un pueblo responde a la de su sentimiento del derecho, fácil resultará comprender la magnitud de nuestra deuda. Sin embargo, pertenecemos a una sociedad joven que, hallándose en las etapas primeras de su desenvolvimiento, no se caracteriza, precisamente, por su adhesión a las labores desinteresadas del espíritu. Ello se traduce en la falta de clima propicio para el desarrollo de la actividad intelectual y en la inexistencia de una comunidad de estudios verdaderamente organizada y respetuosa, por consiguiente, del esfuerzo y pensamiento ajenos. Nuestra Sección ha pretendido remediar esta situación y constituirse en un ámbito donde las más diversas tendencias pudiesen entablar un diálogo fructífero y estar representadas. Ello se ha reflejado en los cursos y publicaciones que, a lo largo de esta década, se han venido realizando. Los pensadores a que acabo de referirme han de haber experimentado, en diversa medida, los inconvenientes que el ambiente planteaba; pero su labor, silenciosa y muchas veces solitaria, ha contribuido a la configuración de nuestra cultura filosófica y jurídica. Por ello, hemos querido rendirles esta tarde el homenaje de nuestro recuerdo y de nuestro agradecimiento.